국립중앙도서관 출판예정도서목록(CIP)

아름다운 이별 挽章

저자 　홍우기, 박근모, 우성영.
서울 　다운샘, 2014. p.372 ; 22.5×15.3cm.
　　　(동화서학총서 ; 10)

ISBN　978-89-5817-302-1 94600 : ￦22000
ISBN　978-89-5817-118-8 (세트) 94600

만장〔輓章〕
장례〔葬禮〕

384.6-KDC5
393-DDC21
CIP2014026530

아름다운이별 枕章

홍우기·박근모·우성영 지음

도서출판
다운샘

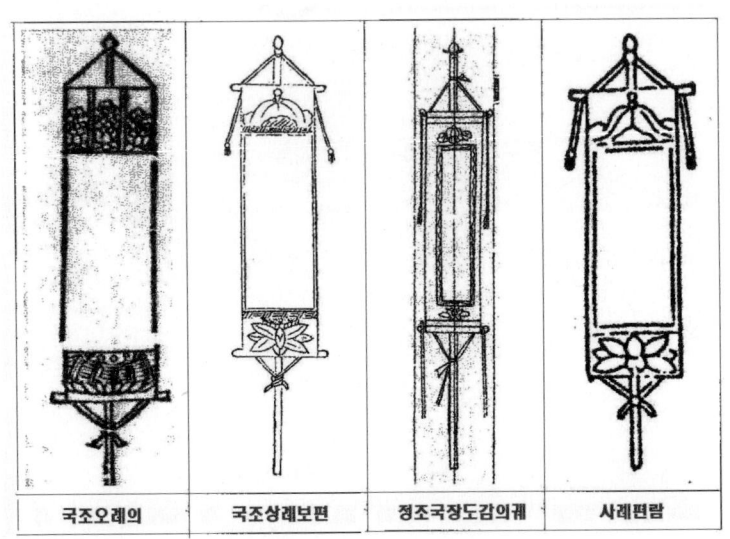

圖1. 禮書 만장

그림처럼 만장은, 위와 아래 모두를 가는 막대에 묶어 고정하고, 위에는 복련(覆蓮) 아래에는 앙련(仰蓮)을 장식한 다음 그 중간에 만사를 적었다. 이는 깃발처럼 날리는 멋보다 연도에 있는 사람들이 글을 잘 읽을 수 있도록 하는데 중점을 둔 것이요, 고인이 저승에서 만나게 될 어느 곳에서도 더러움을 받지 않고 극락정토에 태어나기를 기원하는 의미일 것이다. 만장은 또한 비바람을 만날 수 있는 밖에서 사용해야 하기 때문에 튼튼한 천을 사용했으며 그 색깔도 대체로 울긋불긋 화려했다. 하지만 지금처럼 밖에서 사용할 수 없고 실내에 걸어놓는 용도로 사용한다면 종이도 무방할 것이다.

圖2. 만장 휘호　　　　　　　　〔사진〕 연곡 박정규

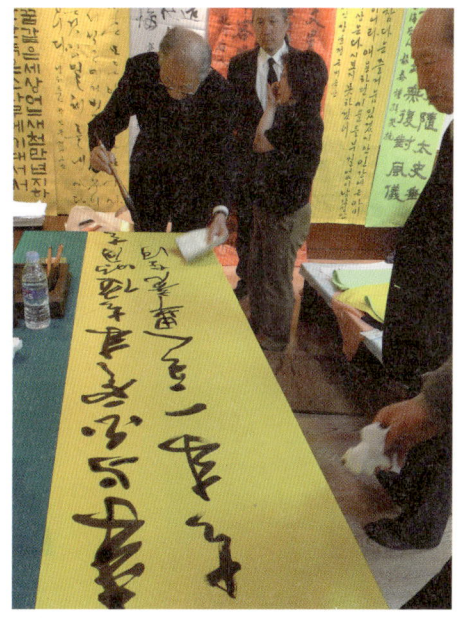

圖3. 만장 휘호　　〔사진〕 연곡 박정규

圖 4. 만장 휘호　　　　　　　　　　　〔사진〕 연곡 박정규

圖 5. 만장 게시　　　　　　　　　　　〔사진〕 대도심 정안순

圖 6. 만장 제작 〔사진〕 수원 봉녕사

圖 7. 묘엄스님 구행시 만장 〔사진〕 광조 김기훈

圖 8. 강암 송성용선생 구행 　　　　　　　〔사진〕 후암 김진돈

圖 9. 성경 게시 　　　　　　　　　　　〔사진〕 야석 조원복

圖10. 혜암스님 구행시 만장　　　　　　　〔사진〕 안면도 송림사

圖11. 혜암스님 구행　　　　　　　　　　〔사진〕 안면도 송림사

圖12. 설송스님 구행시 만장　　　　　〔사진〕 봉화 현불사

圖13. 추모 쪽지

圖14. 현민 이종선선생 구행시 만장　　　　　〔사진〕 설봉 이동우

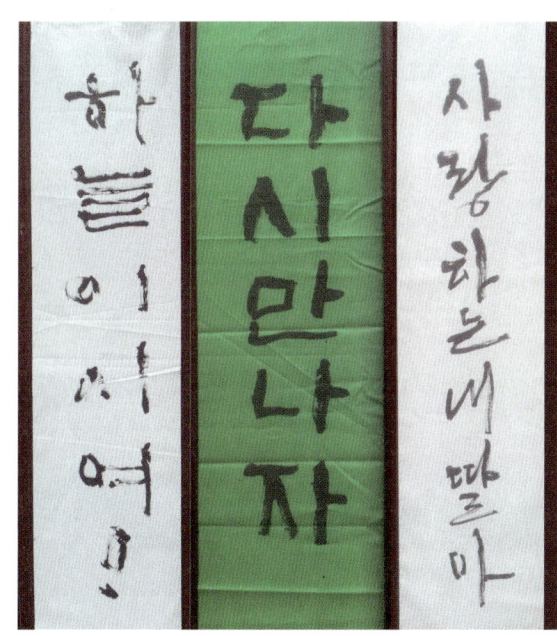

圖15. 간단한 만장

圖16. 마곡사 성오스님 다비　　　　　　　　〔사진〕 최근태

圖17. 월정 정주상선생 묘소에서　　　　　　〔사진〕 연곡 박정규

| 머리말 |

　요즘은 한문(漢文)이 통용되는 시대가 아니고 집에서 상(喪)을 치루는 경우도 거의 없다. 매장(埋葬)보다는 화장(火葬)을 선호하고 운구(運柩)하는 방법도 상여보다는 영구차로 하기 때문에, 이래저래 '만장(挽章)'은 우리에게 낯선 말이 되고 있다. 해방 후 몇 십 년을 지내오면서 세속도 상장례의 분위기도 많이 달라졌다. 불과 이삼십 년 전에도 상(喪)이 나면 빈소에 곡소리부터 들렸는데, 요즘에는 상주들마저 호상(好喪)이라며 조문객들과 웃고 떠들기까지 하니 옛사람들이 이 모습을 본다면 참으로 괴이하다 할 것이다.
　현대에는 동기간의 우애나 이웃간의 사랑도, 점점 인터넷·TV·SNS 등등에 밀려 알게 모르게 고독한 존재들이 되어간다. 이러한데 한사람의 생애가 끝났고 그 사람과 영결(永訣)까지 하는 자리에서, 눈물을 흘리는 사람이나 고인에 대해 이야기하는 사람이 없다면, 세상을 살아가는 사람도 세상을 떠나는 사람도 참으로 외로울 것이다. 나를 사랑하며 키워주신 부모·조부모·친척이나, 내가 사람이 되도록 이끌어주셨던 존경하는 선생님, 그리고 함께 밤을 지새워가며 세상을 논하고 학문을 연구했던 친구·선후배를 잃었을 때, 마음 깊은 곳으로부터 우러나오는 눈물의 글이 있다면 이 얼마나 아름다울까? 이렇게 간절한 마음으로 짓고 사용되었던 글이 바로 '만장(挽章)' '만사(挽詞)'다. 만(挽)이나 만(輓)은 같은 의미로, 고인이 살아있을 때의 공덕을 기려 고인이 저승으로 잘 갈 수 있도록 상여 앞에서 상여를 끌고 간다는 뜻이다.
　전국시대에도 만가(輓歌)라는 말이 보이지만 상여소리정도로 짐작되며, 그 많은 당시(唐詩)를 둘러봐도 만사를 발견하기 어렵고 그 시원(始原)에 대한 기록마저 없으니 만사가 과연 언제부터 쓰여졌는지 알 수가 없다. 그러나 주희(朱熹)가 지은 『주자가례(朱子家禮)』에 만사도가 실려 있는 것으로 미루어 宋이후에 만사가 크게 행해졌을 것으로 보인다.

한국의 경우도 최치원의 『계원필경(桂苑筆耕)』에는 만(挽)이 없지만, 『고려사절요』에 1031년 별세한 강감찬에 '뇌(誄)'를 내렸다는 기록이 있고, 임춘(林椿)의 『서하집(西河集)』에는 1178년(명종8) 세상을 떠난 이광진(李光縉)의 만사가 전한다. 고려중기의 문집을 둘러보면 '추도(追悼)' '도(悼)' '곡(哭)'이 들어간 시 제목이 조금씩 보이고 '만(挽)'은 매우 드물게 보이나, 고려후기로 오면서 '만사(挽詞)' '만장(挽章)' '만(挽)' '만사(挽辭)'가 '곡(哭)'이나 '도(悼)'보다 자주 등장하는 것으로 보아 우리나라 역시 성리학이 전래되면서 발전하고 유행되었던 것 같다.

조선시대에는 만장이 성행했다. 관리나 큰 선비가 별세하면 왕을 비롯하여 조정대신·친구·친척들이 만사를 써서 조문을 했고, 가문에서도 그를 가장 큰 영광으로 생각하여 기록으로 남겼으니, 이처럼 고인의 삶과 죽음을 소중히 여기는 정신은 지금 이 시대에 시사(示唆)하는 바가 크다고 할 것이다.

그러니 이젠 현사회(現社會)에 어울리게 상여 앞에서 들고 가는 만장이 아니라 빈소·접객실 등에 걸어놓는 만장문화로 계승·변화·발전하였으면 좋겠다. 죽은 이는 뒷전에 두고 술상 앞에서 서로의 안부를 묻기보다 만사를 읽어보며 눈물을 훔치고 고인의 삶과 고인과의 소중했던 인연을 다시 생각해보는 그런 장례식장의 분위기가 되었으면 좋겠다.

지난번에 출간한 『한국의 만장』은 유가(儒家)·여인(女人)·

불가(佛家)·크리스찬·원불교(圓佛敎)의 만장으로 구성했었다. 유가와 여인의 만장은 조선시대 만사를 중심으로 편찬했고, 불가의 만장은 천도품과 고승들의 만사를 수집하였으며, 크리스찬의 만장은 상장례에 사용되는 성경구를 한글과 한문으로 실었고, 원불교의 만장은 원불교교전의 천도품과 통용경문 등을 모은 것이다. 이를 써서 장례식장에 걸어보았더니 반응도 좋았고 멋스럽긴 했지만 잘 사용하지 않는 한문과 시대적으로 거리가 느껴지는 조선시대 언어로 인해 상주(喪主) 조객(弔客) 모두가 어려워했다. 한글마저도 길어지면 대부분이 읽으려하지 않았으므로 실제현장에서 쓰고 읽기에 적당한 시조형식이나 사행시정도를 생각하게 되었다.

어느 날 근처에 사시는 시조시인 일석 박근모선생과 시인 동암 우성영선생께서 연구실로 오셨기에 만장에 관련한 말씀을 드렸더니, "우리 문인들도 비슷한 생각을 하고 있었다."며, "이런 아름다운 문화를 선양하기 위해 시인들과 서예가들이 함께 '만장전(挽章展)'을 열었으면 좋겠다."는 의견까지 주셨다. 얼마 후 일석선생이 '323수'를 동암선생이 '50수'를 써서 보내주셨으므로, 그간 번역하면서 나름대로 정리해 보았던 글들과 조선이전 한문만사 중에 대구(對句)정도를 발췌하고, 상장례에 사용되는 성경구를 골라 한문한글로 실었으며, 근래 작고한 서예가 한학자의 만사들을 수집하여, 이렇게 『아름다운 이별, 挽章』을 출간할 수 있었다.

바람이 있다면, 이 책을 바탕으로 더욱 아름다운 만사·더욱 슬픈 만사·더욱 의미 있는 만사가 만들어지는 것이다. 문장이나 글씨가 조금 서툴더라도 자신의 마음이 듬뿍 담긴 만장이 있다면 더욱 애달프고 아름다우며 의미 있는 장례문화로 승화될 것이다. 우려되는 것은, 만장문화가 고인을 그리워하고 진정으로 고인의 명복을 기원하는 선에 머물러야지, 번잡하거나 사치스러운 일로 발전하지 않았으면 하는 것이다. 상례에는 슬픔이 주가 되어야지 남에게 보여주기 위한 허세(虛勢)와 그를 이용한 상술(商術)이 가미되어서는 그 슬프고 아름다운 가치가 퇴색되기 때문이다.

또한, 좋은 문화를 선양하기 위해 기꺼이 자료를 건네주신 분들, 서예문화의 발전을 위해 즐거이 서예도판을 써주신 분들, 그리고 도판에 실을 사진을 제공해준 분께 심심한 고마운 마음을 전하며, 그 후의를 그냥 지나칠 수 없어 아래 '일러두기'에 밝혀둔다.

끝으로, 두 권의 만장을 집필하게 된 계기는 2008년 3월 교통사고로 세상을 뜬 막내 동생에 대한 미안함이다. 갑작스런 이별을 당하여 어찌해야 할 바를 모르고 허둥대다가 장례까지 치루고 보니 시간이 지날수록 허전하고 아쉬운 마음이 더해갔다. 늦었지만 이것으로나마 이제 너에게 작별의 인사를 건넨다. 응기야 잘 가라! 너의 극락왕생을 빈다!

갑오년 여름에 陶谷 洪愚基 쓰다.

| 일러두기 |

- 글씨체는 이 책을 읽을 만한 독자가 볼 수 있도록 크게 하였다.
- 만사 앞에 정한 번호는 각기 제목을 정할 수 없어 편의상 번호로 매긴 것이다. 圖에 기록한 숫자 역시 이 번호를 사용하였다.
- 서예도판은 일반인들의 실제만장 제작에 도움을 주기 위해 한국의 서예가들이 예문으로 써 본 것이다.
- 작고 서예가와 한학자 만장은 실제 만장을 구할 수 없어 필자 주변 서예가에게 맡겨 이를 재현한 것이기에, 圖에는 실제처럼 만사작가의 성명을 기록하였으나 분명하게 하기 위해 〔글씨〕 다음에 서사자의 아호와 성명을 밝혀놓았다. 하지만 고인과 만사작가와의 관계를 정확하게 알 수 없어 협서는 일반적인 시각으로 실었다.
- 다음은 이 책을 출판하는데 도움을 주신 분들이다.
  〔만사〕 심석 김병기, 현암 소병돈, 한천 양상철, 설봉 이동우, 사곡 이숭호, 태동고전연구소.
  〔서예〕 청하 강대운, 단운 강윤정, 이촌 김재봉, 월당 김진태, 은초 김향선, 청담 민영순, 운학 박양재. 연곡 박정규, 월정 백승면, 새터 손영일, 하산 서홍식, 한천 양상철, 소은 이남례, 설봉 이동우, 아당 이성우, 청향 이은숙, 취송 정봉애, 무곡 최석화.
  〔사진〕 광조 김기훈, 후암 김진돈, 대도심 정안순, 야석 조원복, 최근태, 수원 봉녕사, 안면도 송림사, 봉화 현불사.

| 차 례 |

☞ 화 보 / 4
☞ 머 리 말 / 13
☞ 일러두기 / 17

Ⅰ. 喪葬儀禮
  1. 상장의례(喪葬儀禮) ·· 21
  2. 축문(祝文) ·· 32
  3. 조문예절(弔問禮節) ·· 35

Ⅱ. 一石挽詞
  1. 반가(班家)의 만장 ·· 45
  2. 유가(儒家)의 만장 ·· 55
  3. 불가(佛家)의 만장 ·· 61
  4. 크리스찬의 만장 ·· 67
  5. 원불가(圓佛家)의 만장 ·· 74
  6. 원로(元老)의 만장 ·· 79
  7. 여인(女人)의 만장 ·· 86
  8. 고우(故友)의 만장 ·· 92
  9. 세월호 만장 ·· 95

Ⅲ. 東岩挽詞 • 99

Ⅳ. 陶谷挽詞
  1. 通用挽詞 ··· 111
  2. 父母挽詞 ··· 142
  3. 女性挽詞 ··· 150

    4. 師傅挽詞 …………………………… 155
    5. 親友挽詞 …………………………… 160
    6. 文人挽詞 …………………………… 170
    7. 政客挽詞 …………………………… 175
    8. 宗敎挽詞 …………………………… 183
    9. 歲月號挽詞 …………………………192

Ⅴ. 漢文挽聯
    1. 四言挽聯 …………………………… 199
    2. 五言挽聯 …………………………… 202
    3. 六言挽聯 …………………………… 232
    4. 七言挽聯 …………………………… 235
    5. 佛敎挽聯 …………………………… 269

Ⅵ. 追悼關聯聖句 ● 281

Ⅶ. 作故書藝家 및 漢學者挽章
    1. 素菴 玄中和 ……………………… 309
    2. 剛菴 宋成鏞 ……………………… 312
    3. 靑溟 任昌淳 ……………………… 317
    4. 淵民 李家源 ……………………… 327
    5. 農山 鄭充洛 ……………………… 334
    6. 玄民 李鍾宣 ……………………… 344
    7. 嘉隱 尹濟鳳 ……………………… 350
    8. 其他 挽詞 ………………………… 355

☞ 만장협서 / 367
☞ 圖版目錄 / 369
☞ 參考文獻 / 371

장례식장에서의 장례 절차

- 장례식장 상담
- 유품 정리
- 주민등록증
- 의료보험증
- 응급실(사체검안서)
- 영정사진준비
- 호상 빈소결정
- 방명록 준비
- 장지 결정
- 부고발송
- 도우미 / 음식주문

운명
↓
고인이송
↓
응급실
↓
장례식장
↓
안치
↓
빈소
↓
시사전

운명일

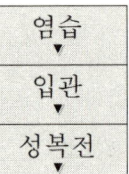

사망진단서 발급	
용도	제출처
사망신고	읍면동사무소
매장	장지, 화장장
장제비청구	국민건강보험공단
염습	장례식장
직장/학교	직장 및 학교 등
기타	보험회사 등

- 장례용품
- 상복
- 조문객 맞기

염습
↓
입관
↓
성복전

염습 입관일

- 영구차량
- 비용지불
- 제수준비
- 시신인수
- 운구조편성

영결식
↓
발인
↓
화장/매장
↓
반혼제

장례일

삼우제
↓
49제/백일
↓
탈상

장례후

圖 18. 장례 절차

Ⅰ. 상장의례

1. 상장의례(喪葬儀禮)

 태어남은 한 생명이 시작하는 동시에 한 사람의 우주가 열리는 것이지만, 죽음은 한 생명이 끝남으로써 평생 동안 맺어왔던 인연과 평생토록 쌓아왔던 업적을 정리하는 것이니, 사람에게 가장 큰일은 나고 죽는 것이다.
 우리의 선인들은 태어나서 죽음에 이르기까지 관혼상제(冠婚喪祭)라는 사례(四禮)를 거치면서 살았다. 그중 관례(冠禮)는 현대로 오면서 거의 사라졌고 혼례(婚禮) 또한 서양식으로 바뀌었지만, 상장례(喪葬禮)와 제례(祭禮)는 그나마 전통의 맥을 이어가고 있다. 상례[1] 란 임종을 맞이할 채비를 차리는 것으로부터 운명을 한 후 시신을 처리하고 각종 제례를 거쳐 일상적인 생활로 돌아가기까지의 의식절차를 말하므로 장례보다는 포괄적인 개념이다.
 고례(古禮)를 보면, 제황(帝皇)은 7월장, 왕(王)이나 제후(諸侯)는 5월장, 대부(大夫)는 3월장, 벼슬이 낮은 선비는 죽은 달을 넘기는 유월장(踰月葬)을 치렀다. 상장례(喪葬禮) 절차도 복잡하여, 임종(臨終) ➡ 수시(收屍) ➡ 고복(皐復) ➡ 발상(發喪) ➡ 전(奠) ➡ 습(襲) ➡ 소렴(小殮) ➡ 대렴(大殮) ➡ 성복(成服) ➡ 치장(治葬) ➡ 천구(遷柩) ➡ 발인(發靷) ➡ 운구(運柩) ➡ 하관(下棺) ➡ 제주전(題主奠) ➡ 반곡(反哭) ➡ 초우(初虞) ➡ 재우(再虞) ➡ 삼우(三虞) ➡ 졸곡(卒哭) ➡ 소상(小祥) ➡ 대상(大祥) ➡ 담제(禫祭) ➡

---

[1] 죽음에 관한 의례라면 사례(死禮)라고 하는 것이 마땅하지만 상례(喪禮)라고 하는 것은 죽어서 육신이 썩어 사라짐을 뜻하는 사(死)는 소인의 죽음을 의미하고 사람노릇을 끝낸다는 종(終)은 군자의 죽음을 의미하기 때문에 사와 종의 중간을 택해 없어진다는 의미의 상을 사용한다.

길제(吉祭)➡ 탈상(脫喪)과 같은 과정을 거쳤다.

　그러므로 상이 발생하면 이러한 복잡한 과정을 엄숙하고 경건하게 수행하기 위하여 호상소(護喪所)부터 차렸다. 여기서는 우선 호상(護喪)을 정하고 사서(司書)·사화(司貨) 등을 두어 일을 분담하였으며, 조객록(弔客錄)·조위록(弔慰錄)·부의록(賻儀錄)·금전출납장(金錢出納帳), 축철(祝綴) 등과 기타 필요한 물품을 비치하였다.

　요즘에는 가정의례준칙에 따라 특별한 사정이 없는 한 3일장으로 치루다 보니 호상만을 두어 전반적인 상장의례를 주관케 하고 있다. 상을 끝내는 기간도 가정에 따라 백일(百日)이나 49일로 탈상을 하고 심지어는 삼우제(三虞祭)에 탈상하기도 한다.

　더구나 근래에는 급속하게 진행된 핵가족화로 인하여 전통적인 것을 배우지 못했고 이를 바로 잡을 문중의 어른 역시 없다보니 갑자기 상을 당하면 상주는 크게 당황하게 된다. 이러한 사회적 분위기는 상장의례의 전반적인 과정을 전문적으로 상담하고 대행해주는 상조업종이 탄생하는 배경이 되었고, 호상의 역할 역시 장례지도사가 대행하고 있다. 또한 아파트 중심의 주거문화, 상례의 편리함, 문상객들이 찾기 쉽고 조문하기가 편하다는 이유 등으로 대부분이 병원장례식장과 전문장례식장을 이용하고 있다. 장례지도사가 안내하는 대로 따르다보면 무난하게 예를 치룰 수 있겠지만 친척 친지들에게 상을 알리고 조문을 받는 일에 집중하다보니 상장례에 더욱 무관심한 결과로 이어지고 있다. 따라서 다음에 선인들이 장례를 치렀던 의미를 그 대강만이라도 알 수 있도록 가정에서의 상장례절차와 축문을 비롯한 조문예절에 대해 간략하게 기술해 보았다.[2]

1) 운명일

(1) 임종(臨終) : 가정에서의 임종은, 환자의 병세가 위급해 도저히 회

---

[2] 『한국의 만장』 pp15-29 참고.

복할 가능성이 없으면 환자를 정침으로 옮긴다. 남자는 사랑방에, 여자는 안방에 옮겨 임종하도록 한다. 집 안팎을 깨끗하게 청소하고 환자에게 깨끗한 옷으로 갈아입힌다. 속광(屬纊)은 햇솜을 환자의 코 밑에 대놓고 환자의 숨이 그침을 지켜보는 것이다. 환자가 임종할 때 가족들은 울음을 참고 조용하고 경건한 마음을 갖는데, 그 이유는 환자가 완전히 숨을 멈추지 않았을 때 곡성이 요란하면, 운명하는 이가 마음이 불안하고 정신이 혼란할까 염려되기 때문이다. 병원에서의 임종은 고층아파트와 같은 밀집된 주거형태 핵가족화 편의적인 면에 따라 많이 이용하고 있다. 임종의 징후가 나타나면 즉시 병원으로 옮기며 떨어져 있는 가족에게 미리 연락하는 것이 통상적이다. 많은 환자가 모여 있는 병원의 특성상 전통상장례에 따른 여러 가지 절차가 생략된다. 유언은 자필증서(自筆證書)·녹음(錄音)·공정증서(公正證書)·비밀증서(秘密證書)·구수증서(口授證書) 등으로 할 수 있는데 이것들도 법적 효력이 발생할 수 있도록 작성해야 한다.

(2) 운명(殞命) : 환자가 숨을 거두면 가족들은 흰옷으로 갈아입고 슬프게 곡한다. 시신이 있는 방은 비우지 않으며, 형제 중에서 부득이한 경우는 번갈아 가면서라도 이를 지킨다. 사망의 종류는 크게 자연사·병사 등의 내인사(內因死)와 자살·타살·사고사·재해사 등의 외인사(外因死), 그리고 죽은 원인이 명확하지 않은 변사(變死)로 나뉜다. 내인사는 사망진단서(死亡診斷書), 외인사에는 검사지휘서(檢事指揮書) 변사에는 사체검안서(死體檢案書)가 필요하다. 자연사했으나 부득이한 사정으로 의사에게 사망진단서를 받지 못한 경우는 죽음에 대한 확인과 보증을 해주는 인우보증서(隣友保證書)를 발급받는다.[3] 상장의례상담은 전화(電話)로 하며 상담이 끝나면 상

---

3) 이병찬, 『표준 상장제 의례』, 효사랑, 2009. pp97-98에서 정리.

장의례를 행할 장소로 운구를 한다.

(3) 고복(皐復) : 복(復)·초혼(招魂)이라고도 한다. 고복은 시신을 보지 않은 사람이 죽은 사람이 입던 속적삼을 들고 지붕 위로 올라가서 한다. 지방에 따라서 다르기는 하나 동쪽 끝으로부터 지붕의 중앙에 올라가서, 하늘과 땅과 북쪽을 향해 평소에 부르던 이름을 부르며 세 번 휘두른다. 복을 세 번 다 부른 뒤 망자의 옷을 내려주면 밑에 있는 사람은 상자로 옷을 받아다가 시신 위에 덮는다. 이는 고복을 한 옷으로 혼이 들어왔다고 생각하기 때문이다.

(4) 수시(收屍) : 시신을 바르게 갈무리 하는 절차이며, 베나 한지로 묶는 것은 시신의 손과 발 그리고 몸통이 뒤틀리고 오그라드는 것을 막기 위한 것이다. 수시는 문을 닫고 하고, 시체를 안치한 방에는 불기운을 없앤다. 시기가 늦어져 시신이 굳어지면 습의를 입히는 과정 및 입관을 하는데 어려움을 겪게 된다. 요즘에는 환자가 운명을 하게 되면 고인을 장례식장으로 옮겨 상장의례지도사가 수시를 한 후 안치한다.

(5) 사자밥[使者飯] : 인간에게는 삼혼이 있어 이 혼을 데리고 가는 사자 역시 3명일 것이라는 믿음에서 사자상도 밥·신·돈을 모두 셋씩 차린다. 반찬으로는 간장과 된장만 차리는데, 이를 사자밥이라 한다. 밥과 반찬은 요기이고, 신은 먼 길에 갈아 신으라는 것이며, 돈은 망자의 영혼을 부탁한다는 의미라 한다.

(6) 발상(發喪) : 상주란 상의 가장 으뜸이 되는 자를 말한다. 상주는 보통 장남이 자연스럽게 상주가 되지만 경우에 따라서는 손자나 며느리가 상주가 되는 경우도 있다. 아들·딸·며느리 등은 머리를 풀고 곡을 하며 옷을 갈아입는다. 특히 아들이나 상주의 손자는 두루마기를 입을 때, 아버지의 상에는 왼팔을 꿰지 않고 어머니의 상

에는 오른팔을 꿰지 않는다. 이는 슬픔이 복받쳐 옷을 제대로 입을 겨를이 없기 때문이다. 이와 같이 상(喪)의 모습을 갖추고 초상난 것을 밖에 알리는 것을 발상(發喪)이라 한다.

(7) 호상(護喪) : 발상을 하면 상중(喪中)·기중(忌中) 또는 상가(喪家)라고 써서 문밖 또는 길목에 붙인다. 예에 밝고 경험이 많은 사람을 호상(護喪)으로 정하고, 각종 문서를 정리하는 사서(司書)와 상가의 재물을 관리하는 사화(司貨) 등을 정한다. 호상소에는 상장례를 치루는 사이에 읽어야할 축철(祝綴)과, 물품이나 금전의 출납을 기록하는 장부, 그리고 조객록(弔客錄)·조위록(弔慰錄)·부의록(賻儀錄)을 준비한다.

(8) 소식(素食) : 예전에는 불식(不食)이라 하여 장례를 다 치룰 때까지 상주들은 음식을 먹지 않았는데, 이는 완전 금식이 아니라 죽을 먹어 몸을 상하지 않게 하는 정도이다.

(9) 부고(訃告) : 호상이 상주와 의논해 친척과 친지에게 신속하게 전하는 것이다. 이 때 사망시간·장소·발인일시·발인장소·장지·상주와 상제 등을 포함하여 알린다. 상주의 아버지면 대인(大人), 어머니면 대부인(大夫人), 할아버지면 왕대인(王大人), 할머니면 왕대부인(王大夫人), 아내일 때는 망실(亡室) 또는 합부인(閤夫人), 동생일 때는 망제(亡弟)라 쓴다. 부고는 예전에 백지에 붓글씨로 써서 사람들이 직접 전했으나 지금은 신문광고·전화메시지 등을 이용하기도 한다.

(10) 전(奠) : 빈소가 결정되면 교의와 제상을 마련하는 데 이를 영좌(靈座)라고 한다. 즉 고인의 자리를 의미한다. 전(奠)이란, 고인이 살아 있을 때와 같이 섬기기 위해 고인이 생전에 즐겨먹던 술 과일 등을 간소하게 차려 놓은 것이다. 집사(執事)가 포(脯)와 식혜(食醯), 과일

등을 탁자위에 놓으면 축관(祝官)이 술을 잔에 가득 차게 부어 시신의 오른쪽 어깨 가까운 곳에 놓는다. 집사와 축관이 전을 올리는 이유는 슬프고 애통하므로 주상이 올리지 못하기 때문이다. 단 절은 하지 않는다. 참고로 전(奠)과 제(祭)를 구분해 보면 초종시에 행하는 시사전(始死奠), 소렴을 한 뒤의 소렴전(小殮奠), 대렴을 한 뒤의 대렴전(大殮奠), 성복을 마친 후에 하는 조석전(朝夕奠), 발인할 때에 올리는 견전(遣奠), 행상 중에 하는 노전(路奠), 장지에서 행하는 제주전(題主奠)[4]이 있다. 이를 제라 하지 않고 전이라 하는 것은 살아계실 때와 같이 생각하여 정식 제례절차를 밟지 않기 때문이다. 제(祭)에는 반혼시에 행하는 반혼제(返魂祭), 우제시에 행하는 삼우제(三虞祭), 졸곡시에 행하는 졸곡제(卒哭祭), 소상시에 소상제(小祥祭), 대상시에 대상제(大祥祭), 담제 때의 담제(禫祭), 그리고 기일에 행하는 기일제(忌日祭) 등이 있다.

2) 염습 입관일

(1) 습렴(襲殮) : 염습(殮襲)이란, 시신의 머리와 온몸을 깨끗이 닦고 머리를 단정하게 빗겨 주고 수의를 입혀주는 중요한 절차이다. 반함(飯含)은 생쌀을 버드나무 숟가락으로 떠서 입안의 좌 우 중앙에 각각 한 숟가락씩 넣는 것이다. 소렴이란 시신을 옷과 이불로 싸는 것을 말하고, 대렴은 칠성판에 시신을 올려놓고 큰 이불로 주검을 싸고 맬 끈으로 묶는 것을 말한다.

---

[4] 제주전(題主奠) : 제주전은 치장의 절차에서 미리 준비한 신주(神主)에 글씨를 써 신주로서의 기능을 하는 절차이다. 몸이 광중으로 들어가면 정신은 갑자기 떠돌아 의지할 곳이 없으니 신주를 써서 의지할 곳이 있도록 하는 것이다. 하지만 요즘에는 신주를 만들지 않는 까닭에 제주전의 절차가 생략되어야 한다. 그리고 자식들이 남아 봉분이 완성되기를 지켜보고 지내는 성분제는 전(奠)의 형식이 제(祭)의 형식으로 변환된 것이므로 생각해볼 일이다.

(2) 입관(入棺) : 관은 대렴까지 한 시신을 관에 넣는 일이다. 입관이 끝나면 관 위에 머리와 발쪽을 표시하여 두고 명정으로 덮어둔다.

(3) 명정(銘旌) : 명정이란 죽은 이를 관에 넣고 누구의 관인가를 나타내는 표지깃발이다. '學生南陽洪公吉童之柩' '孺人南陽洪氏之柩'와 같이 써서 관의 동쪽에 세우거나 병풍에 걸쳐 늘어뜨리며, 상여가 움직일 때에는 그 앞에 가며 매장할 때는 관이나 시신 위에 덮는다.

(4) 신주(神主) : 신주는 각종 제례에 죽은이를 상징하는 표상이다. 신주 속에 부친상인 경우 '顯考學生府君 神位'를 모친상인 경우 '顯妣孺人南陽洪氏 神位'와 같이 세로로 써서 붙인다. 예전에는 습을 한 뒤에 신주를 설치하였으나 현대에는 일반적으로 3일장을 치르기 때문에 안치실에 고인을 안치함과 동시에 분향소가 설치되며 영정사진이 이를 대신하기도 한다.

(5) 성복(成服) : 성복은 대렴을 한 뒤 상주가 고인의 죽음을 기정사실화하고 소복을 벗고 정식으로 상복을 입는 의식이다. 예전에는 입관을 한 다음날 성복을 했으나 요즘에는 입관 즉시 성복을 한다. 성복을 마치고 올리는 전을 '성복전(成服奠)'이라 하며 성복전이 끝나면 정식으로 조문을 받기 시작한다. 하지만 근래에는 성복여부와 관계없이 조문을 한다.

(6) 문상(聞喪) : 객지에 나가 있다가 부모의 상(喪)을 듣고 돌아오는 것을 일컫는다. 부음(訃音)을 듣는 즉시 곡을 하며 부고를 가지고 온 사람에게 절을 하고 흰 옷으로 갈아입는다. 심상(心喪)은 스승 등이 돌아가셨을 때, 상복은 입지 않지만 마음으로 3년 동안 슬퍼하는 것이다.

(7) 조문(弔問) : 손님이 상인(喪人)을 만나 조문하는 것을 말한다. 성복 전(前)에는 손님이 와도 빈소 밖에서 입곡(立哭)하고, 성복 후에야

비로소 상인과 정식으로 조문을 한다.

(8) 택지(擇地) : 장지를 정하는 것이다. 운명한 뒤 장지를 정하느라 당황하지 않기 위하여 미리 정하기도 한다.

   3) 장례일

(1) 설조전(設祖奠) : 죽은이가 살던 집에서 마지막으로 대접받는 절차로 영좌 앞에 상을 차리고 집례가 술을 올린다. 축문은 "永遷之禮 靈辰不留 今奉柩車 式遵祖道(영천지례 영신불류 금봉구거 식준조도 : 영원히 옮겨가시는 예입니다. 영좌가 계실 날이 머무르지 않아 이제 상여로 받들겠으며 식은 조상들의 도를 따르겠습니다.)"라고 읽는다. 주상이하 극진한 슬픔을 나타내고 절을 한다.

(2) 출관(出棺) : 관을 방에서 들고 나올 때 방 네 귀퉁이에 시신의 머리를 맞추고 나오기도 하고, 쪽박이나 바가지를 엎어놓고 깨뜨리면서 나오기도 하는데 이는 상사로 인한 집안의 재액을 없애 버리기 위한 것이라 한다.

(3) 천구(遷柩) : 관을 방에서 들고 나와 상여로 옮기는 것이다. 천구고사는 "今遷柩 就轝敢告(금천구 취여감고 : 이제 널을 옮겨 상여로 나감을 감히 고하나이다.)"이다.

(4) 발인(發靷) : 상여가 상가를 떠나 장지로 출발하는 것으로, 출상(出喪)이라고도 한다. 발인시에는 반드시 견전례(遣奠禮)를 행한다. 견전(遣奠)은 간단하게 제물을 차리고 발인축을 읽고, 맏상주는 두 번 큰 절[단작이배(單酌二拜)]을 한다. 이 때 읽은 '발인축'의 내용은 다음과 같다. 靈輀旣駕 往卽幽宅 載陳遣禮 永訣終天(영이기가 왕즉유택 재진견례 영결종천 : 상여를 이미 메었으니 가면 곧 무덤입니다. 보내는 예를 베푸니 영원한 이별입니다.) 견전을 지내고 상여꾼

들이 상여를 처음 들어 올렸을 때 망자의 집 쪽으로 향하여 세 차례 상여를 올렸다 내렸다 하는데, 이를 망자가 집을 보고 하는 하직 인사라 한다. 요즘은 영결식이란 표현을 많이 사용한다. 대략 개식사, 주상 및 상제들의 분향재배, 고인의 약력보고, 조사, 조객분향, 호상인사, 폐식사의 순서로 한다.

(5) 구행(柩行) : 운구(運柩)로 상여행렬이다. 예전의 구행은 ① 방상(方相)➡ ② 명기(明器)➡ ③ 여복(女僕)➡ ④ 시자(侍者)➡ ⑤ 명정(銘旌)➡ ⑥ 영여(靈輿)➡ ⑦ 만장(挽章)➡ ⑧ 공포(功布)➡ ⑨ 운아삽(雲亞翣)➡ ⑩ 상여(喪輿)➡ ⑪ 상주(喪主)➡ ⑫ 복인(服人)➡ ⑬ 존장(尊長)➡ ⑭ 무복친(無服親)➡ ⑮ 조객(弔客) 순으로 출발했다.

예전에 여자상주들은 동구까지만 따라갔다가 집으로 돌아오고 남자상주들은 묘지까지 동행했지만 현재는 남녀 구분없이 다 묘지까지 동행한다. 지금은 사진 명정 영구 상제 조객의 순서로 운구하고 노제는 금지하고 있다. 여기서 ① 방상은 귀면을 쓴 사람이 칼을 들고 상여 앞에서 잡귀를 물리쳐 망자의 저승길을 깨끗이 닦아주는 역할을 한다. 방상은 인형으로 대치하기도 한다. ② 명기는 장사지낼 때 죽은 사람과 함께 무덤 속에 묻는 식기(食器) 악기(樂器) 무기(武器) 등의 기물을 통틀어 이르던 말이며 ③ 여복은 곡비를 말한다. ④ 시자는 망자를 모시는 사람이고 ⑤ 명정은 누구의 장례행렬인가를 나타내는 깃발이며, ⑥ 영여는 혼백상자를 모시고 가는 작은 가마이다. ⑦ 만장은 죽은이를 기리고 슬퍼하는 글을 쓴 깃발이며, ⑧ 공포는 장대에 삼베 천을 매달아 길이 좋고 나쁜 것을 알리는 신호기 역할을 한다. ⑨ 운아삽은 운불삽이라고도 하며 운삽(雲翣)과 불삽(黻翣)을 이르는 말이다. 운불삽(雲黻翣) : 선비의 상에는 운삽(雲翣) 한 쌍만을 사용하고, 대부의 상에는 운삽(雲翣)과 불삽(黻翣)을 함께 한 쌍 씩 사용한다. 불삽은 아삽(亞翣)이라고도 한다. ⑩ 상여는 시신을 나르는 수레이고, ⑪ 상주는 상가(喪家)의 주인이며, ⑫

복인이란 상복을 입은 사람이다. ⑬ 존장은 지위가 높은 사람이나, 나이가 많은 사람이다. ⑭ 무복친은 상례(喪禮)에서, 상복을 입을 촌수를 벗어난 가까운 친척을 말하며, ⑮ 조객은 조상(弔喪)하러 온 사람을 일컫는다.

(6) 노전(路奠): 마을 어귀·골목 어귀·삼거리 등 망령과 추억이 깃든 장소를 지날 때 주로 망령(亡靈)의 친구들이 주제관이 되어 지내는 것으로 사자와 이별을 섭섭하게 여겨 행하는 의례이다.

(7) 구지(柩至): 급묘(及墓)를 말한다. 상여가 장지에 도착하여 매장하기까지의 절차를 말한다. 상여가 장지에 도착하면 영구를 광중의 남쪽에 모시고 상주들은 광중의 양옆에 서서 곡을 한다.

(8) 하관(下棺): 영구를 광중(壙中)에 넣는 것을 말하며 하관시 관과 함께 묻는 경우도 있고 관에서 시신만을 들어내어 안치하는 경우도 있다. 또한 하관시간을 두는 것은 사람의 사주팔자가 인생에 깊이 관련된다고 믿어, 땅에 묻히는 시간도 저승살이의 운명을 좌우하는 것으로 생각하기 때문이다. 내광이 흙으로 메워져 평지가 되면 평토제를 지내고 봉분을 만든다. 제주전이 끝나면 상주는 혼백상자를 모시고 집으로 돌아오는데 이를 반혼이라 한다. 집에 돌아오면 안상주들이 곡을 하면서 혼백을 맞이하며 혼백은 빈소에 모시고 반혼제(返魂祭)를 지낸다.

(9) 성분(成墳): 봉분을 만들고 석물을 세우는 것을 말하며 석물로는 혼유석·상석·향로석·망주석 등을 세운다.

4) 장례 후

(1) 반곡(返哭)·반혼(返魂): 반곡은 본가(本家)로 반혼(返魂)하면서 상

주 등이 곡을 하는 것이다. 천천히 걸으며 슬픔에 이르면 곡을 하고 집의 문이 보이면 곡을 한다. 반혼할 때에는 왔던 길로 되돌아가며 앞만 보고 뒤를 돌아보지 않는다.

(2) 상식(上食)·삭망(朔望) : 예전에는 주상이 상복을 입는 동안 궤연(几筵)을 설치하고 교의를 놓은 다음 교의 위에 혼백과 신주를 모시고 그 앞에 제상과 향안을 배설했다. 상식은 궤연을 모시는 동안 조석으로 상을 차려 올리는 것이며, 삭망은 매월 초하루에 보름의 상식보다 낫게 상을 차려 올리는 일이다.

(3) 우제(虞祭) : 우제에는 초우(初虞)·재우(再虞)·삼우(三虞)가 있는데 이 우제부터 제사라 한다. 그러니까 우제 이전은 전(奠)이다. 제는 온갖 제물을 진설하고 술을 석잔 올리는 삼헌의 예이나, 전은 술을 한잔만 올린다. 차례를 지낼 때도 술을 한잔만 올리는데 이는 제사가 아니기 때문이다. 우제는 그의 혼이 방황할 것을 우려하여 위안하는 의식이다. 삼우제를 지낸 다음에 조문왔던 손님들에게 답조장(答弔狀)을 보낸다.

(4) 사십구제(四十九祭)와 졸곡(卒哭) : 장례일로부터 49일째 되는 날 올리는 제로서 원래 불교의식이었으나 유교에서도 지낸다. 졸곡은 무시곡(無時哭)을 마친다는 뜻으로, 장례 후 3개월 정도 지나 강일에 지냈던 제사이다. 이때부터 조석에만 곡을 했다. 건전가정의례준칙은 부모와 조부모 배우자의 상기를 100일까지로 규정하고 있으므로 오늘날에는 대부분이 이날 탈상(脫喪)을 한다.

(5) 이후는 예전에 행했던 절차이다. 소상(小祥)은 초상으로부터 13개월이 되는 날 즉, 1주기에 지내는 제사이다. 이때부터 조석곡을 폐지하고 삭망에만 곡을 한다. 대상(大祥)은 초상으로부터 25개월째 되는 날 즉, 2주기에 지내는 제사이다. 대상을 지냈다고 하여 즉시

부모의 상을 잊고 평소의 생활로 돌아올 수 없으므로 한 달이 지난 다음 담제를 지낸다. 담제(禫祭): 초상으로부터 27개월째 되는 달의 정일(丁日) 또는 해일(亥日)에 사당에서 지내는 제사이다. 그 뒤부터 음주와 육식이 허용된다. 탈상(脫喪)은 담제의 다음 달에 정일이나 해일을 택하여 지내는 제사이다. 탈상을 통하여 고인의 영혼에 대한 의례는 끝나고 후손들은 상주의 제약에서 벗어난다.

2. 축 문(祝文)

1) 發靷式告諭祝(발인식고유축)
　永遷之禮 靈辰不留 今奉柩車 式遵祖道
　영천지례 영신불류 금봉구거 식준조도

(영원히 옮기시는 예입니다. 영좌가 계실 날이 머무르지 않아 이제 상여로 받들겠으며 식은 조상들의 도를 따르겠나이다.)

2) 遷柩祝(천구축)
　今遷柩 就轝敢告
　금천구 취여감고

(이제 널을 옮겨 상여로 나감을 감히 고하나이다.)

3) 發靷祝(발인축)
　靈輀旣駕 往卽幽宅 載陳遣禮 永訣終天
　영이기가 왕즉유택 재진견례 영결종천

(상여를 이미 메었고 가면 곧 무덤입니다. 보내는 예를 베푸니 영원한 이별입니다.)

4) 山神祭祝(산신제축)

維歲次戊子八月癸卯朔 初九日壬子 幼學洪愚基 敢昭告于
유세차무자팔월계묘삭 초구일임자 유학홍우기 감소고우

土地之神 今爲學生南陽洪公 窆玆幽宅 神其保佑 俾無後艱
토지지신 금위학생남양홍공 폄자유택 신기보우 비무후간

謹以淸酌脯醯 祗薦于神 尙
근이청작포해 지천우신 상

饗
향

(무자년 팔월 구일 유학 홍우기는 감히 밝혀 토지신에게 고하나이다. 이제 학생 남양홍공을 이 유택에 묻었사오니 신께서 그를 보호하사 뒤에 근심이 없게 하소서 삼가 맑은 술과 포해로써 공경하여 올리오니 흠향하소서.)

5) 平土時祝(평토시축)

維歲次戊子八月癸卯朔 初九日壬子 孤子愚基 敢昭告于
유세차무자팔월계묘삭 초구일임자 고자우기 감소고우

顯考學生府君 形歸窀穸 神返室堂 神主旣成 伏惟
현고학생부군 형귀둔석 신반실당 신주기성 복유

尊靈 舍舊從新 是憑是依
존령 사구종신 시빙시의

(무자년 팔월 구일 고자 우기는 밝혀 아버님께 고하나이다. 형체는 광중으로 돌아가셨사오나 신혼(神魂)은 집으로 돌아가소서. 신주를 이미 이루었으니 엎드려 생각하건대 존령께서는 옛것을 버리고 새것을 따라 기대시고 의지하소서.)

6) 初虞·再虞·三虞祝(초우·재우·삼우축)

維歲次戊子八月癸卯朔 初九日壬子 孤子愚基 敢昭告于

유세차무자팔월계묘삭 초구일임자 고자우기 감소고우
顯考學生府君 日月不居 奄及初虞 夙興夜處 哀慕不寧
현고학생부군 일월불거 엄급초우 숙흥야처 애모불녕

　　謹以淸酌 庶羞哀薦 祫事 尙
　　근이청작 서수애천 협사 상

饗
향

(무자년 팔월 구일 고자 우기는 감히 밝혀 아버님께 고하나이다. 세월이 흘러 어언 초우가 되었나이다. 밤에 일찍 일어나 슬피 사모하여 편하지 못함에 삼가 맑은 술과 음식으로 애절하게 제사를 올리오니 흠향하옵소서.)

7) 小祥·大祥祝(소상·대상축)

　　維歲次戊子八月癸卯朔 初九日壬子 孤子愚基 敢昭告于
　　유세차무자팔월계묘삭 초구일임자 고자우기 감소고우
顯考學生府君 日月不居 奄及小祥 夙興夜處 哀慕不寧
현고학생부군 일월불거 엄급소상 숙흥야처 애모불녕

　　謹以淸酌庶羞 哀薦常事 尙
　　근이청작서수 애천상사 상

饗
향

(무자년 팔월 구일 고자 우기는 감히 밝혀 아버님께 고하나이다. 세월이 흘러 어언간 소상이 돌아오니 밤에 일찍 일어나 슬피 사모하여 편안하지 못함에 삼가 맑은 술과 여러 가지 음식을 갖추고 슬픔을 다하여 올리오니 흠향하소서.)

3. 조문예절(弔問禮節)

1) 조문

초상이 나면 친지와 직장에 부음을 알리는데 부음을 들었으면 조문을 하는 것이 우리의 아름다운 풍습이다. 조문에는 조상(弔喪)과 문상(問喪)이 있다. 조상은 곡(哭)을 하고 절(拜)을 하여 고인을 추모하고 애도하는 것이고, 문상은 상주에게 조문의 말을 하고 함께 밤을 보내며 부의(賻儀)를 하여 상주를 위로하는 것이다.

조문할 때는 예법에 맞는 옷차림과 인사말로 애도와 위로를 표해야 하며, 이야기를 할 때도 가급적 죽은 이의 평소의 일화나 상주의 효성을 화제로 삼아야 한다. 또한 종교적 차이나 집안풍습으로 인하여 마찰이 없도록 해야 한다.

고례(古禮)에서는 고인 생전에 얼굴을 보았느냐 그렇지 않았느냐[5]와 고인이 남자냐 여자냐[6]에 따라 조상과 문상을 달리했다. 생전에 고인과 만난 적이 있다면 조상과 문상을 하고 고인과 만난 적이 없었다면 문상만 했다. 또한 외간상(外艱喪: 고인이 남자)일 때는 조상과 문상을 하였지만, 내간상(內艱喪: 고인이 여자)일 경우는 상주에게 문상만 했다. 고인이 아랫사람일 경우에도 곡만 하고 절은 하지 않았다. 그러나 요즘에는 승안과 내외법을 따지지 않는다.

부의(賻儀)는 상주(喪主)의 금전적 부담과 물질적 어려움을 덜어주기 위하여 금전과 물품으로 했으나 지금은 모두 금전으로 하고 있다.

2) 조문의 실례
① 부고나 부음을 접하면 상주와 고인의 성명, 조문해야 할 장소와 발

---

[5] 생전에 고인을 만난 사실이 있는 것을 승안(承顔)이라고 한다.
[6] 고인이 남자인 경우를 외간상(外艱喪)이라 하고, 고인이 여자인 경우를 내간상(內艱喪)이라고 하며, 내외에 따라 조상과 문상을 달리하는 것을 내외법(內外法)이라고 한다.

인시간을 숙지하여 조문하는데, 가급적 밤늦은 시간은 피한다.
② 장신구나 화려한 옷차림은 피하고, 빈소에 들어오면 방명을 한 뒤 잠시 영좌를 향하여 공수하고 묵념한다.
③ 분향하거나 헌화한다. 분향은 부정(不淨)을 제거하고 공경을 표하며 신명과 통하는 의식이다. 여러 명이 조문할 때는 대표 한사람이 분향한 뒤 함께 재배하고 읍을 한다. 헌화하는 의식은 근래 서양에서 도입된 것이다.
④ 전(奠)이나 제(祭)에서 헌작(獻爵)과 강신(降神)을 할 때에는 술을 올린다.
⑤ 분향과 헌작을 마치면 조문객은 뒤로 한두 발짝쯤 물러나 재배[7]하고 읍을 한다. 고인이 아랫사람이면 분향과 묵념만하고 절은 하지 않는다.
⑥ 부의함이 빈소 앞에 있으면 미리 준비한 부의금을 경건하게 넣고 방명록 옆에 부의함이 있는 경우는 방명을 한 후 부의금을 넣은 뒤 조문하기도 한다.
⑦ 고인에 대한 예를 마치면 상주와 맞절을 한다. 절을 하고 일어나 상주에게 간단한 위로의 말을 건네면 상주는 감사의 말을 전한다. 이 때 주고받는 조문언(弔問言)은 고인의 죽음에 대한 자신의 놀라움과 아쉬움을 표하고 상주의 지극한 슬픔을 위로하는 것이다. 아무 말도 건네지 않고 나와도 결례가 되지 않는다. 그 어떤 말로도 위로할 수 없기 때문이다. 그러나 굳이 상주에게 인사말을 표해야 하는 상황이라면 "삼가 조의를 표합니다." "얼마나 슬프십니까?" "상사에 뭐라 드릴 말씀이 없습니다." 라는 등등의 간략한 말이 적당하다.
⑧ 상주에게 목례를 하고 빈소를 나오면 접객실로 안내된다.
⑨ 장례가 끝난 뒤에 불행을 인지한 경우에는 먼저 전화나 메시지로

---

7) 이때의 절은 흉배(凶拜)인데 흉배는 차수법을 달리하는 것이다.

애도의 뜻을 전하고 후일에 조문한다. 장례가 끝난 뒤에도 찾아갈 수 없는 사정이 있다면 우선 메시지를 보내고 재차 편지를 보낸다.

3) 절의 예절
(1) 차수(叉手) : 이는 두 손을 교차하여 잡는 법이다. 차수법은 왼손으로 오른손 엄지손가락을 굳게 잡고 왼손 소지는 오른손의 팔목을 향하게 한다. 오른손의 네 손가락을 모두 곧게 하는데 왼손의 엄지손가락은 위로 향하게 한다. 오른손으로써 가슴을 가리되 손이 가슴으로부터 三寸정도 떨어져야 한다. 차수법은 남자와 여자가 다르고 평상시와 흉사시가 다르다. 흉사시의 차수법은 평상시와 반대이다.

(2) 읍(揖) : 읍은 간략한 공경의 동작으로 절이 아니다. 의식행사에서 새로운 동작을 할 때 앞서 행하기도 하고 절을 할 수 없는 장소에서 절을 해야 할 대상을 만나면 우선 읍8)으로 예를 표한다. 읍에는 상읍 중읍 하읍이 있다. 상읍(上揖)은 차수한 손을 눈높이까지 올리는 것으로 큰절을 할 대상에게 한다. 중읍(中揖)은 차수한 손을 입높이까지 올리는 것으로 평절을 할 대상에게 한다. 하읍(下揖)은 차수한 손을 가슴높이까지 올리는 것으로 반절을 할 대상에게 한다.

※ 읍(揖)을 하는 방법
① 두 다리를 편한 자세로 벌리고 차수한다.
② 허리를 굽혀 발끝을 보며 차수한 손이 무릎아래에 이르도록 내린다.
③ 다음 몸을 일으키는데 차수한 손은 밖으로 원을 그리며 팔뚝이

---
8) 차수한 손을 뻗는 것을 읍(揖)이라 하고, 뻗은 손을 거두어들이는 것을 의(擬)라고 한다.

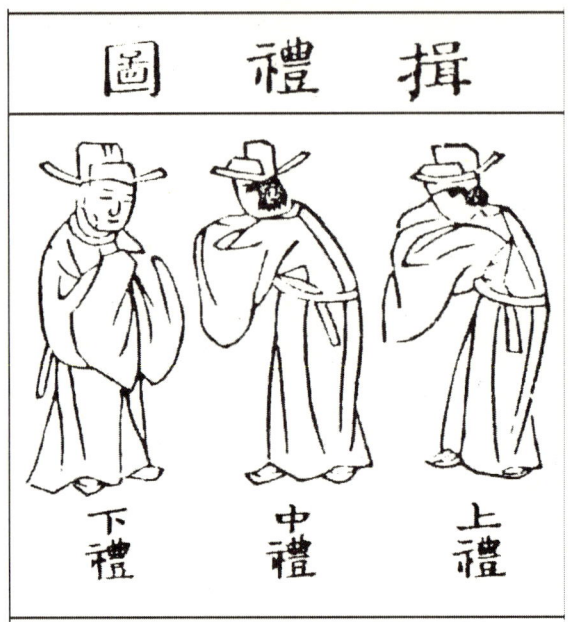

圖19. 揖禮圖와 叉手圖

수평이 되게 올린다.
④ 읍의 종류에 따라 차수한 손을 멈춘다.
⑤ 차수한 손을 원위치로 내린다.

(3) 절[拜] :
① 큰절은 계수배(稽首拜)라고도 하며 절할 때에 아래턱이 손에 닿도록 엎드려서 오래 있다가 일어난다. 절을 받는 상대가 답배를 하지 않아도 될 정도로 높은 어른이나 의식행사에서 한다.
② 평절은 돈수배(頓首拜)라고도 하며 머리가 손에 이르도록 하고 곧 일어난다. 절을 받는 상대가 답배를 해야 하는 어른으로 선생님 상급자 등과 같이 서로 정중하게 맞절을 할 때 하는 절이다.
③ 반절은 공수배(控首拜)라고도 하며 머리가 손에 이르지 않은 정도로 어느 정도만 숙이고 일어난다. 웃어른이 아랫사람의 절에 대해 답배할 때하는 절이다.
④ 숙배(肅拜)는 왕조시대에 신민들이 궁정에서 감사의 뜻으로 국왕이나 그 밖의 왕족에게 절하던 의식이다. 두 무릎을 같이 꿇고 허리를 펴고 머리를 숙이는데 머리가 땅에 닿지 않도록 한다. 부인이 하는 절 역시 숙배이다. 여자가 남자와 같이 공수한 손이 바닥에 닿도록 깊이 조아리지 않는 까닭은 머리에 얹은 장식이 쏟아질까 염려해서이다.
⑤ 흉배(凶拜)는 흉사시에 하는 큰절이지만 큰절 평절 반절을 하되 흉사시의 공수로 하는 것이 다르다.
⑥ 고두배(叩頭拜)는 옛날에 신하가 임금에게 절을 할 때 고두를 했다. 고두배는 큰절과 같이 하되 공수하지 않고 두 손을 벌려 바닥을 짚는 것이 다르다. 고두배는 이마로 바닥을 두드리기 위해 공간을 틔우느라고 손을 벌리는 것이다. 현대는 임금이 없으므로 손을 벌리고 하는 절을 해서는 안된다.

※ 남자 절을 하는 방법
① 공수한 자세로 선다.
② 허리를 굽혀 공수한 손으로 바닥을 짚는다. 이 때 손을 벌리지 않는다.
③ 왼쪽 무릎을 먼저 꿇고 오른 무릎을 왼쪽과 가지런히 꿇는다.
④ 왼발이 앞이 되게 발등을 포개며 뒤꿈치를 벌리고 엉덩이를 내려 깊이 앉는다.
⑤ 팔꿈치를 바닥에 붙이며 이마(갓을 썼을 때는 양태)가 손등에 닿도록 조아린다. 이때 엉덩이가 들리면 안 된다.
⑥ 머리를 들며 팔꿈치를 바닥에서 뗀다.
⑦ 오른쪽 무릎을 먼저 세우고, 공수한 손을 바닥에서 떼어 오른쪽 무릎위에 얹는다.
⑧ 오른 무릎에 힘을 주며 일어나서 왼쪽 발과 가지런히 모은다.

※ 여자 큰절을 하는 방법
① 공수한 손을 어깨높이에서 수평이 되게 올린 다음 이마를 손등에 붙인다.
② 왼쪽 무릎을 먼저 꿇고 오른쪽 무릎을 왼쪽과 가지런히 꿇는다.
③ 오른발이 앞으로 가게 발등을 포개며 뒤꿈치를 벌리고 엉덩이를 내려 깊이 앉는다.
④ 윗몸을 반쯤 앞으로 굽힌다. 이때 이마를 손등에서 떼지 않으며 엉덩이가 들리지 않게 한다.
⑤ 잠시 머물러 있다가 윗몸을 일으킨다.
⑥ 오른쪽 무릎을 먼저 세운 다음 일어나면서 왼쪽 발을 오른쪽 발과 가지런히 모은다.
⑦ 공수한 손을 원위치로 내린다.

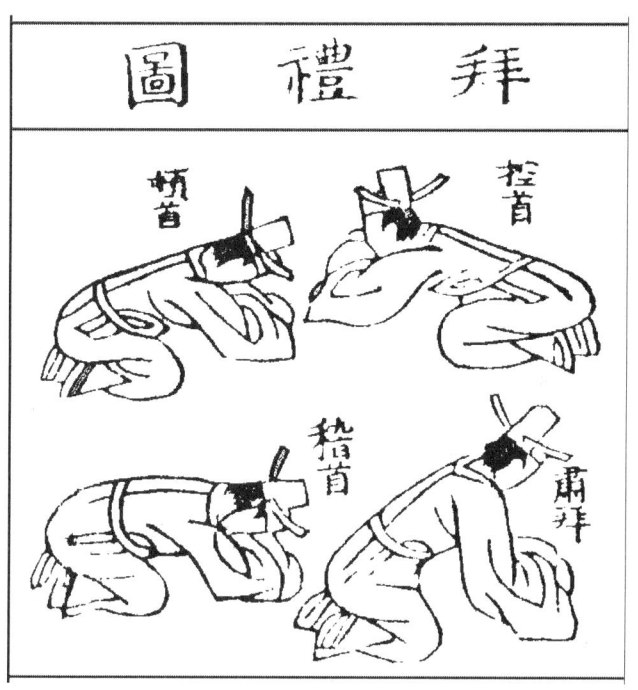

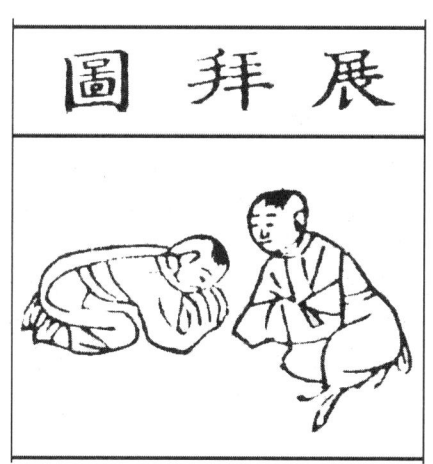

圖20. 拜禮圖와 展拜圖

돈수배(頓首拜): 평절   공수배(控首拜): 반절
계수배(稽首拜): 큰절   숙배(肅拜): 왕에게 하는 절

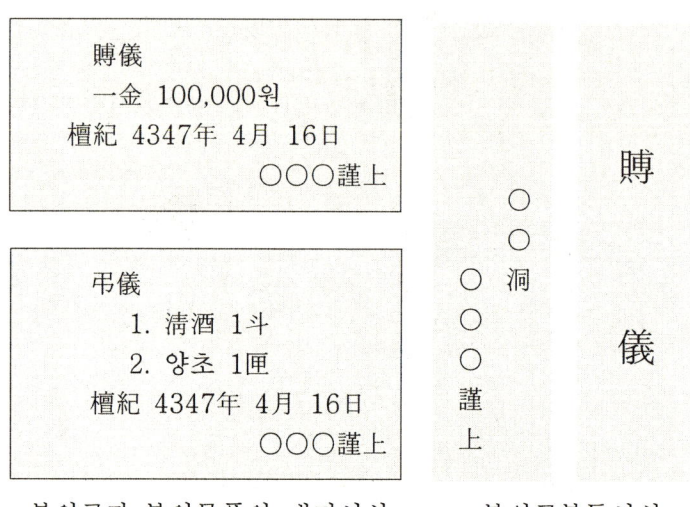

圖21. 부의 봉투

고전적 서식은 앞면에 "賻儀 ○○○氏宅護喪所入納"이라 적었으니, 이는 호상소에 접수했기 때문이다. 요즘에는 장례식장에 부의봉투가 비치되어 있고 빈소에 부의함이 있어, 앞면에는 '賻儀' 만을 기록하며, 뒷면에는 조문객의 성명만을 기입하기도 하고 곁들여 상주와의 관계, 거주지, 소속단체 등을 기록하기도 한다. 근래에는 대체로 내지서식을 사용하지 않으나 내지를 넣은 봉투를 보면 좀 더 정중한 마음이 느껴진다. 생각해볼 일이다.

Ⅱ. 일석만사
一石挽詞

一石 朴根模

강원 춘천 출생 / 호 : 一石 봄내
(사)한국예술문화연구원 부이사장
(사) 한국시인연대 회장 역임(현 고문)
(사) 한국문인협회 회원
(재) 군포사랑장학회 이사
(주) 경기헤럴드 논설위원
국민훈장 동백장 수훈, 문학공간상 본상,
일붕문학상, 세종문화예술대상 문학상 수상
시조집으로『봄내골 가는 길』『못다한 말의 에움길』
『어별다리』『춘향가랑 사랑가』『아름 슬픈 금강산』등 다수
E-mail : kmp41@hanmail.net

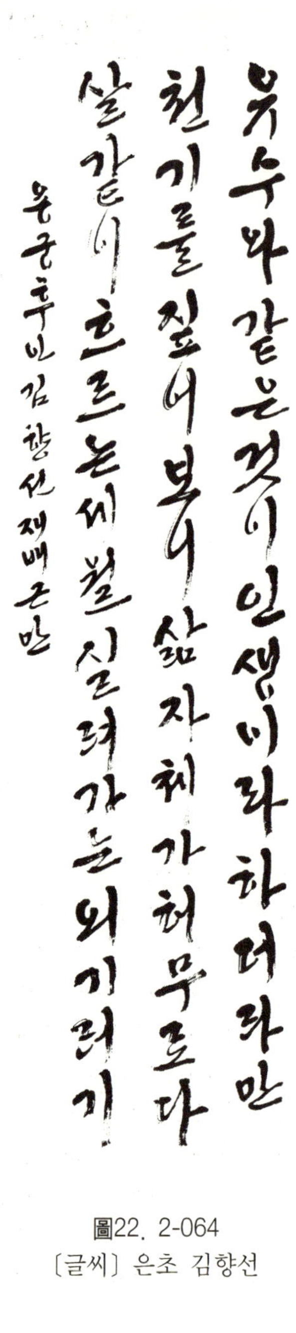

圖22. 2-064
〔글씨〕 은초 김향선

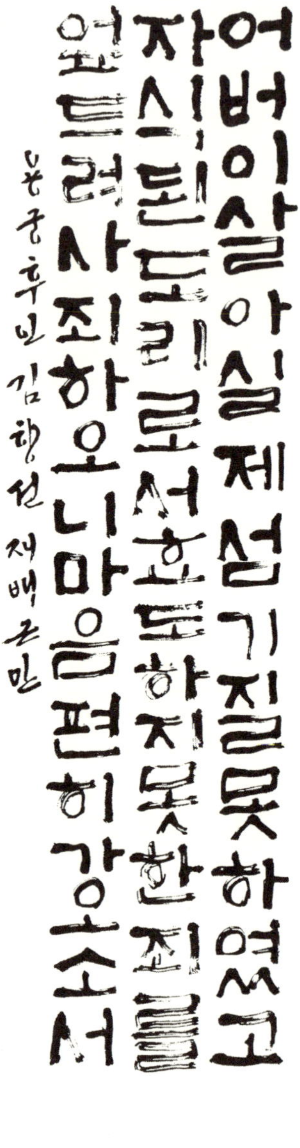

圖23. 2-086
〔글씨〕 은초 김향선

1. 반가(班家)의 만장

2-001   창생은 실망하고 사림이 흩어지니
       홀연히 기운 동량 달빛 아래 슬어지고
       흉중에 빛나는 성운 서산너머 노을 지네

2-002   풀잎에 아침이슬 햇볕 받아 잦아들고
       서글픈 상여소리 고개 너머 사라져도
       산색은 밝고 푸르러 변할 줄을 몰라라

2-003   오감이 숙명인데 무엇을 한탄 하리
       수명이 다르지만 마침내는 만날 것을
       저승길 머나먼 길에 그리움을 전하노라

2-004   문병을 갔던 길에 대화를 나눈 것이
       엇 그제 일이 것만 이리 급히 가실 줄은
       그 모습 눈에 선한데 유명으로 갈리다니

2-005   어둔 밤 황천길이 낯설어 헤맸었고
       무덤은 답답해도 긴긴 세월 거할 것을
       유명이 갈리었지만 보살피고 도우리라

2-006   단풍에 싸인 계곡 백운에 감긴 산울
       새파란 하늘아래 떠받치는 백옥봉두
       옥황의 신전에 들어 극락왕생 하였어라

2-007 천도는 헤아리기 참으로 버겁지만
       화복은 어느 때나 순환하는 것이리라
       슬픔과 즐거움이란 마음먹기 마련이고

2-008 너무나 한스러워 눈물이 북 바치나
       황천엔 편지조차 전할 수가 없으리니
       한없이 흐르는 눈물 주체할 길 없어라

2-009 조기가 휘날리니 달빛도 비켜가고
       구슬픈 통곡소리 울 밖으로 넘쳐나니
       길가는 나그네조차 곡을 하여 조문 하네

2-010 어진 이 장수할 걸 믿으라 하더니만
       어찌해 귀한 손을 데려가려 하는 건지
       천도가 무심한 거라 가릴 줄을 모르시니

2-011 촛불을 밝혀 놓고 상청을 지키면서
       서풍에 시린 눈물 남김없이 흘렸는데
       내 어찌 상여소리를 들을 수가 있을 런지

2-012 산 절로 솟은 아래 물 절로 흐르는 골
       이리도 아름답고 저다지도 신비할까
       혼령이 바람을 타고 극락왕생 하였어라

2-013 저승길 수수만리 무거운 짐을 지고
       산 넘고 물을 건너 힘겹게 갈게 있소
       공수래 공수거라니 마음 편히 잠드소서

2-014 옥경에 머무름이 어찌 딴 마음이리
　　　 숲속에 까마귀가 슬피 울어 지새노니
　　　 오가는 고향마을에 상여소리 서글프다

2-015 떠나는 그대 혼령 불러도 대답 없고
　　　 한 줌의 재가 되어 청산에 흩어지니
　　　 슬픔이 가슴에 서려 서천으로 넘어 가네

2-016 갑자기 월궁으로 달려갈 시간이나
　　　 인척의 따뜻한 정 잊을 수가 없을 레라
　　　 서풍에 흐르는 눈물 술잔 속에 녹아들고

2-017 한 갑자 흘린 세월 흐르는 물과 같아
　　　 부침을 거듭하며 몸을 들어 봉사하니
　　　 옥황의 부름을 받아 백옥루에 올랐어라

2-018 높은 산 깊은 골엔 구름이 손이었고
　　　 바람을 벗하면서 홀로 나는 외기러기
　　　 저승길 머나먼 길을 인도하여 주시리라

2-019 만나고 헤어짐이 아픔이 되는 것을
　　　 유명을 가른 길이 저승까지 갈 줄이야
　　　 반백이 넘는 세월이 한 마당의 꿈인 것을

2-020 부음을 전해 듣고 눈시울 적셨었고
　　　 상청에 꿇어 앉아 넋을 잃고 울었었지
　　　 주인이 없는 정원의 봄소식을 전하면서

2-021   서천에 기운 달이 함지에 슬어지듯
        떠나고 안 계시니 그 슬픔이 더할 지나
        생전에 못다 한 정을 어이 풀면 좋을 런지

2-022   서풍에 눈물짓고 통곡을 하건마는
        천상의 빛난 별이 객성으로 떨어지니
        강변의 푸른 달빛이 가슴 속에 멍울 지네

2-023   안개로 발을 치고 술잔을 나누자니
        담소가 여전한데 봉우리에 달이 뜨지
        선행의 길이 갈리니 만날 수가 없어라

2-024   저승길 험한 길을 백학이 열어주니
        난초 향 짙은 골에 선녀들의 마중이라
        백옥루 고대광실에 자리 내어 오르시고

2-025   문밖엔 말 들으려 신발이 가득했고
        샘가엔 아낙들의 웃음소리 넘치지만
        태산이 무너지는 듯 허물어진 꿈속이라

2-026   천리나 머나먼 길 떨어져 살았으니
        내 어찌 구천으로 갈릴 줄을 알았으랴
        멀리서 눈물 삼키며 그리움을 전하노라

2-027   샛바람 거세어도 굽힐 줄 모르면서
        서릿발 차가워도 푸른빛을 자랑하니
        꽃잎을 뿌려가면서 열어주는 극락왕생

2-028   인생이 바람 앞에 등불과 같다더니
        묘도엔 묵은 풀만 자는 듯이 누웠어라
        흐르는 조각구름엔 넘치느니 눈물이고

2-029   지는 달 지는 별에 여명이 밝아오고
        구슬픈 상여소리 가슴속을 우리는데
        인생사 무상함이라 홀로 울어 지새느니

2-030   만인이 곡을 하며 영정을 받들었고
        상여를 따르면서 두 손 모아 기구하나
        신령이 돕지를 않아 흐르느니 눈물이라

2-031   깨끗한 성품으로 속인을 비추더니
        한밤에 승천하여 만날 길이 없을 레라
        공손히 북천을 향해 극락정토 길을 비네

2-032   선행을 쌓으니까 경사가 돌아오고
        춘란의 꽃이 피니 높은 향을 전하는데
        술잔을 부어 올리며 슬피 울어 지새노라

2-033   냇물이 흘러가듯 세월이 지쳐가듯
        덧없이 흐르는 게 인생이라 하였느니
        구름에 실려 가다가 바람인 듯 스러지는

2-034   맑기는 빙호 같아 소추에 걸려있고
        옥같이 맑은 달빛 가슴 속에 스며드니
        서천을 바라보면서 한을 새겨 보노라

2-035 별빛이 흐리기로 괴이해 여겼는데
      태산이 무너지니 온 세상이 눈물이라
      조용히 명복을 빌며 홀로 울어 지샜느니

2-036 촛불을 밝혀 놓고 병상에 둘러 앉아
      갈 일을 재어 보고 보낼 일을 가름하다
      마지막 가시는 길에 경경명인 하였어라

2-037 때때로 흥이 나면 술잔을 기울였고
      선과 복 분명하나 혼자 열기 어려워라
      인간의 수명장단은 하늘만이 아는 것을

2-038 어진 이 찾아뵙고 자리를 같이하여
      간언을 받아들여 슬픈 마음 달래면서
      은택은 여러 후손의 가슴 속에 새겼어라

2-039 하늘을 닫는 해도 발을 잠깐 머무르고
      공중에 나는 새가 나래 접고 떨어지듯
      뜻밖에 운명하시니 청천하늘 벼락이라

2-040 산사에 밤이 깊어 노승은 잠이 들고
      바람을 맞는 풍경 홀로 울어 지새는 밤
      창공을 나는 저 달이 저승길을 열어주네

2-041 한 시대 날린 명성 누군들 앞설 거며
      재주는 많다지만 짧은 수명 어이 한다
      슬픔을 가누지 못해 흘리느니 눈물이라

2-042 하늘을 나는 달은 띠구름을 나들이고
바람을 타는 새가 둥지 찾아 잠을 빌 때
저승길 머나먼 길을 어찌 가려 하시니까

2-043 이승을 떠나기가 아무리 섧다 해도
저승의 길목에서 주저할 수 없지 않나
초행길 설다하지만 모두 함께 갈 길인 걸

2-044 옛일을 생각하며 눈시울 붉히지만
시원한 그 기상을 다시 볼 수 없으리라
싸늘한 바람에 실려 조기들만 펄렁이니

2-045 사물은 한 번 가도 돌아올 날 있다는데
사람은 한 번 가면 돌아올 수 없는 건지
왕래가 부질없음에 슬피 울어 지새노라

2-046 떠나고 안계시니 의지할 곳 바이없어
달빛을 시새우며 홀로 그려 지새려니
마음을 둘 데가 없어 하염없는 눈물이라

2-047 저승에 당도하니 은은한 죽림 속에
산 높고 물이 맑아 구름 위에 지은 전각
화려한 일층화각의 백옥루에 올랐어라

2-048 봉마다 기암괴석 운무에 싸인 연봉
천길 암벽 벼랑위에 범접 못할 신의 영지
백옥루 고대광실에 올라 볼 수 있으리라

2-049　강물엔 조각배가 덧없이 흘러가고
　　　　천지간 만만사가 서천으로 사라지듯
　　　　이별의 말씀도 없이 저승길에 드시니까

2-050　아련한 상엿소리 쓸쓸히 사라졌고
　　　　장자의 풍모만이 부질없이 남았는데
　　　　해묵은 자취를 따라 옛 모습을 그려 본다

2-051　목 놓아 우는 소리 황애산만 풍소색이
　　　　정기무광 일색박이 엎어지며 자빠지는
　　　　저승길 머나먼 길을 혼자 가려 하시니까

2-052　청평에 이른 마음 맑고도 푸르러서
　　　　편안한 마음으로 저승길에 드셨으니
　　　　서천을 넘나들어도 모진 풍만 안보리

2-053　갈매기 울음소리 허공 속에 흩어지고
　　　　사공의 뱃노래가 파도 섶에 묻히는 밤
　　　　난초 향 짙은 골 안에 저승길을 헤어가네

2-054　일찍이 공경하여 깊은 정 나누다가
　　　　의기가 투합하여 늘그막에 꽃이 피니
　　　　가슴에 쟁인 성정을 하늘 위에 펼쳐 보리

2-055　장도의 여행길이 끝나지 않았는데
　　　　한 갑자 짧은 세월 어찌 이리 서두시나
　　　　한 무리 무성한 난초 대를 이어 피워가리

2-056 건강히 수하면서 태평을 즐기시고
       슬하의 자녀들이 슬기롭다 이름나니
       우환이 있다고 한들 떠나실 줄 알았으랴

2-057 살같이 흐르는 게 발 없는 세월이요
       뜬구름 같은 것이 인생이라 하였는데
       한 걸음 앞서간다고 설어할 게 무에 있소

2-058 청운의 꿈을 안고 젊음을 불사르다
       불의의 운명 앞에 산화하신 설은 영령
       서글피 울어가면서 극락정토 길을 비네

2-059 병중에 머나먼 길 문병을 갔었지만
       나 또한 상풍으로 병상에 누었으니
       의외의 부음을 듣고 홀로 설워 하노라

2-060 바람은 자자들고 구름도 걷혔건만
       해 저문 밤하늘엔 기러기만 슬피 우니
       샛별도 등대도 없는 저승길을 어이 가나

2-061 상제의 상복 위에 달빛이 차가우니
       떠나는 상여소리 바람결에 처량한데
       은택은 후생을 위해 가슴깊이 새겼어라

2-062 한 얼굴 가득 고여 넘치는 자비로움
       고인의 깊은 사랑 한이 없는 희생정신
       봉사로 여미신 영령 극락왕생 하셨어라

2-063   산인 듯 물이었고 물인 듯 산인 것을
        쌓이고 흐르는 게 자연스런 섭리리라
        모두가 한울에 얼려 쌓아올린 극락정토

2-064   유수와 같은 것이 인생이라 하더라만
        천기를 짚어 보니 삶 자체가 허무로다
        살같이 흐르는 세월 실려 가는 외기러기

2-065   백옥 창 수정 기둥 총총히 늘어섰고
        향불을 피워 논 듯 감아 도는 채운 속에
        선경의 황홀한 경관 극락전에 올랐어라

2-066   순간을 모아 엮은 영원의 시축 위에
        생과 사 하나이고 허와 실이 한가지라
        영욕을 헤집은 영혼 오고 감이 한 길이고

2-067   봉 떠난 뒤를 쫓아 황새가 따라가니
        달 밝은 현포에서 함께 날며 즐기겠지
        천상에 둥지를 틀고 천만세를 기리리라

2-068   물결을 타는 바람 솔 순에 잠이 들고
        향기가 넘쳐나서 파도 섶에 묻히는 밤
        어둠을 밀어낸 달빛 극락왕생 길을 비네

2-069   방초가 무성하니 해가 진들 알리 있고
        달 밝은 오동추야 새는 줄도 모를러니
        저승길 머나먼 길을 어찌 홀로 가시니까

2. 유가(儒家)의 만장

2-070   잔잔한 수면 위에 여명의 빛이 트고
        물길이 머문 곳에 오색등불 밝혔으나
        유명을 가른 저승길 어긋남이 애석하다

2-071   근검과 청빈으로 심신을 다지셨고
        선비의 표상으로 온 천하를 끓리시니
        자손들 대대손손에 빛이 나는 광영이라

2-072   자체가 청신하여 흐르는 물과 같고
        처신이 청빈하여 칭송함이 높았기에
        선산의 명당을 찾아 그 명성을 심었어라

2-073   자연을 벗하면서 예도를 즐겼으니
        시문과 서화로서 가야금과 거문고로
        고결한 성품을 길러 덕을 널리 펴셨어라

2-074   의리를 숭상하고 도리를 다하면서
        이웃과 화목하고 불의 앞에 맞섰으니
        선비의 붓에서 나온 강철같이 굳은 지조

2-075   송림이 울울하고 연당이 넘치는데
        묵향에 싸인 전각 선비들의 가람이요
        백옥루 넓은 전당에 선녀들의 마중이라

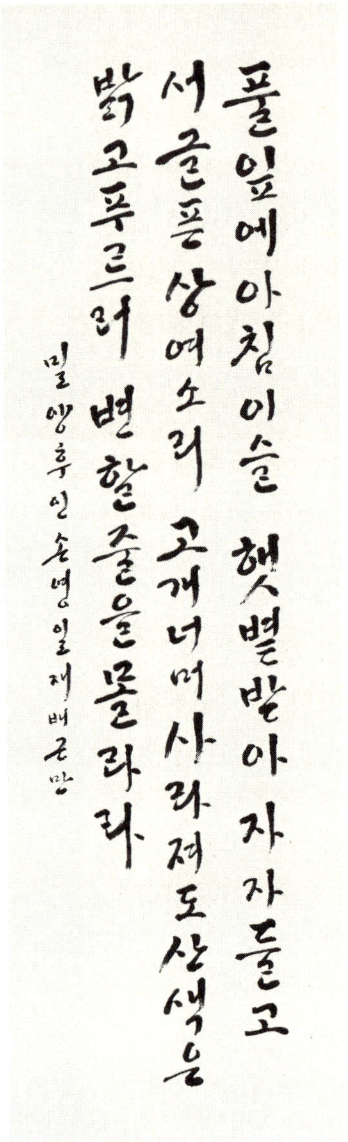

풀잎에 아침이슬 햇별받아 자자들고
서 근풍 상여소리 고개너머 사라져도 산색은
밝고푸르러 변할줄을 몰라라

밀양후인 손영일 재배곤만

저승길 수수많리 무거운 짐을지고 상념고
물을건너 힘겹게 갈게있소 공수래
공수거라니 마음편히 잠드소서

밀양후인 손영일 재배곤만

圖24. 2-002
〔글씨〕새터 손영일

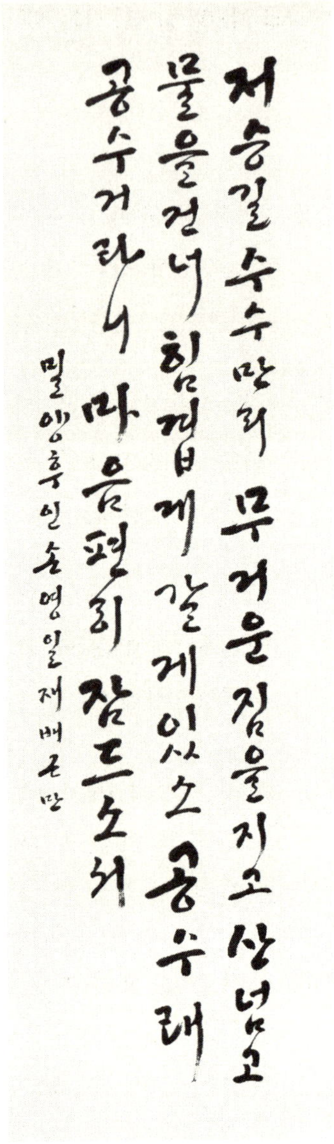

圖25. 2-013
〔글씨〕새터 손영일

2-076 필력은 백두산의 천지를 감아 돌고
　　　 문장은 동해바다 파도같이 기운찬데
　　　 공의 뜻 땅에 묻히니 부질없는 눈물이라

2-077 일찍이 신동이란 명성이 자자했고
　　　 세상에 드문 인재 일컬음이 높았는데
　　　 뜻밖에 이승을 떠나 저승길에 드시다니

2-078 태산과 같은 훈업 해동에 으뜸이요
　　　 천하의 화국문장 비견할 데 없으리라
　　　 만고에 길이 빛나는 높고 높은 임의 학덕

2-079 강하에 돌린 문장 서책에 빛이 나고
　　　 북두를 넘은 기개 하늘 위에 맺혔는데
　　　 초혼할 길이 없으매 홀로 울어 지샜노라

2-080 생전에 부귀공명 하늘이 내리셨고
　　　 남기신 공과 명예 서책 속에 향기롭지
　　　 세상에 빛난 문장이 길이길이 빛나리라

2-081 학덕이 높은 선생 인덕이 깊은 선비
　　　 가시고 안 오시니 설어한다 말을 할까
　　　 태산이 무너지는 듯 목이 메어 터지는데

2-082 홀연히 떠나심에 유감이 없으리니
　　　 천수를 누리시고 아름답게 사셨어라
　　　 옥황의 백옥루 앞에 단을 지어 오르시고

2-083 초혼조 함께 우니 저승길 밀어놓고
　　　 달 밝은 하늘 길에 고향 산천 찾아들어
　　　 조상이 잠든 묘당에 하직인사 하시이다

2-084 출세도 마다하고 부귀도 저버린 채
　　　 홀연히 무덤 속에 저승길을 떠나시나
　　　 여경이 어떠할지는 난 옥 같은 자손들이

2-085 조상의 묘당 앞에 참배를 드렸었고
　　　 아들을 훈육하여 나라 위해 쓰게 하니
　　　 북악이 험하다지만 수이 갈 수 있으리라

2-086 어버이 살아 실제 섬기질 못하였고
　　　 자식 된 도리로서 효도하지 못한 죄를
　　　 엎드려 사죄하오니 마음 편히 잠드소서

2-087 부음을 듣고서도 상여 끈 못 잡았고
　　　 누세의 숨은 공덕 마음속에 새겼으니
　　　 나 홀로 가슴이 아파 북망산을 그려 본다

2-088 혼백을 주고받은 조상과 자손들이
　　　 유명을 달리하여 내왕하진 못하지만
　　　 제사와 보살핌으로 화해하며 봉사 하리

2-089 연못에 잠긴 달 빛 채운에 감긴 노송
　　　 세속의 쌓인 한을 풀어 예는 만파식적
　　　 영령의 극락왕생을 빌어주는 피리소리

2-090 　창명히 슬어지듯 서산에 지는 햇살
　　　가신님 잊지 못해 피눈물 맺힌 설음
　　　소복한 자작나무만 사리물고 우는 묘당

2-091 　혼과 백 서로 만나 하나 됨이 시가 되고
　　　또다시 흩어져서 둘이 됨이 종이라네
　　　혼백의 화와 이로서 열어주는 열반의 길

2-092 　천상의 일월성신 사해용왕 팔부신장
　　　엎드려 비옵나니 화위동심 하시옵고
　　　혼백이 갈리는 길을 인도하여 주소서

2-093 　신선이 구름 타고 하늘에 오르듯이
　　　창해의 달빛 아래 학이 날며 곡을 하니
　　　북망산 바라보면서 홀로 울어 지새노라

2-094 　천수를 다한 후에 혼백이 흩어지면
　　　사당엔 혼이 들고 묘당에는 백이 드니
　　　혼백을 이은 자손이 사대봉사 받들리라

2-095 　하늘이 동방으로 큰 재목 내리시고
　　　유학의 태산북두 하늘 높이 우러러서
　　　천상에 명이 오르니 자자손손 광영이라

2-096 　지난밤 북두성이 함지에 떨어지니
　　　다시는 그대 시에 화답할 수 없음이라
　　　반백년 품은 심사를 풀어내는 호곡소리

2-097　천하의 공명 선생 빼어난 재주라도
　　　　적벽강 전란 중에 동남풍은 빌었으되
　　　　임 향한 일편단심은 빌어낼 수 없으리라

圖26. 만장 게시

이제는 예전과 같이 들고 가는 만장이 아니라 걸어놓고 감상하는 만장 문화로 발전했으면 좋겠다. 통로도 깔끔하고 볼거리가 있으니 의미가 있을 것이다. 이를 한문으로 써놓으면 다양하고 깊은 아름다움이 느껴지지만 읽지 못하면 무의미해지고, 읽을 수 있더라도 내용을 알 수 없다면 전시효과에 머물 것이다. 접객실 옆에 만장을 쓰는 공간을 마련한다면 휘호하는 광경을 볼 수도 있어 장례식장의 분위기는 더욱 달라질 것이다.

3. 불가(佛家)의 만장

2-098　법성은 원융하고 제법은 불변하며
　　　　지혜를 증득하면 다른 경계 없으리니
　　　　자성을 이루는 길이 인연 따라 갈리리라

2-099　기러기 울음소리 창천에 잦아들고
　　　　한 가락 피리소리 하늘까지 울리는데
　　　　백조가 떼 지어 나니 열반인가 하노라

2-100　은은한 종소리에 깨어난 삼계중생
　　　　사바의 백팔번뇌 들어 외는 염불소리
　　　　고인의 명복을 빌며 축수하는 무량공덕

2-101　법음이 귀에 들어 인천을 흔드는지
　　　　뜻밖에 아침부터 슬픈 소식 전해지니
　　　　한평생 쌓은 업연이 환생의 길 열었어라

2-102　저승이 멀다 해도 눈감으면 지척이요
　　　　인생이 고해라도 삶만으로 극락이라
　　　　혼백이 갈리는 길에 열어주는 불국정토

2-103　하늘에 문이 있어 들어서긴 하였지만
　　　　극락일지 지옥일지 가슴 죄며 둘러보니
　　　　눈앞에 극락제일관 열반으로 드는 길이

2-104 상제님 앞에 나가 심판을 받는 영령
　　　천 만길 나락 속에 아비규환 지옥이나
　　　관문을 넘어서시어 극락전에 오르리라

2-105 흰 구름 검은 안개 발끝이 나락인데
　　　벼랑을 타고 날아 휘둘리는 돌개바람
　　　법계의 광대무변을 밝혀주는 법기보살

2-106 청산에 살리라며 마음을 다지시고
　　　산사에 들어 살며 부처님께 기구하는
　　　정성이 지극하시매 칠보산에 드셨어라

2-107 힘입어 수행하고 선정에 드셨으니
　　　참회를 거듭하며 하늘 길을 열어가나
　　　한 세상 뜻있게 살다 열반하신 임의 정령

2-108 불심을 사른 향기 한생을 받힌 영령
　　　영생을 기원하며 빌어주는 염불소리
　　　요령과 목탁소리에 자성의 길 여셨어라

2-109 미륵이 들어 살다 성불을 하자 시는
　　　욕계육천 넷째하늘 도솔천이 예인 게라
　　　꿈속에 그리던 극락 열반하신 임의 혼령

2-110 어버이 섬기실제 성심을 다했으니
　　　자손의 깊은 효심 하늘까지 울렸어라
　　　천심을 업은 효성이 열어드린 불국정토

62 | 아름다운 이별 挽章

2-111 운해에 잠긴 산하 점점이 솟은 봉두
　　　 산사의 목탁소리 빌어주는 불국정토
　　　 왕래가 자유로우니 열반의 길 드셨어라

2-112 산상엔 석화더미 천상엔 운화송이
　　　 한없이 맑은 하늘 부처님의 대자대비
　　　 인연의 몸을 벗어나 환생하신 임의 정령

2-113 흑사굴 지나치니 지옥문 열려있고
　　　 황사굴 벗어나니 극락문을 열어준다
　　　 서방의 아미타불이 인도하신 불국정토

2-114 나면서 정업으로 불법에 귀의하고
　　　 힘입어 수행하며 참회한다 하셨나니
　　　 불전에 무량공덕을 이룰 날이 있으리라

2-115 인생이 길어봐야 백세가 한명이고
　　　 기개가 높다한들 북망산에 묻힐 거며
　　　 마음이 허깨비임을 깨닫는 게 불심이라

2-116 불혹의 젊은 나에 열반해 가시다니
　　　 석별의 아픔으로 눈물지며 보내노라
　　　 마지막 가시는 길에 상여소리 드높은데

2-117 속죄혈 좁은 굴에 숨어본 미륵보살
　　　 사바를 굽어보며 구름 위에 솟은 정봉
　　　 운해를 걷어 올리며 찾아드는 무량수불

2-118 봉황의 등을 타고 상제님 나리시어
       미륵을 앞세우고 펼쳐주신 광제창생
       미련한 중생의 업을 풀어주려 하심이라

2-119 백화가 만발하니 천 선녀 날아들고
       천봉에 풍이드니 불국정토 극락이라
       열반해 가시는 영령 자성하신 극락왕생

2-120 아리고 여린 삶에 쓰리고 시린 세월
       인생길 열두 고개 나 혼자서 어이 넘나
       구슬픈 가락에 실려 열반 길에 드셨어라

2-121 하늘에 오른 듯이 선경에 이른 듯이
       세속의 찌든 허물 바람결에 털어내며
       부처님 품안에 안겨 열어가는 관음세상

2-122 드높은 하늘 위에 나는 듯 살붙이고
       사바를 벗어난 듯 반공중에 세운 전각
       부처의 신전에 들어 극락왕생 하였어라

2-123 산 넘고 물을 건너 마지막 가시는 길
       곡성이 자자하니 통곡소리 서글프다
       열반해 가시는 길에 빌어보는 극락왕생

2-124 하늘을 나는 구름 산마루에 숨 고르고
       계곡을 메운 이내 벼랑위에 감기는데
       열반에 드시는 길을 열어주는 독경소리

2-125 물 맑고 골이 깊어 산새도 비운 터에
해맑은 목탁소리 하늘까지 울렸어라
노승의 원불소리가 빌어주는 열반의 길

2-126 세속에 찌든 번뇌 깨끗이 털어내고
수행과 선정으로 자비심을 기르시니
백수를 날려가면서 열어가는 관음세상

2-127 하늘을 여는 뱃길 황도를 나는 쪽배
운해를 가르면서 헤어가는 망망대해
황천사 범종소리가 빌어주는 불국정토

2-128 은은한 독경소리 산곡에 넘쳐나니
한줄기 향 연기를 손길 따라 흘리면서
세간의 백팔번뇌를 풀어주는 지장보살

2-129 물새도 깃을 접고 파도조차 잠드는 밤
가부좌 틀고 앉아 시방세계 길을 빌면
관음의 만행만덕을 빌어낼 수 있으리라

2-130 인적이 끊였으니 신들의 가람이요
부처가 들어 사는 불국정토 극락이라
열반해 가시는 길에 천사들의 노래 소리

2-131 조계의 바른 법맥 근원을 밝혀내고
힘입어 수행하며 선정함을 행했나니
참회의 눈물지으며 열반의 길 드셨어라

2-132　소쩍새 울어 예니 임 생각 절로 나고
　　　　중생의 고된 업이 허공 속에 사라지니
　　　　진세의 일체중생이 백옥루에 들었어라

2-133　미륵불 모신 앞에 눈 뜨고 누웠다가
　　　　문 열고 나서려니 이내 속에 묻힌 세상
　　　　저승길 머나먼 길을 열어 주는 지장보살

2-134　성불을 할 때까지 미륵이 들어 사는
　　　　욕계육천 넷째 하늘 도솔천이 예인 게라
　　　　중생의 극락왕생을 제도하는 미륵보살

2-135　맑음이 지극하니 광명이 통달하고
　　　　하나의 티끌 속에 시방세계 들었으니
　　　　무량수 여래세존께 귀의하려 하는 게라

2-136　인생 칠십 고래희가 목전에 이렀으니
　　　　팔십 장년 구십춘광 꿈만 같은 바람이나
　　　　세존의 음덕을 빌어 극락왕생 하사이다

4. 크리스천의 만장

2-137   요단강 건너편에 화려한 일층화각
        날 위해 예비하신 큰 사랑의 안식처로
        영원한 생명의 숲에 영생의 꽃 피우리라

2-138   주님의 크신 사랑 한 없이 넓은 은혜
        온 세상 모든 백성 참 자녀로 삼으시니
        한 형제 한 자매되어 구원 받게 하소서

2-139   풍파가 심한 세상 환란이 잦은 인생
        어둡던 이 땅 위에 빛을 밝힌 주의 사랑
        어린 양 인도하시어 광영의 길 여셨어라

2-140   시온의 아름다운 성문을 열어 놓고
        따뜻이 맞아주신 여호와를 섬기리니
        가없이 넓은 은총이 차고 넘쳐흐르리라

2-141   마음을 다진 세월 어둠이 짙은 세상
        어린 양 손을 잡고 길을 인도 하시면서
        주님이 함께하시니 광영의 길 여셨어라

2-142   온 세상 구원하는 복음을 전하시니
        모두가 함께 나와 주님 앞에 꿇었어라
        죄악에 물든 영혼을 구해 달라 빌면서

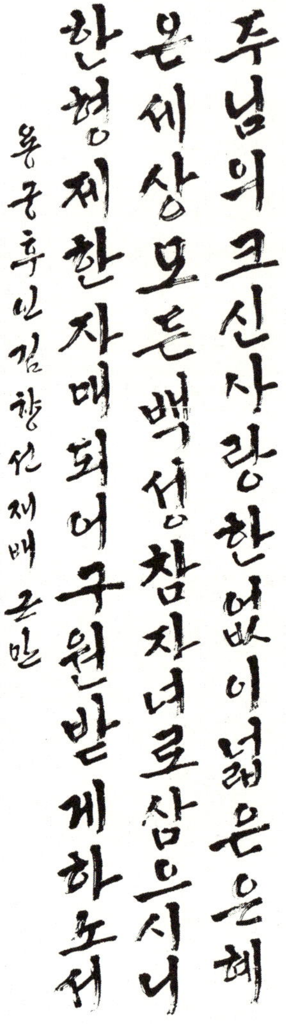

주님의 크신 사랑 한없이 넓은 은혜
온 세상 모든 백성 참 자녀로 삼으시니
한평생 깨끗한 자매 되어 구원받게 하옵서
용궁후인 김향선 재배 곡만

주님의 사랑으로 잠에 들게 하시었고 은혜를
베푸시어 구원받게 하였으며 시험에 들지 않도록
인도하여 주셨어라
경주후인 이은숙 재배 곡만

圖27. 2-138
〔글씨〕 은초 김향선

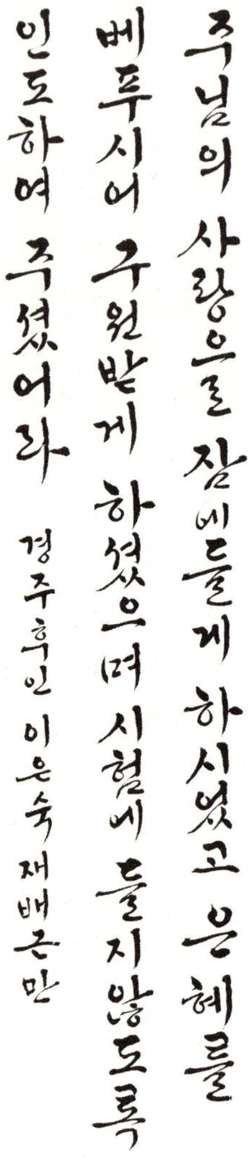

圖28. 2-170
〔글씨〕 청향 이은숙

2-143 예수의 넓은 사랑 그 크신 은혜로서
나 힘써 전파함은 여호와의 은총이라
생명과 진리의 말씀 갈급함을 풀어 주고

2-144 주님의 크신 은혜 한없이 넓은 사랑
드높고 넓은 하늘 주의 은총 넘쳐나니
목마른 사막의 길에 샘물 되어 솟으리라

2-145 친애한 우리 벗님 마지막 가시는 길
주님의 이름으로 하나님께 기구하니
사랑과 자비의 길로 인도하여 주소서

2-146 내 기쁨 내 소망과 내 생명 주신 주님
날마다 찬송해도 못 미치는 임의 은총
주님의 크나큰 사랑 찬송하고 찬송하세

2-147 내 진정 사모하는 친구가 되신 주님
빛나는 샛별 같이 아름다운 백합 같이
내 아픔 어루만지는 은신처가 되셨어라

2-148 샤론의 꽃잎 같이 내 안에 드신 주님
마음이 거룩하고 아름답게 피워내며
뜨거운 사랑의 빛을 펼쳐 주신 구원의 손

2-149 어둠의 권세에서 인생을 구하시니
길 잃고 헤매 도는 어린 양의 빛이어라
영원한 사랑과 은혜 그 얼굴의 밝은 미소

2-150 다함께 나오라고 주님이 부르시니
　　　 진실로 회개하고 주님 앞에 꿇었어라
　　　 영원한 하늘의 안식 편안함을 기구하며

2-151 내 죄를 사해주신 크나큰 은혜 앞에
　　　 이한 몸 바치오니 주의 품에 거두시고
　　　 하해와 같은 은총을 온 세상에 펼치리라

2-152 죄인을 사해주신 주님의 크신 은혜
　　　 가없이 넓은 사랑 머리 숙여 경배하며
　　　 내 온갖 언행심사를 주님에게 바치리라

2-153 부름을 주신다면 어디든 따르리라
　　　 언제나 즐거운 맘 주님 앞에 가오리니
　　　 죄업을 사해주시고 영생하게 하옵소서

2-154 십자가 대신 지고 주님을 따른다면
　　　 세상의 부귀영화 떨쳐버린 빈손으로
　　　 주 안에 평안을 얻어 영생복록 하오리라

2-155 두 손을 마주잡고 충성을 맹세하니
　　　 슬픔과 괴로움도 내게 내린 시험인 즉
　　　 주님의 영원한 사랑 구원의 길 여시리라

2-156 천성을 따라가는 성도의 앞길에는
　　　 시험에 들지 않고 장애 또한 없으리라
　　　 성령이 인도하시는 길을 따라 가는 양들

2-157   주님의 뜻에 따라 행하여 주시라며
        심신과 영혼까지 주님 앞에 바치리니
        갈 길을 인도하시고 구원의 손 내리 소서

2-158   죄인을 대신하여 십자가를 지신 주님
        피땀을 흘리면서 험준한 길 드셨나니
        주님의 사랑과 은총 영생의 길 여셨어라

2-159   영원한 주의 사랑 거룩한 보혈 공로
        다 함께 찬양하며 주님 앞에 꿇으리니
        죄악에 병든 심신을 새로 나게 하소서

2-160   그 크신 주의 사랑 말로 다 형용할까
        드높고 넓은 하늘 헤아릴 수 없는 별들
        수많은 양들의 죄를 사해주려 하심이라

2-161   나 홀로 낙담하며 근심에 들을 적에
        주님이 손을 잡고 위로하여 주시었고
        험하고 어두운 길에 빛을 밝혀 주셨어라

2-162   환란을 당한 것도 주님의 뜻이었고
        시온에 드는 것도 주님께서 주관하니
        허물을 씻어버리고 구원하여 주시리라

2-163   비바람 몰아치고 물결이 높을 때도
        주님의 사랑으로 풍파에서 구하시며
        안식을 얻을 수 있게 인도하여 주소서

2-164 이 세상 끝 날까지 주님께 봉사하면
　　　언제나 친구 되어 함께 하여 주시리니
　　　주님이 인도하심에 복종하고 따르리라

2-165 주님의 은총으로 시험에 들지 않고
　　　따뜻한 사랑으로 보살피고 인도하니
　　　드넓은 품 안에 안겨 영생의 길 얻으리라

2-166 병든 손 내밀라고 말씀을 하시었고
　　　내민 손 굳게 잡고 믿으라고 하시었지
　　　주님의 크나큰 사랑 구원의 손 드셨어라

2-167 하늘에 오르는 길 내 앞에 펼치시니
　　　슬픔에 절어 살고 고초 속에 보냈어도
　　　주님의 넓은 사랑이 영생의 길 여셨어라

2-168 하늘에 거하시는 영명한 하나님이
　　　온 땅에 충만하여 사랑의 빛 펼치시니
　　　성부와 성자 성령이 땅에 내려 인도 하리

2-169 주님이 왕림하셔 이 땅에 내리시면
　　　모두 다 주님 앞에 두 손 모아 경배 하리
　　　주님의 뜨거운 사랑 구원의 손 펼치리라

2-170 주님의 사랑으로 잠에 들게 하시었고
　　　은혜를 베푸시어 구원 받게 하셨으며
　　　시험에 들지 않도록 인도하여 주셨어라

2-171 주님의 밝은 빛을 따뜻이 비쳐주고
　　　 이 세상 먹구름을 헤어나게 해주시며
　　　 은총을 널리 베풀어 구원받게 하소서

2-172 눈 들어 살피려니 모두가 죄인이나
　　　 주님의 은총으로 죄를 사해 주시리니
　　　 다함께 구원을 받고 영생하게 하시리라

2-173 저 높고 푸른 하늘 수없이 빛난 별들
　　　 동녘에 뜨는 햇살 창조주의 크신 은혜
　　　 주님의 높은 권능이 열어 주신 구원의 빛

5. 원불가(圓佛家)의 만장

2-174　천심은 불심이요 마음은 도심이며
　　　　맑기는 허공이요 부동함은 태산인즉
　　　　한마음 청정한 곳을 극락이라 하였어라

2-175　명예가 크다보면 실체가 없음이고
　　　　현세가 화려하면 내세가 부실하니
　　　　삼가고 자숙하는 게 승리하는 길이여라

2-176　전생에 지은 업은 금생에 누릴 거며
　　　　금생에 지은 바는 후생에서 타고 나니
　　　　이생에 개과회향이 복이 되어 쌓이리라

2-177　해탈을 천도하여 윤회에 들지 않고
　　　　불토에 인연 맺고 세세생생 성불하여
　　　　성자가 되게 하심을 일심으로 비나니라

2-178　큰 빛은 빛이 없고 대성은 말이 없어
　　　　행하고 거하심이 흔적조차 없을지니
　　　　스스로 갈고 닦아서 깨우침을 얻으리라

2-179　부처님 광명으로 법륜을 밝히시니
　　　　생사는 왕래하고 인과는 수수 하네
　　　　본래의 진실한 마음 지키는 게 정진이라

2-180 망령됨 멈추시고 진실을 들어내며
       바르게 수행하여 사악함을 없애시니
       마음에 편안을 얻고 모자람이 없으리라

2-181 지혜가 없는 것이 온전한 지혜이고
       능력이 없는 것이 크고 강한 능력이니
       마음을 바르게 쓰면 편안함을 얻으리라

2-182 스스로 깨우치고 때때로 갈고 닦아
       동정 간 일심으로 수행하고 정진하니
       일원의 근본이 됨은 부처님의 자비시라

2-183 일원을 관조하고 사은의 덕을 펴면
       맑기는 허공 같고 부동함은 태산 같아
       사악한 생각이 없이 보리도에 이르리라

2-184 우주가 법당이며 만유가 생불이고
       일마다 물건마다 하나같은 경전이니
       중생을 제도하는 게 부처되는 길이리라

2-185 하늘은 도리로서 땅에선 법으로서
       선악을 다스리니 모두 나의 스승이라
       지극히 정성스러워 쉼이 없는 정진이고

2-186 부처의 대자대비 동정이 일원이라
       마음을 관조하고 올바르게 깨우치면
       일원의 경지에 들어 성불할 날 있으리라

2-187 사람이 죽은 후에 천도를 하기보다
생시에 하는 것이 보람 있는 일이리니
평소에 자기를 위해 수도하라 하셨어라

2-188 주는 것 받는 것이 가는 것 오는 것이
도리를 따름이라 한결같은 마음이니
주관에 집착치 않는 큰마음을 내림이라

2-189 밖으론 정대하고 안으론 성찰하며
지극히 공정하고 원만하게 처신하니
용감히 악습을 끊어 일원 하에 드셨어라

2-190 모두가 원만하고 지극히 공정하며
일원의 도를 깨쳐 반듯하게 세우시니
곳곳에 부처가 있고 모든 일이 불공이라

2-191 헌 몸을 거두시고 새 몸을 내리시니
천도를 따름으로 그 절차를 갖춤이요
당인을 본위 함으로 참 열반에 드심이라

2-192 원심을 내려놓고 집착을 버리시니
청정한 정신으로 사념에서 벗어나면
영혼이 떠나는 길에 편안함을 얻으리라

2-193 이승에 지은 업이 전생의 업보이며
내세에 받게 되는 대자연의 천업이라
선행을 쌓은 업으로 대 자유를 얻으리라

2-194   이승을 떠나는 게 끝인 줄 알겠지만
        새로운 삶을 여는 계기라고 하였으니
        생과 사 윤회전생이 수레바퀴 같은 것을

2-195   생사가 다름 아닌 원래가 같은 거로
        죽음은 끝이 아닌 새로 얻은 탄생인 즉
        생멸이 원래 없으며 변신하는 과정이라

2-196   저승이 따로 없고 이승이 저승이며
        육신을 떠나는 게 그 착심을 쫓음이니
        세상이 윤회함으로 지은 업을 받으리라

2-197   죽어도 영혼이요 살아도 영혼이라
        사대로 나은 육신 생과 사가 있다지만
        영혼은 영원불멸해 생과 사가 없나니

2-198   전곡이 많다 한들 죽으면 허사이니
        생전에 보시로서 쌓아야할 무루복덕
        영원한 나의 소유는 나눔으로 얻으리라

2-199   염라국 명부사자 모두가 집에 있고
        죽음에 이르러도 제집 안에 떨어지니
        모두가 제불조사의 가르침을 따르리라

2-200   일원의 마음으로 세상을 제도하고
        심원의 거리낌을 법에 따라 풀어내면
        속세의 백팔번뇌를 벗어날 수 있으리라

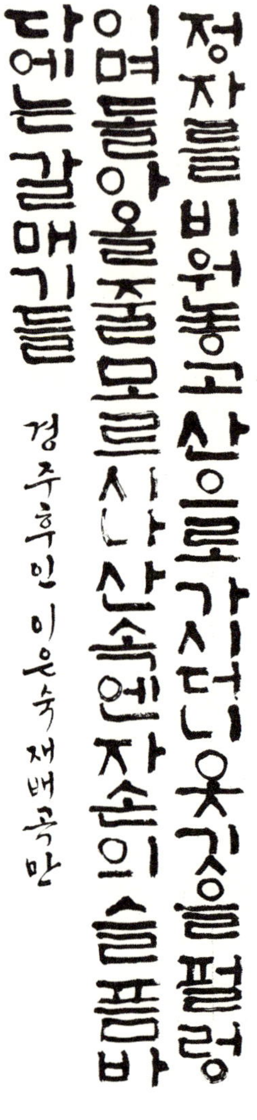

정자를 비워놓고 산으로 가시더니 옷깃을 펄렁이며 돌아올줄 모르시나 산속엔 자손의 슬픔바라는 갈매기들
경주후인 이은숙 재배곡만

세상에 온유한 덕 비할때 없으셨고 인자한 그 성품은 따를이가 없었으며 베풀고 나누는 것을 기쁨으로 아셨어라
경주후인 이은숙 재배곡만

圖29. 2-203
〔글씨〕청향 이은숙

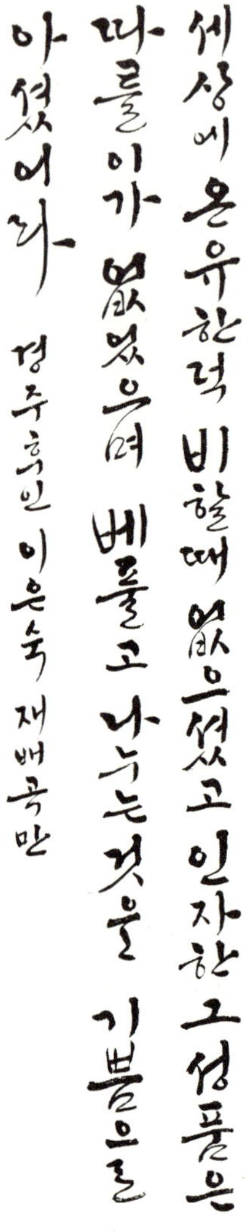

圖30. 2-250
〔글씨〕청향 이은숙

6. 원로(元老)의 만장

2-201 살아선 송죽아래 세 길로 나뉘었고
       사후엔 자손들의 발 하나로 만족하니
       동풍에 흘러내리는 늙은이의 눈물이라

2-202 추위에 오상고절 함께한 팔십 평생
       드높은 향기 속에 부드러운 꽃잎이라
       불의에 굴하지 않고 굳게 지킨 곧은 정절

2-203 정자를 비워 놓고 산으로 가시더니
       옷깃을 펄렁이며 돌아올 줄 모르시네
       산속엔 자손의 슬픔 바다에는 갈매기들

2-204 영예는 사관들의 붓 끝에 자자들고
       재물은 후손들의 후광으로 슬어지나
       생시에 쌓은 성덕은 자자손손 빛이 되리

2-205 필력은 비등하여 난 학이 춤을 추고
       시편이 기발하여 귀신까지 울었으며
       정사를 두루 살피니 인재 중의 인재여라

2-206 충직이 허사되니 햇볕 아래 등불 같고
       부생을 다했으니 바람 앞에 촛불이라
       세상의 부귀공명이 물거품과 같은 것을

2-207 　눈 깜빡 하는 사이 꿈같이 흐른 세월
　　　어느새 수 수만리 저승길을 헤어가나
　　　검단산 늙은 소나무 지는 해를 바라는데

2-208 　동량이 무너지니 뉘댁에 의탁할고
　　　천기를 알 수 없고 인사 또한 모를러니
　　　현궁이 막혀 있으매 홀로 울어 지새노라

2-209 　삼천리 머나먼 길 붕새가 날건마는
　　　백수를 재촉하던 크나큰 새 날아가니
　　　생전에 못다 한 꿈을 저승에서 풀어가리

2-210 　유수와 같다더니 허언이 아닌 게라
　　　살같이 닫는 세월 잡아두지 못하였고
　　　그 섶에 몸을 실리어 학발승천 하였어라

2-211 　인간사 모름지기 때를 잘 가려야지
　　　흐르는 구름 같이 흩어지고 슬어지나
　　　백수를 다한다면서 저승길을 서두시고

2-212 　일찍이 보국하여 공훈이 드높더니
　　　현명한 자손들의 뒤를 이은 충정이라
　　　하늘이 내린 후손이 대대손손 받들리라

2-213 　파란에 노 저어도 마음은 견고했고
　　　영욕의 세파에도 덕이 두루 창성하니
　　　청백의 곧은 정신은 후손들의 표상이라

2-214 지팡이 함께 짚고 숲속을 거닐었고
       술자리 함께 들어 흠향하며 즐겼는데
       어느새 과거사 되니 하염없는 눈물이라

2-215 일신의 부귀공명 진퇴가 분명하고
       재명이 높이 올라 천만세에 빛이 나니
       청사에 올린 명성이 길이길이 빛나리라

2-216 공명이 높다지만 떠나면 그만이고
       명성이 높다한들 망각 속에 묻힐 것을
       비명에 기록을 하여 후손에게 전하리라

2-217 젊어서 발탁되어 천관에 이르는데
       도성 문 나선 길에 상여소리 드높으니
       여명의 빛은 차갑고 조각구름 외로워라

2-218 절의가 강녕하여 팔순에 청춘 같고
       언제나 부드러움 미소 지어 펼치시니
       재상의 높은 기상이 관료들의 표상이라

2-219 국운이 태평하여 천세에 빛이 나고
       백수를 누린 공은 하늘 높이 추앙되니
       내 어찌 짐작했으랴 공의 부음 들을 줄을

2-220 그대의 자손들은 백세에 융성하고
       만기를 싫어하여 신선 같이 사셨는데
       다시는 볼 수 없어라 지극하신 공의 성정

2-221 원근에 널리 알려 경륜을 앙망했고
       나라에 충성하며 새로움을 돌봤었지
       부음을 접하게 되어 낙루하며 복을 비네

2-222 장수를 누리시다 표연히 떠나시니
       병중에 부음 듣고 문상가지 못했노라
       평소에 자식과 같은 귀여움을 받았는데

2-223 젊어선 부지런히 경서를 논하였고
       노년엔 시가로서 교유하며 지냈는데
       뜻밖의 조기를 보니 하염없는 눈물이라

2-224 나 많아 백수라도 마음은 청춘인데
       가없는 꿈을 안고 서천 길을 헤어 드나
       극락의 붉은 소망을 가슴속에 새겨가며

2-225 청사에 길이 빛날 귀감이 떨어졌고
       천상엔 삼태성이 함지 속에 흩어지니
       다시는 보지 못 하리 북두성의 밝은 빛을

2-226 칠십이 고희라는 옛말이 있다지만
       백수도 흔한 세상 고희라고 할 수 있나
       아직은 청춘이건만 어찌 이리 가시니까

2-227 세상사 어지러움 하늘에 맡겨 놓고
       부생의 번잡함이 자연으로 돌아가니
       불후의 훈명을 들어 오석 위에 새겼어라

2-228 덕망이 두터우니 보답이 있을 거며
　　　 남겨진 글을 새겨 전기를 이뤘으나
　　　 지나간 세월의 자취 돌아보니 눈물이라

2-229 가문의 곧은 정절 자손이 이어가고
　　　 집안엔 고관대작 넘치느니 인재라나
　　　 임에게 좋은 계책을 드릴 이가 없었어라

2-230 진퇴와 행장까지 의리에 맞췄기에
　　　 오가는 그 모두가 시운이라 여겼겠지
　　　 연세가 높으신 노령 끊인 학문 이어가고

2-231 장수를 누리면서 태평을 즐기시고
　　　 슬하의 자식들이 높이 올라 빛나는데
　　　 훌륭한 수레바퀴는 어느 결에 쓰려는지

2-232 집안에 계실 적엔 장자로 칭송했고
　　　 자식을 낳아서는 공신으로 키우시니
　　　 쇠퇴한 물결 속에서 홀로 청정 하였어라

2-233 미수도 어렵거든 백수를 누리시니
　　　 자손이 번성하고 가문 또한 영화롭지
　　　 천상에 덕이 넘치는 오복까지 누리셨고

2-234 백수를 누리고도 삼년을 더 사시어
　　　 천수를 다하시고 떠나시려 하시는지
　　　 평생에 호수와 같이 고요함을 즐기시고

2-235 백년을 해로하다 손잡고 함께 가니
한 쌍을 이룬 만장 북망산을 찾아 가네
한 평생 지은 업과를 허공에다 실어놓고

2-236 공명은 낙일 같아 정원에 걸려있고
선용을 일찍 입어 높이 오른 분이기에
한소리 슬픈 만사를 감히 듣지 못하노라

2-237 공손과 검약으로 편안을 떨치시고
언제나 근신하며 나라 위해 진력하니
역사에 기록을 하여 후손에게 전하리라

2-238 문무를 겸비하여 문채를 더하시고
큰 운을 밝히심에 공을 많이 세우시니
그 뜻을 높이 받들어 후생에게 전하리라

2-239 태산이 무너지니 그 뉘게 의탁하며
인재가 묻히는 건 차마 볼 수 없음이라
피눈물 흘려가면서 가슴 속을 저며 내니

2-240 어려서 발탁되어 천관에 이렀어도
도성 문 나선 새벽 서리발이 차가운데
두려운 바람 그치니 조각구름 서글프다

2-241 옥경 연화 태을선녀 연엽선을 띄운 듯이
대광보국 영의정이 파초선에 오른 듯이
저승길 극락왕생을 축수하며 비나니라

2-242 　한 생을 나라 위해 연구에 몰두하신
　　　　일대의 공명성을 누가 있어 비견할고
　　　　만고에 지은 단청이 백옥루에 빛나거늘

2-243 　세상이 편안하니 집안이 화목하고
　　　　백성을 섬긴 뜻이 두텁고도 깊었으니
　　　　만인이 허둥거리며 눈물지어 호곡 하네

2-244 　곡소리 진동하여 향리에 넘쳐나고
　　　　조기가 펄럭이니 조문객이 넘쳐난다
　　　　생전에 싸 올린 정덕 밝은 빛을 피워내니

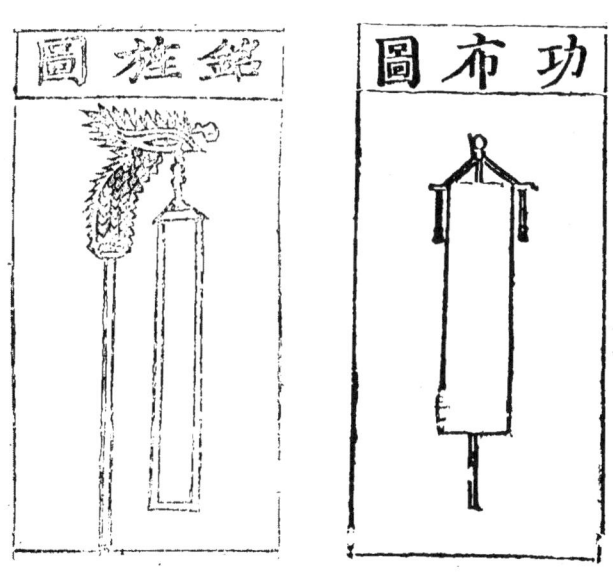

圖31. 명정(銘旌)과 공포(功布)

7. 여인(女人)의 만장

2-245   하늘이 아름다운 자질을 부여하고
        인생의 만행만덕 융성하게 내리시니
        출중한 동량을 길러 나라 위해 바쳤어라

2-246   보고픈 마음이나 주고픈 생각으로
        그림도 많았지만 기다림도 깊었는데
        부엉이 우는 밤중에 저승길을 서두시나

2-247   나무라도 상사목은 창 밖에 우뚝 서서
        춘절이 다 가도록 잎이 필 줄 모른다니
        천만년 지난다 한들 망부석에 꽃이 피랴

2-248   집안엔 화목하게 선비를 섬기셨고
        자식을 훈육하여 동량으로 키우시니
        청풍과 같은 가풍에 길이 빛날 광영이라

2-249   화목한 가정에서 현인의 배필 되니
        금슬이 좋은 가풍 난옥 같은 자손이라
        홀연히 가시는 길에 열어주는 극락왕생

2-250   세상에 온유한 덕 비할 데 없으셨고
        인자한 그 성품은 따를 이가 없었으며
        베풀고 나누는 것을 기쁨으로 아셨어라

2-251 삼종의 도를 따라 부덕을 쌓으셨고
       자연을 벗하면서 검소하게 사셨으니
       마지막 가시는 길이 영광되게 하소서

2-252 항아를 닮은 미모 정절을 지킨 모성
       부덕과 효도로서 한 평생을 봉사하신
       부인의 미덕을 기려 열녀문을 세우리라

2-253 경사는 기쁨으로 즐겁게 보내셨고
       상처를 아우르며 감싸주는 미덕으로
       규문의 도를 익혀서 편안함을 사셨어라

2-254 부덕을 쌓으심에 게을리 하지 않고
       가정의 화목함을 으뜸으로 훈육하니
       향리에 넘치는 칭송 끊일 날이 없어라

2-255 금실이 좋은 부부 사랑이 넘친 가문
       자손의 효행으로 편안함을 누리시다
       쪽머리 꽃다운 넋을 거두려고 하시다니

2-256 늦복이 많은 부인 가문을 일군 부덕
       자손의 부귀영화 조상님의 도움이라
       마땅히 일가의 홍복 길이길이 이어 가리

2-257 홀로 난 나무라면 연리지가 될 수 없고
       외로운 난초뿌리 얽힐 수가 없다지만
       하늘이 내리신 열녀 망부 찾아 얽히리라

2-258 월하초 동정칠백 무산같이 높은 사랑
　　　무변수 여천하니 창해같이 깊은 사랑
　　　내 사랑 가슴에 묻고 저승길에 드시니까

2-259 천산에 조비절과 와병에 인사절을
　　　죽절과 송절에다 춘하추동 사시절이
　　　연 끊여 단절 분절에 나를 두고 가시니까

2-260 청강에 놀던 원앙 짝을 하나 잃었다니
　　　그 슬픔 헤아리면 망부석이 아니 될까
　　　저승길 외롭겠지만 동행할 수 없는 건데

2-261 우수로 지새는 밤 소연한 꿈일러니
　　　현야월 두견새는 임 가신 곳 알련마는
　　　심중에 쟁여 논 수심 나 혼자서 어이 푸나

2-262 가시리 가시니까 날 두고 가시니까
　　　저승길 험한 길을 혼자 가려 하시니까
　　　이승의 백팔번뇌를 어이 지고 가시려고

2-263 임께서 떠나시며 마지막 남긴 말씀
　　　가슴 속 깊은 골에 차곡차곡 쟁인 앙금
　　　사랑의 횃불이 되어 밝혀주는 열반의 길

2-264 교교한 달빛아래 임 생각 적상하여
　　　운무 같은 이내 심사 바람결에 흩어지니
　　　허공을 헤집고 나가 저승길을 찾아 든다

2-265 명명히 밝은 빛을 임의 품에 옮겨 놓고
　　　 간장이 썩는 피로 임의 화상 그려내어
　　　 족자를 만들어 걸고 들고나며 보고 지고

2-266 기장쌀 방아 찌어 노친을 봉양하고
　　　 가난을 벗하면서 자손들을 키워주신
　　　 정훈의 아름다움을 가슴 깊이 새겼어라

2-267 천성이 정숙하신 부도를 갖췄으며
　　　 세 자녀 솥발 같이 효도하고 공경하니
　　　 석양의 노을 낀 하늘 떠나감이 서러워라

2-268 귀신이 작해하고 조물이 시기하여
　　　 갈 길을 재촉하니 어느 때나 만나 볼까
　　　 피맺힌 천수만한이 끝 간 데를 모를 레라

2-269 간다는 말씀조차 하시지 않으시니
　　　 기어이 가시려면 정이라도 거둘 거지
　　　 마지막 가시는 길에 동행조차 못하는데

2-270 향리에 떨어진 몸 조문을 삼가려고
　　　 남 몰래 눈물지며 북망산을 곡하노라
　　　 풍속이 남을 엿보니 말이 날까 저어하며

2-271 우리네 인생살이 물거품 같다지만
　　　 슬픔과 영광으로 생과 사를 가르시니
　　　 상여가 가시는 길에 넘치느니 눈물이라

2-272　가난에 현명함이 절제한 삶이었고
　　　　자식을 많이 길러 동량으로 키우시니
　　　　맹모의 삼천지교를 본받은 듯 허여라

2-273　삼천의 열정으로 모성을 닦으셨고
　　　　백수를 다하시니 천수를 누리셨지
　　　　자애와 검소한 덕은 자손들의 거울이고

2-274　물결이 거울 같이 해맑은 호수 가에
　　　　하늘의 달을 보니 옛 만남이 생생하여
　　　　흐르는 물길을 헤며 홀로 울어 지새노라

2-275　고희를 겨우 넘긴 아직은 청춘인데
　　　　귀인의 다망함을 어찌 이리 앗아가나
　　　　한 떨기 난초가 자라 높은 향을 피우는데

2-276　홀로 핀 저 국화는 높은 절개 담아있고
　　　　눈 속에 푸른 솔은 천고절을 지키는데
　　　　묘당에 잠드신 임은 어이 말이 없으신지

2-277　물거품 같은 인생 마지막 가시는 길
　　　　슬픔과 영광으로 생과 사를 가름하고
　　　　부군의 뒤를 따라서 저승길을 열어가나

2-278　간밤엔 꿈속으로 고향집에 다녀왔지
　　　　뒤란엔 장독대가 앞마당엔 고추멍석
　　　　생전에 어머니 모습 툇마루에 앉았어라

2-279 팔순을 넘기도록 부모를 봉양했고
　　　　모의와 부인 덕에 가풍 또한 돈독하니
　　　　부내에 칭송이 자자 말리 밖에 떨쳤어라

2-280 유수와 같은 부생 만사가 휴지라도
　　　　꽃피고 새가 울면 임 생각 절로 난다
　　　　망부의 슬픔을 안고 시름 속에 드신 미망

2-281 꽃같이 아름다운 부덕을 갖춘 효부
　　　　평생을 하루같이 가족에게 봉사하신
　　　　정녀의 높은 성정이 길이길이 빛나리라

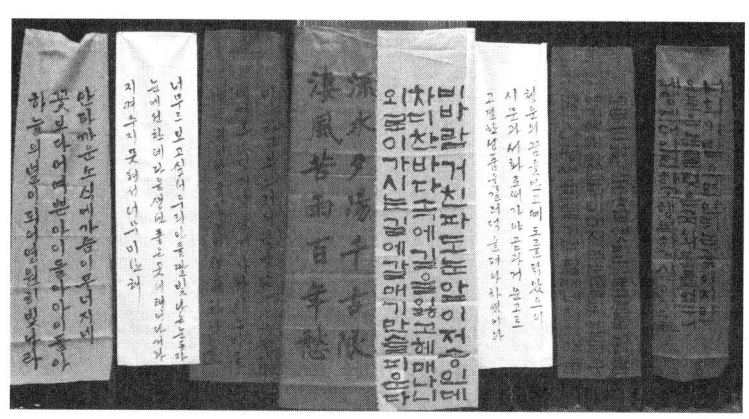

圖32. 만장 게시

이처럼 만장을 한글로 써서 걸어놓으니 모든 조문객들이 읽어보며 눈물을 닦았고 한문도 짧으니 읽고 감상하는 모습들이 더욱 많이 보였다.

8. 고우(故友)의 만장

2-282　달빛을 즐기면서 경서를 논하였고
　　　　술잔을 건네면서 석별의 정 풀었으나
　　　　떠나간 그대 영전에 하염없는 눈물이라

2-283　인사의 가련함이 흐르는 구름 같아
　　　　옛 친구 혜성처럼 하늘 위에 사라지니
　　　　고목에 새소리조차 구성지게 들리노라

2-284　세상사 어찌 될지 말할 수 없었으며
　　　　하루를 사는 인생 다하지를 못했으니
　　　　교유한 세월을 헤며 홀로 설어 눈물이라

2-285　반평생 함께하며 취하고 깨어나도
　　　　그대의 형제들이 한 결 같이 친절하니
　　　　외롭게 취한 늙으니 홀로 울어 지새노라

2-286　지나간 모진 세월 친구 덕을 많이 봤지
　　　　백수를 다하도록 빚만 지고 살았으니
　　　　초행길 외로운 거야 감내해야 하지 않나

2-287　슬프다 우리 벗님 어디로 가다던가
　　　　구추단풍 잎 진 듯이 새벽하늘 별 진 듯이
　　　　팔 팔에 쓰러지다니 가는 곳이 어디라던

2-288 금동이 좋은 술에 향기가 넘쳐나고
　　　사각의 바둑판에 해가지고 달이 떠도
　　　술 한 잔 나누지 못한 안타까운 이별이라

2-289 꽃잎을 뜯어가며 술독에 절었었고
　　　심지를 돋아가며 바둑 두던 친구지만
　　　뒤늦게 황천에 드니 기약할 길 없으리라

2-290 만장은 고개너머 언덕에 걸려있고
　　　애달픈 상여소리 귀에 들어 울리는데
　　　한번 간 친구의 얼굴 다시 보기 어려워라

2-291 우리가 동갑이라 마음이 통했었고
　　　바다가 깊다지만 뜻이 보다 깊었는데
　　　취해도 보지 못하고 이별하게 될 줄이야

2-292 뱃전에 마주앉아 술잔을 기울인 게
　　　엇 그제 일이건만 어찌 이리 서두시나
　　　마지막 가시는 길에 내술 한 잔 들고 가세

2-293 가을에 낙엽저도 봄에는 다시피고
　　　강남 간 제비들도 봄이 되면 오건마는
　　　한 번 간 황천의 벗은 돌아올 줄 몰라라

2-294 자당이 흘린 눈물 지축을 적시었고
　　　친구의 깊은 슬픔 하늘까지 울었어라
　　　소담을 주고받은 게 엇 그제 일 같건마는

2-295 서로가 헤어짐도 애끓는 일이지만
　　　 유명이 갈린 아픔 비할 데가 없으리니
　　　 앞으론 달이 밝아도 술 마실 일 없으리라

2-296 이별의 잔을 들어 마시지 못하였고
　　　 뜬구름 같은 세상 헤어짐이 안타까워
　　　 한없이 흐르는 눈물 샛바람에 날렸어라

2-297 둘이서 조우한 게 엇 그제 일이건만
　　　 만가를 보내다니 상제님도 야속하지
　　　 뜰아래 멍석을 깔고 호곡하며 꿇었어라

2-298 방초가 무성하니 해가 진들 알 리 없고
　　　 달 밝은 오동추야 새는 줄도 모를러니
　　　 고우의 명복을 빌며 홀로 울어 지샜노라

2-299 어이해 상제님이 덕우를 앗아가나
　　　 학덕과 인덕까지 고루 갖춘 귀한 벗을
　　　 찬이슬 조각구름에 새벽달이 서글프다

2-300 눈물을 삼키면서 명복을 빌었었고
　　　 가슴이 찢어지는 아픔까지 참았어라
　　　 떠나는 벗의 영전에 술을 부어 올리며

9. 세월호 만장

2-301　갈매기 울음소리 허공 속에 흩어지고
　　　　사공의 뱃노래가 파도 섶에 묻히는 밤
　　　　차디찬 바다 속에서 저승길을 헤매시나

2-302　청운의 꿈을 안고 젊음을 불사르다
　　　　불의의 운명 앞에 산화하신 설은 영령
　　　　서글피 울어가면서 극락정토 길을 비네

2-303　차디찬 바다 속에 곡성이 낭자하고
　　　　옥같이 맑은 달빛 가슴 속을 적시는데
　　　　서천을 바라보면서 한을 새겨 보노라

2-304　꽃같이 아름다운 미덕을 갖추었고
　　　　평생을 하루같이 가족 위해 봉사하신
　　　　정녀의 높은 성정이 물길 속에 묻힐 줄은

2-305　그리워 애달파도 만날 수가 없는 우리
　　　　가슴을 끓이는 게 상사보다 더 하건만
　　　　젊음을 불태우면서 떠나가는 갈매기들

2-306　선장의 유기살인 당국의 늑장구조
　　　　선사의 부실경영 감독관의 정실감찰
　　　　백성은 안중에 없고 위만 보고 사는 군상

2-307 　당신이 주관하는 운명의 작란인지
　　　　사탄이 길을 막고 행패를 부린 건지
　　　　죄 없는 어린 새싹을 거둬갈 수 있다던가

2-308 　만나고 헤어짐이 아픔이 되는 것을
　　　　유명을 가른 길이 바다 속에 묻힐 줄은
　　　　청운의 꿈을 안고서 함께 진력 하였건만

2-309 　물새도 깃을 접고 파도조차 잠드는 밤
　　　　가부좌 틀고 앉아 시방세계 길을 빌면
　　　　관음의 만행만덕을 빌어낼 수 있으리라

2-310 　갈피를 잡지 못해 허둥대는 정부당국
　　　　이권만 쫓다보니 길을 잃고 헤매는지
　　　　계통도 질서도 없이 갈팡질팡 하는 무리

2-311 　비바람 거친 파도 눈앞이 저승인데
　　　　차디찬 바다 속에 길을 잃고 헤매다니
　　　　외로이 가시는 길에 갈매기만 슬피 운다

2-312 　세월아 말해다오 무엇이 문제인지
　　　　가던 길 멈추고서 돌아선 게 뉘 탓이냐
　　　　차디찬 물속에 들어 가는 길이 어디더냐

2-313 　세월의 업을 푸는 진도의 넋드림굿
　　　　차지 찬 바다 속의 고혼이 된 어린 양들
　　　　따뜻한 하늘나라로 인도하여 주소서

2-314 수중엔 풍랑 속에 귀곡성이 낭자하고
　　　천상엔 삼태성이 함지 속에 흩어지니
　　　다시는 보지 못 하리 북두성의 밝은 빛을

2-315 앞길이 촉망되는 꽃다운 청춘인데
　　　어른들 잘못으로 떠나가는 수중고혼
　　　하늘이 무심한 건지 귀신들의 작해 인지

2-316 창명히 슬어지듯 서산에 지는 햇살
　　　가신님 잊지 못해 피눈물 맺힌 설음
　　　곡성이 넘쳐흐르는 팽목항의 검은 너울

2-317 이팔의 젊은 날에 열반해 가시다니
　　　석별의 아픔으로 눈물지며 보내노라
　　　마지막 가시는 길에 꽃가루를 뿌리면서

2-318 인륜을 저버리고 직무를 이탈하여
　　　피다 만 꽃송이를 수장시킨 선원들은
　　　백보를 양보하여도 살인마라 할게라

2-319 인생이 바람 앞에 등불과 같다더니
　　　파도에 묻힌 시신 가는 곳이 어디던가
　　　흐르는 조각구름엔 넘치느니 눈물인데

2-320 제 목숨 귀애함은 탓할 게 없겠지만
　　　본분을 망각하고 저만 살면 되는 건지
　　　어른들 이기주의가 희생시킨 어린 생령

2-321 제 살길 바쁘다고 탈주한 선원들과
       과적을 하여가며 무리하게 운영을 한
       선사와 감독관청이 합작해 낸 참사인 겨

2-322 제자리 있으라며 도주한 인면수심
       목전의 이권 땜에 짐승같이 사는 속물
       하늘이 무서운 줄을 모르고 산 허깨비들

2-323 차디찬 물속에다 어떻게 이런 일이
       꽃다운 청춘들을 수장할 수 있는 건지
       피어도 보지 못하고 떠나가는 어린 싹들

圖33. 세월호 만장

2014년 4월 30일, 군포시청 대회의실에 진도부근에서 침몰한 세월호 희생자를 추모하기 위한 합동분향소가 만들어졌다. 어른들의 잘못으로 아이들이 희생되었으니 어른들이 상주노릇을 해야 한다며 경기원로회에서 상주를 자처하였다. 이 만장은 군포에서 전시된 후 안산에 있는 추모기념관으로 보내졌다.

Ⅲ. 동암만사

東岩挽詞

東岩 禹盛永

경북 안동출생
(사) 한국예술문화연구원 원장
(사) 한국시인연대 회장
(주) 경기헤럴드신문 논설위원
(사) 경기원로회 부이사장
홍조근정훈장 국무총리 표창
경기도문학상, 대한민국문화예술상 수상
산문집 : 『병영서신』 1969년 출간
월간 〔문학공간〕(시)으로 등단
시집 : 『지평선에 머무는 마음』
『여백지우기』『인연익히기』등 다수
저서 : 『속담을 통해본 한국인의 교육관』
『동양인의 영지Ⅰ』『동양인의 영지Ⅱ』칼럼
E-mail : dongamsy@naver.com

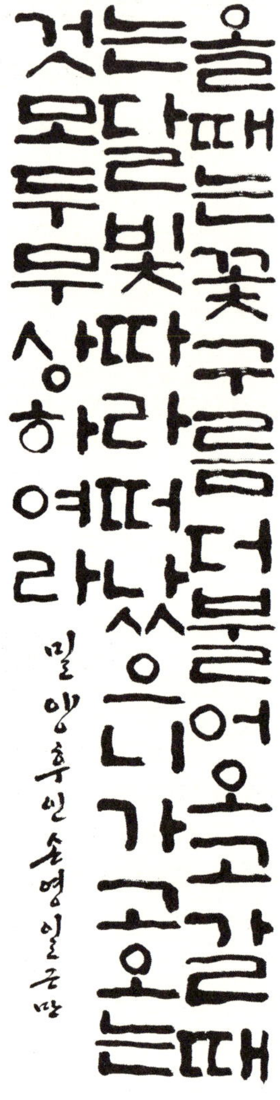

圖34. 3-050
〔글씨〕새터 손영일

圖35. 3-026
〔글씨〕월당 김진태

3-001 　멋스럽게 늙으신 신수 사랑방 가득 했네
　　　 떠나고 안 계시면 누구와 정담 나누리까

3-002 　떠나시는 걸음에 온 세상의 티끌은 구천에 버리시고
　　　 맑은 물 한 동이는 정다운 친구에게 주고 가소서

3-003 　푸른 산 주인 되기 그리도 좋던 가요
　　　 이승에서 맺은 정 칼날처럼 잘라내고
　　　 잡은 손 뿌리치며 기어이 가시나요

3-004 　생전에 베푸신 도타운 은덕
　　　 가시는 길에 꽃비로 내리소서

3-005 　백발이 성성하도록 올 곧으신 가르침
　　　 떠나시고 안 계신들 잠시라도 잊으리까

3-006 　푸른 산 첩첩한 봉우리는 거사의 집이요
　　　 허공은 중생들 갈 길 적을 빈 서책이네

3-007 　떠나고 안 계시면 보고 싶어 어이 하리

3-008 　청산은 푸르러 변함없건만
　　　 떠나면 흔적 없는 임의 모습

3-009 　통곡으로 떠난 영육 다시 돌아온다면
　　　 이 목숨 다 하도록 울기라도 하련마는

3-010 　얽히고설킨 인연 단 칼에 자르시고

그토록 황망하게 떠나고 싶더이까
그럴 줄 알았다면 정은 가져가야지

3-011 등불의 주인은 빛을 잃었고
신령스런 영혼은 어디 갔는가
생각하면 슬픈 마음 절절한데
마음 없는 구름만 서천에 머무네

3-012 내 평생 울지 않으려 했었는데
상청에 모인 사람 모두 눈물지우니
참았던 눈물을 멈출 수가 없어라

3-013 안개비 아득한데 길은 더욱 멀어라
이승 떠나는 길 그리 쉬운 일인가
뜰에 핀 꽃잎들도 향기를 잃었다네

3-014 생사가 유별하니 발자취 그려내어
이 세상 삶의 모습 묘비명은 영원하리

3-015 건넌 산 청산에 천년 집을 지었으되
그리울 때 찾아간들 만나지 못함이여

3-016 기품 있던 인격에는 세상티끌 흔적 없고
산천과 시냇물처럼 맑고 깨끗한 기품
떠나고 안 계시면 어디에서 찾으리까

3-017 깊은 뜻 밝혀내어 어둠을 밝히셨나니

누가 임의 뜻을 기려 세상을 밝히실까

3-018 옳은 일 몸 바쳐 한 평생 사시다가
크신 뜻 못 이루고 오늘 영면하시니
세상사 모두다 무망의 지푸라기구려

3-019 홀연히 이 세상 하직 하시니
앞산 골짜기에 구름만 깊어라

3-020 헤어지는 길목에서 정만 두고 떠난다니
갈림 길에 소매잡고 눈물밖에 줄 것 없어
먼 훗날 청산에서 회포 풀 수 있으리까

3-021 사립문 닫고 홀연히 홀로 떠나시니
아득해라 아무도 따라갈 수 없어라

3-022 흰 구름 속으로 푸른 청산 속으로
도포자락 휘날리며 홀로 떠나시니
이승에 맺은 정 매듭 풀 길 없어라

3-023 부귀영화 한 마당 봄꿈이라니
만남과 헤어짐도 뜬 구름이어라

3-024 만 날 기약은 그 언제인가
이 생애 모두가 무상뿐일세

3-025 풍진세상 사는 길 험악한 일 많았어라
       티끌 훌훌 터시고 영혼 편히 잠드소서

3-026 삶과 지혜 두 가지를 모두 갖추시고
       경박한 세상인정 바로 세워 주셨으니
       녹수청산 도솔궁에 영생을 누리소서

3-027 거처하던 사랑방이 이토록 비었으니
       생전에 못 느낀 정 크신 줄 몰랐어라

3-028 사랑방 뜰 앞에 조작조작 피는 꽃은
       생전에 가꾸시던 그 정성이 아직 남아
       달빛에 체취 묻은 꽃향기만 남았어라

3-029 태어나고 죽는 일이 다 할 날이 없는데
       얼마나 오랫동안 오고 가야 하나

3-030 인생사 덧없음이여 초승달 고개 넘듯
       총총히 가는 세월 흐르는 물 같구려

3-031 이승 올 때 나보다 먼저 오더니
       갈 때도 나보다 먼저 가는 구려
       부질없어라 저승에서 또 만나세

3-032 조물주는 본래 사정없다 들었더니
       이제야 그 말이 참말임을 알았네
       자네와 나 이별이 야속도 하구려

3-033 저 달은 몇 번이나 이승사람 모셔 가고
　　　 초승달 뜰 때에는 모셔 오는 사람 없네

3-034 대나무 사립문은 이 한낮에 닫아 놓고
　　　 벗님들 불러 놓고 한 마디 말도 없이
　　　 저승 길 홀로 떠나는 야속한 벗이여

3-035 번뇌가 다 했거니 기쁨 슬픔 없는가
　　　 저승길 행장 챙겨 이승 하직 한다고
　　　 찾아 온 벗님네들 모르는 체 하는가

3-036 당신은 영정사진 속에 웃고 있지만
　　　 향을 피워든 이 마음은 찢어진다오

3-037 홀연히 왔다가 어이 그리 빨리 가는가
　　　 우리 만남은 한갓 허망한 물거품인가

3-038 만남과 헤어짐이 한 조각 뜬 구름인가
　　　 생시에 맺은 우정 영결의 인사도 없네

3-039 我身本不有 心亦無所在
　　　 내 몸 본래 없었으니 마음 머물 곳 없어라

3-040 백년을 살겠다고 홀연히 왔다가
　　　 백년도 못 채우고 덧없이 가는가
　　　 청산에 노닐지 왜 왔다가 가는가

3-041 우리 서로 만나 그토록 친했거늘
       그대 떠나고 나만 혼자 남았으니
       어느 세월 어디에서 다시 만나나

3-042 태산이 높다한들 우리 쌓은 정만 하오리까
       바다가 깊다한들 우리 나눈 사연 따르리까

3-043 떠나는 길 험하여 푸른 이끼 싫거든
       미련 없이 되돌아 이승에 다시 오게나

3-044 日月似電光 生死在呼吸
       해와 달의 빛은 번개처럼 빠르고
       삶과 죽음은 숨 쉬는 사이에 있네

3-045 영육이 함께하다 혼백이 떠나면
       육신은 한 줌의 흙으로 돌아가고
       영혼은 하늘 위에서 영생 한다네

3-046 먼 길 떠나는 배위에는 달빛이요
       피리소리 따라 백학이 춤을 추니
       당신 머무는 그 곳은 천국이어라

3-047 사람 목숨 물거품처럼 빈 것이어서
       일백년 못되는 세상 꿈속처럼 흘러
       저녁노을 스러지는 서산을 넘는구려

3-048 붉은 살점은 어머니의 피에서 생겨났고

그 기운 오로지 부모의 정기 덕이거니
본래의 기운 따라 돌아가는가 영원으로

3-049 그대와 나는 서로 다른 길 걸었어도
세월은 같이 흘러 이승 끝자락에
만났는데 그대 먼저 저승 길 떠나네

3-050 올 때는 꽃구름 더불어 오고
갈 때는 달빛 따라 떠났으니
오고 가는 것 모두 무상하여라

① 방상은 귀면을 쓴 사람이 칼을 들고 상여 앞에서 잡귀를 물리쳐 망자의 저승길을 깨끗이 닦아주는 역할을 한다. 방상은 인형으로 대치하기도 한다. ② 명정은 누구의 장례행렬인가를 나타내는 깃발이며, ③ 영여는 혼백상자를 모시고 가는 작은 가마이다. ④ 만장은 죽은이를 기리고 슬퍼하는 글을 쓴 깃발이며, ⑤ 공포는 장대에 삼베 천을 매달아 길이 좋고 나쁜 것을 알리는 신호기 역할을 하는 것이다. ⑥ 운아삽은 운불삽이라고도 하며 운삽(雲翣)과 불삽(黻翣)을 이르는 말이다. ⑦ 상여는 시신을 나르는 도구이고, ⑧ 상주는 상가(喪家)의 주인이며, ⑨ 복인이란 상복을 입은 사람이다. ⑩ 존장은 지위가 높은 사람이나, 나이가 많은 사람이다. ⑪ 무복친은 상례(喪禮)에서, 상복을 입을 촌수를 벗어난 가까운 친척을 말하며, ⑫ 조객은 조상(弔喪)하러 온 사람을 일컫는다.

圖36. 발인도(發引圖)

IV. 도곡만사
陶谷挽詞

陶谷 洪愚基

경기 용인 출생

號 : 陶谷 義石 近思軒 修理山人 蒲谷 西松 香水村夫

역대 대통령 및 현대서예가 100인 초대전
사) 한국서도협회 부회장 학술위원장
경기대학교 금화서화학회 회장 역임
한국서도협회 경기지회 지회장 역임
경기대학교・동방대학원대학교 서예과 외래교수 역임
한국서도탑지공원 삼국집자비 집자
홍경손 홍춘경 홍춘년 홍천민 시비휘호
『한국의 만장』『서론용어소사전』『행곡요람』
『서예의 力感에 관한 연구』『묘법연화경 한자사전』등
서예광장 : http://blog.daum.net/dogok60
E-mail : hongwooki@hanmail.net

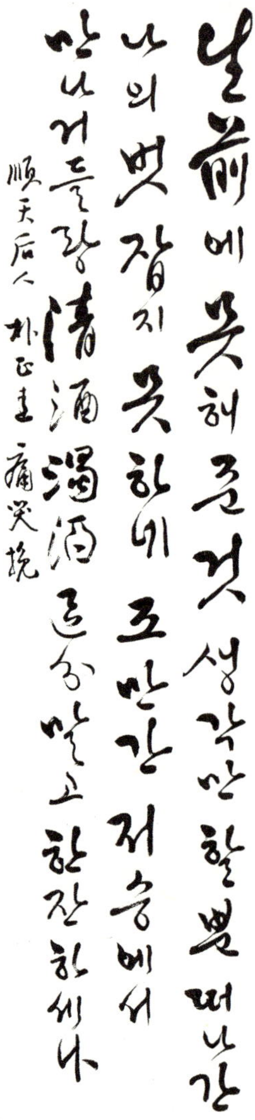

圖37. 4-301
〔글씨〕 연곡 박정규

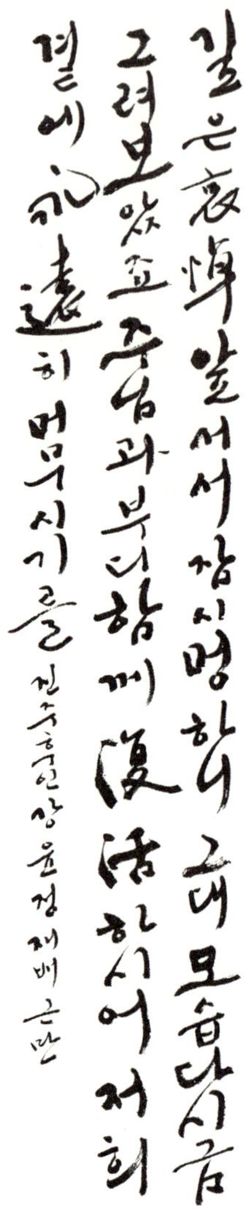

圖38. 4-386
〔글씨〕 단운 강윤정

1. 通用挽詞

4-001　웃는 사진 앞세우고 대답 없이 어딜 가나
　　　마지막 떠나는 넋 어찌 이리 매정한가
　　　가까운 사람들에게 눈물만을 남겨놓고

4-002　떠나간 그대 혼은 불러도 대답 없고
　　　슬픈 만사 지으면서 다시 또 오열하나
　　　이렇게 아픈 마음을 어느 누가 알아주랴

4-003　순식간에 흐른 세월 浮雲같은 삶이지만
　　　그대 같이 착한 사람 허무하게 떠나다니
　　　냇물도 서글피 울며 하염없이 흘러가네

4-004　따뜻한 마음의 정 든든하던 희망의 꿈
　　　우리들은 가까이서 든든하게 기댔는데
　　　오늘은 서글픈 소식 하늘엔 잿빛 설움

4-005　고운 풀 돋아나니 그대 생각 아득하고
　　　새로 만든 무덤위로 만사가 허무하니
　　　청산을 휘돌아가며 냇물마저 슬피 우네

4-006　부평같은 인생살이 자연으로 돌아가니
　　　어지러운 세상만사 흔적 하나 없구나
　　　영원한 이별을 두고 어찌 이리 허전한지

4-007 병마에 시달리며 몇 년이나 아파했나
　　　 삐쩍 마른 그대 모습 너무나도 측은했지
　　　 눈물로 명복 비오니 극락왕생 하소서

4-008 편안하게 가십시오. 사랑하고 존경해요
　　　 그대가 떠난 뒤에 부질없는 이야기
　　　 맥없이 먼 하늘 보며 명복만을 빌어보네

4-009 오고 감은 모두 환상 무엇을 한탄하랴
　　　 壽命長短 다르지만 결국엔 모두 죽네
　　　 떠나는 장례식장에 가을바람 스산해라

4-010 富貴功名 부질없음 오래전에 알았기에
　　　 늘그막엔 田園에서 시와 술로 소일했지
　　　 맑고도 고고한 자태 이젠 다시 볼 수 없네

4-011 시간이 흐를수록 그대 더욱 그리워져
　　　 헌화하고 향 피우며 영전에 절하면서
　　　 가슴속 깊고 깊은 곳 그대를 묻는다네

4-012 돌아오지 못할 길을 그대여 떠났구려
　　　 얼마나 아팠을까 우리는 몰랐지만
　　　 고운 향 밝은 빛으로 영혼의 길 비추소서

4-013 같은 時代 살아가며 모두가 즐거웠고
　　　 서로가 依支하며 恭敬하고 살았으나
　　　 오늘은 눈물의 詩로 그대를 餞送하네

4-014　얼마나 많은 사람 이 땅을 오고 갔나
　　　　희노애락 함께하며 울고 웃던 사람들
　　　　오늘은 모두가 슬피 그대를 생각하네

4-015　어느 날 찬바람에 그대 이리 무너졌나
　　　　남쪽 하늘 바라보며 애달프게 뜻을 하네
　　　　그대여 어디로 갔나 돌아오지 못하는가

4-016　며칠 전 뒷동산에 손잡고 올랐는데
　　　　세상을 떠났다는 청천벽력 같은 소식
　　　　하늘은 무슨 생각에 이런 인재 데려갔나

4-017　고운님 떠났지만 내 맘은 왜 이럴까
　　　　그대와 짧은 인연 너무나도 좋았는데
　　　　영원히 좋은 곳에서 행복을 누리소서

4-018　미안해요 그리워요 사랑해요 존경해요
　　　　님 보내고 혼자 남아 가슴이 미어지네
　　　　때늦은 눈물로나마 삼가 명복 빕니다

4-019　왜 이리 슬픈 눈물 쉴 새 없이 흐르나요
　　　　보고 싶은 그리움에 영정사진 바라보네
　　　　오가는 사람들 역시 피눈물로 조문하네

4-020　하늘은 어찌하여 젊은 자네 데려 갔나
　　　　그대 떠난 빈자리 오늘 더욱 허전한데
　　　　달빛은 무정한 듯이 어제처럼 밝더라

4-021　작은 욕심 버려두고 허허 웃던 그 모습
　　　　산천경개 깊이 묻혀 한 평생을 悠悠自適
　　　　티 없이 걸림도 없이 신선처럼 사셨던 분

4-022　청룡이 사라지니 구름도 침울하고
　　　　백호가 가버리니 바람도 조용한데
　　　　강물은 눈물이 되어 밤새워 흐른다네

4-023　지기 맺힌 큰 터에 태산처럼 우뚝하고
　　　　하늘 솟은 큰 집에 동량재목 되었더니
　　　　텅 비어 허전한 마음 달랠 길이 없구나

4-024　명석하고 겸손하니 원수까지 감복하고
　　　　청렴하고 검소하니 가문이 번성했지
　　　　인간의 다섯 가지 복 여기에 모였는데

4-025　인간세상 복록으론 官과 壽를 누렸고
　　　　가세와 문장은 자손들이 이어가니
　　　　그대여 저승에 가도 아쉬움은 없으리

4-026　인간사 다하니 그 수명도 다했는지
　　　　바람에 떨어지고 눈보라에 시달렸네
　　　　그대의 고단한 인생 저 달만은 알리라

4-027　바둑판의 패처럼 변화가 무쌍하고
　　　　세상사 그 변덕은 가늠할 수 없겠더라
　　　　싸늘한 바람을 뚫고 곡소리 처량하다

4-028 산천은 의구하나 사람들은 聚散하니
      만남 이별 바쁜 중에 우리 이리 헤어지네
      箕尾星9) 바라보면서 오늘 그대 복을 빈다

4-029 산천이란 여관에 묵다 떠난 旅客처럼
      인생살이 閑忙間에 세월도 흘러갔지
      생생한 그대 생각에 눈물을 쏟는다네

4-030 귀한 인재 시들어 홀연히 떠나가니
      불러 봐도 멀리멀리 떠도는 그대 혼백
      오늘은 슬픈 만사로 허전함을 달래보네

4-031 큰 재주를 지녔으나 時運을 못 만났고
      과한 욕심 없었기에 마음 항상 평온했네
      어떻게 이런 사람이 장수하지 못했는지

4-032 살다보면 죽게 되나 死後는 알 수 없고
      살아서의 愛憎마저 일단 가면 공허하니
      때늦은 후회를 하며 오늘 그대 전송하네

4-033 好學하고 겸손하며 어질고 지혜로워
      아들 조카 顯達시켜 가문을 떨쳤으니
      가신 임 크신 공덕은 한평생 못 잊으리

---

9) 箕尾星 : 기미는 『莊子』「大宗師」의 騎箕尾에서 나온 말로 殷나라 武丁의 어진 재상 傅說이 죽은 뒤에 하늘로 올라가게 되었다는 傅說星의 주변에 있는 두 별자리이다.

4-034 　선하고 어진 사람 福과 壽를 준다했고
　　　　積善 끝에 경사라는 그 진실 믿었는데
　　　　하늘은 해맑은 사람 어찌 이리 거뒀는가

4-035 　깊은 계곡 老松처럼 푸르리라 여겼더니
　　　　요즈음 어인 일로 보이지 않더니만
　　　　도무지 믿기지 않네 그대 凶聞 들릴 줄

4-036 　덧없는 離合集散 진정으로 꿈같으니
　　　　세간의 壽命長短 이야기를 하지 마소
　　　　幽明의 갈림길에선 어느 누가 담담할까

4-037 　청산에 묻힌 인물 슬퍼한들 무엇하리
　　　　竹馬故友 우리들은 오래전에 알았으니
　　　　추도사 쓰려고 함에 눈물 먼저 흐른다네

4-038 　어찌 그리 서운하게 외로운 길 가셨는가
　　　　눈물을 닦아도 슬픈 눈물 다시 나네
　　　　거기서 우리 만나면 좋은 인연 엮어보세

4-039 　주위를 돌아보며 불쌍한 이 도와주고
　　　　부지런히 일하면서 즐겁게 살았는데
　　　　하늘은 권선징악을 아는가 모르는가

4-040 　한 시대를 날린 명성 어느 누가 앞설까
　　　　오랜 수명 못 누리니 세상사람 슬퍼하네
　　　　문 밖에 우는 새들도 사람 맘을 아는지

4-041 함께 마신 막걸리는 술동이에 남아있고
　　　 지나간 자취에다 그대 생각 새록새록
　　　 어디를 바라보아도 가슴이 미어지네

4-042 너무 늦게 알았네요 당신의 눈물
　　　 지금에야 느꼈어요 당신의 마음
　　　 눈물로 전송해요 당신의 모습
　　　 간절히 기원해요 당신의 명복

4-043 따뜻한 그 미소 사진에 남고
　　　 자애로운 그 마음 그지없어라
　　　 푸근했던 그 손길 따스한 촉감
　　　 오늘도 보고파서 눈물 흘려요

4-044 어찌 그리 급하게 가시었나요
　　　 우리는 또 무슨 희망 가져야하나
　　　 당신과 함께한 삶 행복했지만
　　　 이제는 가슴 깊이 그리워할 뿐

4-045 힘든 여정 마치고 떠난 길이니
　　　 세상사 다 잊고서 편히 가세요
　　　 애증도 영욕도 없는 곳에서
　　　 속세인연 다 잊고서 편히 쉬세요

4-046 지상에선 큰 인물을 떠나보내네
　　　 부모로나 학자로나 스승으로서
　　　 무엇 하나 손색없이 힘쓰셨는데

할 일을 다 했다고 모시고 갔나

4-047 그대의 곁에 있어 편안 했었죠
그대의 높은 뜻에 감명 받았죠
그대의 현명함에 고개 숙였죠
이제는 그리워서 눈물 흘리죠

4-048 남은 사람 큰 슬픔은 어찌하시고
당신은 어찌 이리 떠나셨나요
모두가 그리워서 목이 메이고
산과 초목 넋을 잃어 말이 없구나

4-049 젊으니 하실 일이 많으실 텐데
그대를 얼마나 의지했는데
우린 이제 무슨 희망 걸어야 하나
당신 있어 참으로 행복했는데

4-050 우리 곁에 늘 계실 줄 알았었지만
이렇게 애통하게 가실 줄이야
님이 가신 빈자리 너무나 크고
그리움은 더더욱 간절해지네

4-051 남은 자들 슬픔은 어떻게 하고
어찌 그리 서둘러 가야했나요
마음이 안타깝고 허전합니다
냇물도 목이 메여 통곡을 하네

4-052 모두가 아픔에 넋을 놓았죠
       지혜롭고 겸손하여 존경했는데
       청렴한 인물이라 더욱 아까워
       하염없는 눈물로 보내드려요

4-053 비통한 마음에 넋을 잃었네
       영결 앞에 무슨 말을 할 수 있으랴
       좋은 곳 가시어 행복하세요
       언제나 존경하고 사랑합니다

4-054 신록이 우거지는 한적한 곳에
       착하고 어여쁜 분 묻혀 있다네
       그대는 늘 이렇게 말이 없어도
       꽃은 피고 새도 와서 울어대겠지

4-055 영원히 마음속에 살아있으리
       당신의 학식과 용기있는 삶
       대중들 가슴 치며 그리워하니
       서둘러 極樂갔다 往生하시길

4-056 그대와 많은 밤을 함께 했으나
       오늘 밤이 지나면 헤어진다네
       함께할 땐 참된 모습 알지 못하고
       떠난 뒤에 빈자리만 크게 느껴요

4-057 세상의 모든 꽃들 피었다 지나
       그대 명성 언제든 빛날 것이라

마음 아픈 사람들 통곡소리도
지상에선 오랫동안 들리겠네요

4-058 우리도 언젠가는 떠나겠지요
그날은 마주앉아 한잔합시다
고운님 애절하게 떠나보내며
젖어있는 하늘만 한없이 보네

4-059 성취하려 노력했던 아름다운 꿈
오늘로 모든 것이 물거품이라
하늘이여 이 사람 데려가려고
하늘이여 우리들을 버렸나이까

4-060 모두가 참담하고 미안한 마음
그래서 우리는 친구가 됐죠
영원히 그 뜻을 계승하리니
극락세계 가셨다 왕생하시길

4-061 시간이 지날수록 더욱 그리워
말없이 눈물만 흘리는구나
영결이라 다시 볼 수 없단 생각에
가슴치며 한없이 울기만 하네

4-062 가슴에 큰 구멍이 뚫린 듯하고
울컥 울컥 울음을 그칠 수 없네
맘속으로 매우 크게 의지했던 분
이별 앞에 가슴만 미어집니다

4-063 이생에서 못 이뤘던 원대하고 깊은 뜻
　　　 반드시 다음 생엔 마음껏 이루시길
　　　 우리도 그 마음을 다 알지 못하지만
　　　 부끄럽지 않도록 최선 다해 살아가리

4-064 밝은 시절 크게 쓰임 기대했더니
　　　 애달퍼라 병으로 일찍 가셨네
　　　 황천10)엔 소식조차 아니 통하니
　　　 남쪽 하늘 바라보며 눈물 흘릴 뿐

4-065 여든을 다 못 채운 꿈결 인생 나그네
　　　 四大11)인연 벗으니 티끌 하나 없어라
　　　 어느 날 形影을 거두고서 돌아가니
　　　 空山의 長松위로 둥근 달이 걸렸더라

4-066 시간이 지날수록 깊어지는 아픔에
　　　 눈물은 하염없이 두 소매를 적시더라
　　　 우리 곁에 영원히 계실 줄만 알았으니
　　　 놀라움과 아픔은 더욱 깊이 파고드네

4-067 큰 생각 굳센 용기 따뜻한 마음
　　　 이제는 알았네요, 조금이나마
　　　 가슴이 답답하고 슬퍼지는 건

---

10) 黃泉 : 사람이 죽은 다음 그 혼이 가서 산다는 세상.
11) 四大 : 佛家에서는 세상 만물을 구성하는 地水火風의 네 가지 요소를 말하고, 道家에서는 우주에 존재하는 네 가지 가장 큰 것, 곧 道天地王을 이르는 말이다. 여기서는 물론 불가에서 말하는 사대이다.

당신을 존경하고 사랑함이라

4-068 이제는 더 이상 볼 수 없지만
온화한 그대 얼굴 잊을 수 없네
마음속에 깊이 새긴 진정한 거인
하늘에선 좋은 이웃 만났으리라

4-069 떠났기에 그대는 말이 없지만
우리는 그 마음 알고 있지요
모두가 고인의 명복을 빌며
내생에 다시 만날 기약을 하네

4-070 아름다운 그 인생 행복했지만
병이 들어 정신이 희미해지니
신명에게 빌어도 어쩔 수 없고
병원약국 찾아봐도 헛수고였네

4-071 가만히 앉았어도 눈물 흐르네
어머니를 볼 수 없단 생각만 해도
사랑하는 사람이여 이제는 안녕!
아름다운 사람이여 이제는 안녕!

4-072 갑작스런 이별에 가슴이 아파
오늘은 아무 것도 할 수 없네요
너무도 허전하고 그리워져서
맥없이 빈 하늘만 쳐다봅니다

4-073　소중한 이 함께할 땐 모른다는 말
　　　　이제야 새삼스레 실감이 나네
　　　　떠나간 후 한 없이 그리운 것도
　　　　오늘에야 참으로 실감이 나네

4-074　허전하고 벌써부터 그립습니다
　　　　당신의 빈자리가 이렇게 큰 지
　　　　예전엔 왜 모르고 살았었는지
　　　　먼 곳으로 떠나가신 우리의 영웅

4-075　파란 하늘 변화한 길 수많은 사람
　　　　푸른 산과 흰 구름 지저귀는 새
　　　　모든 것들 보이거나 들리지 않네
　　　　사랑하는 당신이 곁에 없으니

4-076　적막한 인간 세상 떠나가시니
　　　　술독과 난초 모두 보물 되었네
　　　　보기가 싫어진 게 너무 많아서
　　　　서운한 마음으로 구천 향했나

4-077　우릴 두고 어디로 가시렵니까
　　　　그대는 등불이고 희망이었네
　　　　혼백은 천국으로 떠났다지만
　　　　저희는 오늘 당신 가슴에 묻네

4-078　오늘도 내 마음이 어수선하여
　　　　수만 가지 생각이 맴돌고 있네

살았을 땐 몰랐어요 진실한 마음
떠나신 후 알았네요 위대한 사랑

4-079 믿고 싶지 않아서 외면했는데
이제는 영결을 피할 수 없네
그 곳에선 더 이상 고통없기를
간절한 기원 속에 떠나보내네

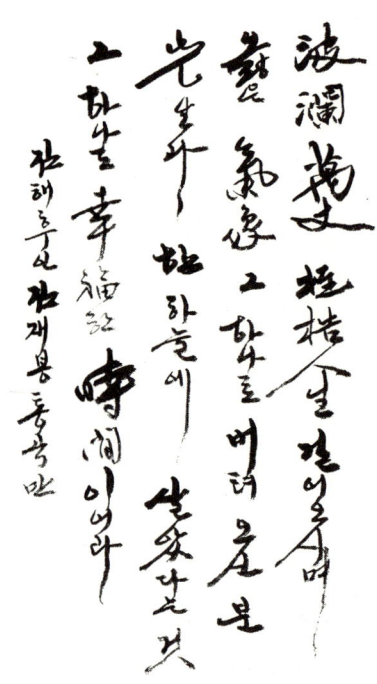

圖39. 4-349
〔글씨〕이촌 김재봉

4-080　당신의 모습과 그 모든 향기
　　　　우리들 가슴마다 영원히 남아
　　　　늘 이렇게 이 땅에 맴돌겠지요
　　　　그대를 어찌 차마 전송하리까

4-081　맑은 마음 풍진을 벗어났더니
　　　　바람 타고 갑자기 날아가 버려
　　　　울음소리 하늘 끝 울려 퍼졌고
　　　　남은 사람 마음만 슬프게 하네

4-082　부귀가의 자녀로 태어났으나
　　　　세상복록 오래도록 누리지 못해
　　　　자손없이 쓸쓸히 돌아갈 줄야
　　　　인간사 참으로 알 수가 없네

4-083　맑고도 굳은 신념 잃지 않았고
　　　　불의와 타협않은 꿋꿋한 사람
　　　　살아가며 언제나 존경했지요
　　　　후인들도 당신을 기억하리라

4-084　위대한 이 보내기 너무 아쉬워
　　　　하염없이 눈물만 흘리고 있네
　　　　이제부턴 시기 모함 없는 곳에서
　　　　평안하고 즐겁게 지내시구려

4-085　함께했던 紙筆墨 여전하건만

　　　　떠나간 빈자리 가슴 아파라
　　　　조문하러 모여든 사람들 속에
　　　　나도 몰래 흐르는 서글픈 눈물

4-086　멀리 살아 얼굴 보기 어려웠는데
　　　　병중에 그대 訃音 들려오누나
　　　　輓詞를 쓰는데 눈물 쏟아져
　　　　해가 진 어둔 하늘 바라보았죠

4-087　수려한 외모에 浩然한 기상
　　　　좋은 인재 곁에 있어 좋아했는데
　　　　갑작스런 영결에 넋이 찢어져
　　　　세상만 원망하며 울먹거리네

4-088　낡은 절 싸늘한 밤 흰 구름 흘러가고
　　　　작은 배 강바람에 백설이 흩날리네
　　　　근래 뵙지 못했는데 세상을 뜨셨다니
　　　　언제라도 꿈속에 만날 수나 있을지

4-089　호남에서 얼마 전에 헤어졌는데
　　　　영남에서 타계 소식 전해오누나
　　　　어찌하여 세상사가 이렇든가요
　　　　서글픈 노래 소리 눈물에 젖네

4-090　작별할 때 야윈 모습 가슴 아프고
　　　　꿈속에 든 혼백조차 쓸쓸했더라
　　　　살다보면 누구든지 한 번 죽지만

요즘에 남은 수재 몇몇 안 되니

4-091 오뉴월 초목들은 활짝 피어 번화한데
風雪에 당당했던 노송이 스러졌네
젖은 얼굴 겨우 들어 저문 하늘 바라보니
새 한 마리 먼 하늘을 유유히 날아간다

4-092 자연스런 언행 속에 법이 있었고
최선 외엔 아무런 사심 없었지
재치있고 현명한 사람이건만
뜻밖에 슬픈 소식 전해오누나

4-093 병 한 번 들었다고 바로 가다니
허무한 생 바람 앞의 촛불이로다
수재인데 이렇게 夭折케 하니
푸른 하늘 사람에게 너무 모지네

4-094 청렴하고 젊은 인재 거두어가니
이 또한 국운이 아니겠는가
국민들 거리에서 통곡을 하며
잔인한 하늘의 도 믿지 못하네

4-095 장례식장 영구차 멀어져가니
힘써왔던 모든 일도 물거품이라
속절없이 작별의 말 생각하는데
붉은 해 서산으로 떨어지누나

4-096 직장에선 동료들과 교분 두텁고
　　　 마을에선 서로가 다정했는데
　　　 자연의 生滅변화 따라 갔으니
　　　 글 한 줄 다 못 쓰고 얼굴이 젖네

4-097 동산에 뜬 휘영청 밝은 보름달
　　　 그대 집을 여전히 비추고 있고
　　　 서책에 그대 언행 전해지나니
　　　 황천길이 막혔다고 말하지 말게

4-098 덕성은 바다처럼 깊고 깊었고
　　　 품행은 산악처럼 높디높았네
　　　 平生 처음 흘리는 장부의 눈물
　　　 좋은 세상 앙망했던 간절함이라

4-099 평소에도 좋아하고 각별했는데
　　　 꿈에서도 늘 그렇게 만나왔는데
　　　 어떻게 알았으랴 그날 헤어짐
　　　 영원한 이별로 내게 닥칠 줄

4-100 인간사 哀榮을 논할 것 없네
　　　 그 모두가 天機의 운행이라오
　　　 새들이 지저귀고 날아가듯이
　　　 사람들이 오고 감도 그러하리라

4-101 뜰 안에는 蘭玉이 빼어났었고

　　　　방안엔 성현서책 가득했는데
　　　　공허한 마음에 하늘을 보니
　　　　잿빛 구름 어둠에 쓸쓸하더라

4-102　천지가 太極 기운 베풀어 줘서
　　　　우리에게 훌륭한 분 보내셨는데
　　　　무슨 변화 생겨서 그러했는가
　　　　젊은 사람 다시 또 불러갔구나

4-103　林泉에 정 붙이고 산다했는데
　　　　오늘 이리 만장글귀 쓰게 될 줄야
　　　　그대 고풍 우주 안에 남아 있으니
　　　　한 平生 그리움도 끝이 없으리

4-104　놀래라 그대 이리 떠나가다니
　　　　소식 듣자 정신이 몽롱해졌네
　　　　남쪽 향해 하염없는 슬픔에 젖어
　　　　구천에서 만나기만 기대한다오

4-105　인생 백년 살다보니 너무도 짧고
　　　　삶의 인연 깊어야 한 잔 술인가
　　　　어제 만나 다시보자 약속했건만
　　　　이렇게 그대 먼저 떠나셨구려

4-106　그 누가 알았으랴 막걸리 잔에
　　　　영결의 깊은 시름 담겨있을 줄

함께하고 즐거워할 사람 없음에
침묵하는 하늘마저 원망스럽네

4-107 들어 보게 至親들의 애끊는 마음
부모나 자식들은 더할 것이라
결국에는 모두가 돌아갈 그 길
오늘 그대 전송하며 눈물 흘리네

4-108 말세라 풍속도 갖가지지만
참으로 진국 같은 사람이었지
착한 사람 장수한다 전해왔는데
어찌 그리 서둘러 떠나가셨나

4-109 황당해라 그대 이리 떠나가다니
눈물만 흘리면서 말도 못하네
어느 누가 예리한 칼을 갈아서
깊이 서린 나의 한을 도려내 주랴

4-110 생전에 겸손하여 존경받았고
장수에 복덕도 겸전했었지
게으른 나 알아주심 고마웠기에
몇 글자 마음 담아 輓詞를 쓰네

4-111 우주간에 모두가 외로이 사니
장수와 요절이 다를 게 없네
그대를 전송하며 흘리는 눈물
누구 위해 수건을 적시는 건지

4-112　하늘이 하시는 일 알 수 없어라
　　　　세상사 기대와는 어긋났다네
　　　　어쩌다 병이 깊어 그리 되었나
　　　　그대 삶을 얘기하다 눈시울 젖네

4-113　그대여!
　　　　달이 되어 어두운 곳 비춰주소서
　　　　이불 되어 추운 사람 덮어주소서
　　　　비를 내려 메마른 땅 적셔주소서
　　　　바람 불어 답답한 맘 식혀주소서

4-114　좋은 직장 그만두며 귀향했으나
　　　　온갖 풍상 견뎌 낸 장송 같은 분
　　　　사람삶이 어찌 이리 허망하던가
　　　　찰나간의 유성처럼 떠나가셨네

4-115　어느 날 바람 불어 쓰러진 나무
　　　　풀 우거진 언덕에도 서리 내렸네
　　　　집안끼리 통하는 정 얕지 않으니
　　　　서글픈 눈물로 전송한다네

4-116　생각하면 그 옛날 시골에 살며
　　　　담소하고 의젓하신 풍채 뵈었죠
　　　　건강관리 잘하신다 생각했는데
　　　　어찌하여 갑자기 떠나셨나요

4-117　인간 세상 꿈결같이 잠깐 왔다가
　　　　천만년 지하로 돌아갔구나
　　　　뒷동산 고개위에 늙은 소나무
　　　　지는 해 바라보며 쓸쓸히 섰네

4-118　무정하게 흐르는 물거품 인생
　　　　이제는 생전모습 볼 수 없구나
　　　　늦가을 찬바람에 부치는 만사
　　　　모두가 허망한 일 부질없는 일

4-119　어찌 알랴 그 헤어짐 영결이란 걸
　　　　우리 여생 부질없고 애석하도다
　　　　오래도록 자주 만나 행복하자던
　　　　그 때의 그 말씀이 귓전 울리네

4-120　높은 뜻과 그 노력은 가상했지만
　　　　말로에 모든 일이 어려웠다지
　　　　고통속에 살다간 서글픈 인생
　　　　지인 모두 눈물 젖어 전송을 하네

4-121　며칠 전에 전화 와서 기뻐했는데
　　　　오늘은 訃音이 문자로 왔네
　　　　유명에 길이 막혀 왕래 못하니
　　　　눈물로 정을 실어 輓詞부치네

4-122　하찮은 병환으로 떠나셨으니
　　　　영원히 가신건지 믿을 수 없네

　　　　신선들 노는 곳 구경 갔다가
　　　　며칠 후에 날 부르며 돌아오시리

4-123　그대 유언 자녀들이 받들겠지만
　　　　숨은 공은 세상에 알사람 없네
　　　　가을바람 오늘따라 더욱 거세고
　　　　저녁기운 어둑어둑 침울해지네

4-124　그대 천성 언제나 순수했었고
　　　　마음도 변함없이 따스했는데
　　　　하늘은 어찌 그리 무심하실까
　　　　이별 소식 너무 슬퍼 들을 수 없네

4-125　병들자 몰라보게 여위어진 몸
　　　　어려워서 끼니조차 어려웠다지
　　　　저 멀리 그대를 전송하는데
　　　　수양버들 가지마다 서러운 봄빛

4-126　세상만사 속절없는 뜬구름 같아
　　　　외로이 살아가는 쇠잔한 생애
　　　　고적한 산기슭에 몸을 거두니
　　　　살던 집도 차츰차츰 무너져가네

4-127　태산이 무너지니 어디를 보랴
　　　　하늘은 멀고멀어 알기 어렵고
　　　　좋은 사람 땅에 묻힘 볼 수가 없어
　　　　차라리 먼 산위만 바라본다오

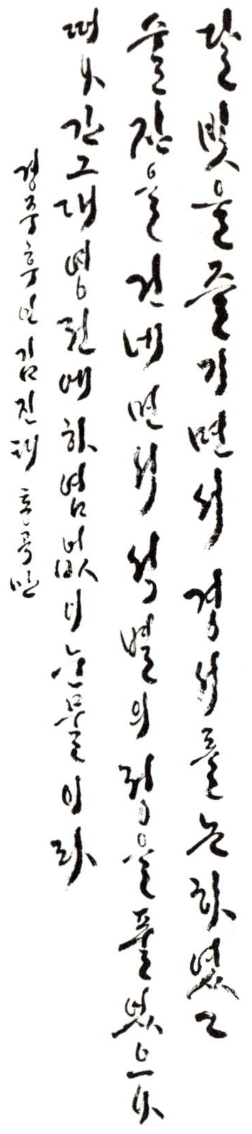

圖40. 2-282
〔글씨〕 월당 김진태

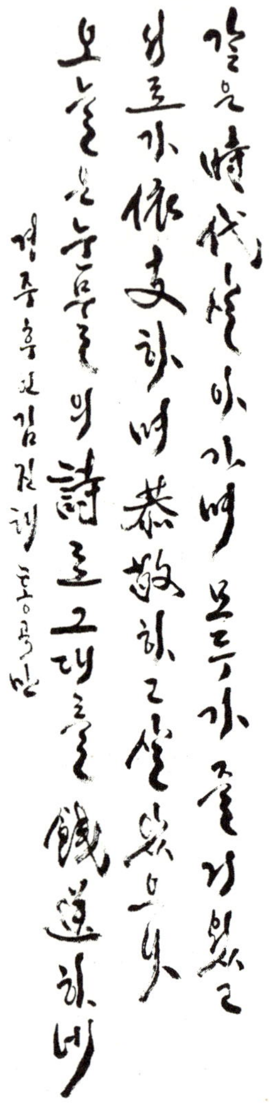

圖41. 4-013
〔글씨〕 월당 김진태

4-128 오십년 인간의 얽힌 자취가
       어느덧 고금의 일이 됐구나
       세상사 어찌 여기 이르렀는가
       소리 없는 눈물만 흘러내린다

4-129 부귀는 유감없이 누렸다지만
       애석한 건 장수하지 못했음이라
       구천에 간 그대 걱정 짐작이 되네
       백발의 노부모가 살아계시니

4-130 덧없는 인생이라 뿌리 없지만
       그대 죽음 어이 그리 잘못되었나
       하늘이 치우치게 재앙 내리니
       사람들이 선과 악을 어찌 알까요

4-131 착한 이가 복 받음도 꼭은 아니요
       악한 사람 벌 받음도 꼭은 아니라
       어리석건 현명하건 무덤 하나뿐
       壽命長短 福德多寡 따질 것 없네

4-132 단 한 번 만났지만 마음이 맞아
       수만리 먼 곳에서 소식 전했지
       덧없는 人生이라 뿌리 없지만
       訃音을 듣고 나니 너무 허전해

4-133 살고 죽고 오고 감이 환상 같으니

　　　　무엇에 집착하여 한탄을 하랴
　　　　오늘 그대 떠나가는 시간이 되니
　　　　내 마음은 어찌 이리 아득한 건지

4-134　굳은 節操 지키면 세상살이 쉽지 않고
　　　　높은 재주 지녔으면 세상사람 시기하네
　　　　수려한 외모에 자상하신 언행들
　　　　그런 사람 요즘에 다시 볼 수 있으려나

4-135　音聲은 뜬구름과 함께 갔으나
　　　　姓名은 세상에 오래 전하리
　　　　천년후도 업적은 남아 있지만
　　　　다시는 그 모습을 대할 수 없네

4-136　혼탁한 물결 속에 청렴하였고
　　　　모두가 취한 중에 홀로 깨었지
　　　　험하든 평탄하든 절개 지켰고
　　　　선배에건 후배에건 정성 다했네

4-137　새소리는 슬프게 문 앞에서 들리고
　　　　꽃 그림자 천천히 섬돌위로 올라오네
　　　　고요하게 사셨던 그대를 생각하곤
　　　　마음을 진정하며 눈물 한 줄 전한다오

4-138　세속 인연 얕은 몸 허무하기 그지없어
　　　　빠른 인생 어느새 九原으로 돌아갔네
　　　　떠도는 넋 행여나 고향 길을 안다면

우리 함께 놀던 곳 자주 들러 주시게나

4-139   어쩌다 세상 온 건 꿈이었구려
       홀연히 돌아가니 형적 없어라
       강물은 흘러 흘러 끝이 없는데
       그대는 어디 가서 노닐고 있나

4-140   그대 편지 안고서 눈물 흘리고
       銘旌[12]을 쓰면서 실감했었지
       함께했던 지난 일을 문득 생각나
       참으로 영결인가 의심했다네

4-141   혼탁한 세상사 다투지 않고
       유유자적 萬壽를 누리셨도다
       지하에서 만날 날 멀지 않으리
       그 때 우리 다시 만나 술 한 잔 해요

4-142   인간사 榮枯盛衰 비구름 같고
       세상인정 변덕을 알 수 없어라
       이렇게 허무한 인연이 있나
       가을저녁 통곡소리 애달프구나

4-143   붉은 해 떨어지는 매정한 세월
       이별의 찬바람에 한숨만 기네

---

12) **銘旌** : 장례식에 쓰이는 붉은 천에 흰 글씨로 죽은 사람의 관직이나 **姓名** 따위를 적은 弔旗.

몸부림에 통곡한들 그 무슨 소용
이제는 끝나버린 허무한 세상

4-144 　속박굴레 일찍 벗고 物外에 놀며
십년을 산림에서 편히 지냈네
그렇게 시를 쓰고 글 읽었는데
갑작스런 訃音이 믿기 어려워

4-145 　타고난 그대 命運 이뿐이라면
가고 옴을 슬퍼한들 어쩌겠는가
이리 급히 우리곁을 떠나는 것도
저승에 명필문장 없어서겠지

4-146 　문성이 떨어져 괴이했는데
세상에는 어진 인재 잃어버렸네
나라를 근심하는 아픈 생각에
눈물로 잿빛 하늘 바라본다오

4-147 　공손하고 현명하며 부지런하니
세상살이 저절로 화락했더라
갑자기 黃鶴 타고 신선이 되니
붉게 물든 서산 노송 쓸쓸하여라

4-148 　부인이 달에서 기다린다니
소식 듣자 무작정 따라갔구나
그렇다고 이 많은 인연 버리나
아무튼 그곳에서 행복하게나

4-149　만날 약속 가까워져 좋아했는데
　　　 조물주 맘 이토록 인색했었나
　　　 다가가면 잡힐 듯한 어여쁜 그대
　　　 따라가도 잡지 못할 그댄 바람결

4-150　붉은 해 떨어지는 서울의 저녁
　　　 구슬피 바람 부는 한강의 가을
　　　 앞으로 다시는 볼 수 없음에
　　　 이렇게 앉아서 울고 있다네

4-151　의지할 형제도 하나 없는데
　　　 홀연히 이승 저승 달리했구나
　　　 얼마나 허망하고 상심했을까
　　　 저문 하늘 날아가는 작은 새 하나

4-152　天機13)의 운행을 그 누가 알까
　　　 부평초 같은 몸 떠나갔구나
　　　 구름은 내 슬픔 아나 모르나
　　　 한가로이 빈 하늘 서성거리네

4-153　젊은 시절 出衆한 집안 자제로
　　　 근실하게 成功街道 달려왔지만
　　　 천명인가 하늘의 시샘이던가
　　　 어찌 그리 급하게 떠나셨던가

---

13) 天機 : 하늘이나 임금이 비밀히 내리는 명령이나 나라의 기밀.

4-154　인간에게 五福을 다 갖추기 어렵건만
　　　　그대는 어느 하나 부족한 게 없었다네
　　　　性情도 寬厚해서 모든 사람 좋아하나
　　　　지상에선 그 모습 다시 볼 수 없어라

4-155　세상 일 참으로 알 수가 없네
　　　　허깨비 변화하듯 돌아가누나
　　　　슬그머니 착한 사람 불러갔으니
　　　　허탈함에 그저 눈물 흐르는구려

4-156　그대는 할 일을 다 마친 사람
　　　　어디 있든 거리낄 게 없을 것이나
　　　　쓸쓸하게 초목만 무성한 묘지
　　　　그대가 있을 곳이 정녕 아니지

4-157　살아가며 의지하며 사랑했는데
　　　　정말로 이렇게 떠나시나요
　　　　가슴이 찢어지고 피눈물 나네
　　　　고마워요 당신 있어 행복했어라

4-158　만났다 헤어짐에 마음 아파라
　　　　죽고 삶이 이승저승 갈라놓았네
　　　　적선하신 분이라 명복 받겠고
　　　　맑은 이름 오래도록 깎임 없으리

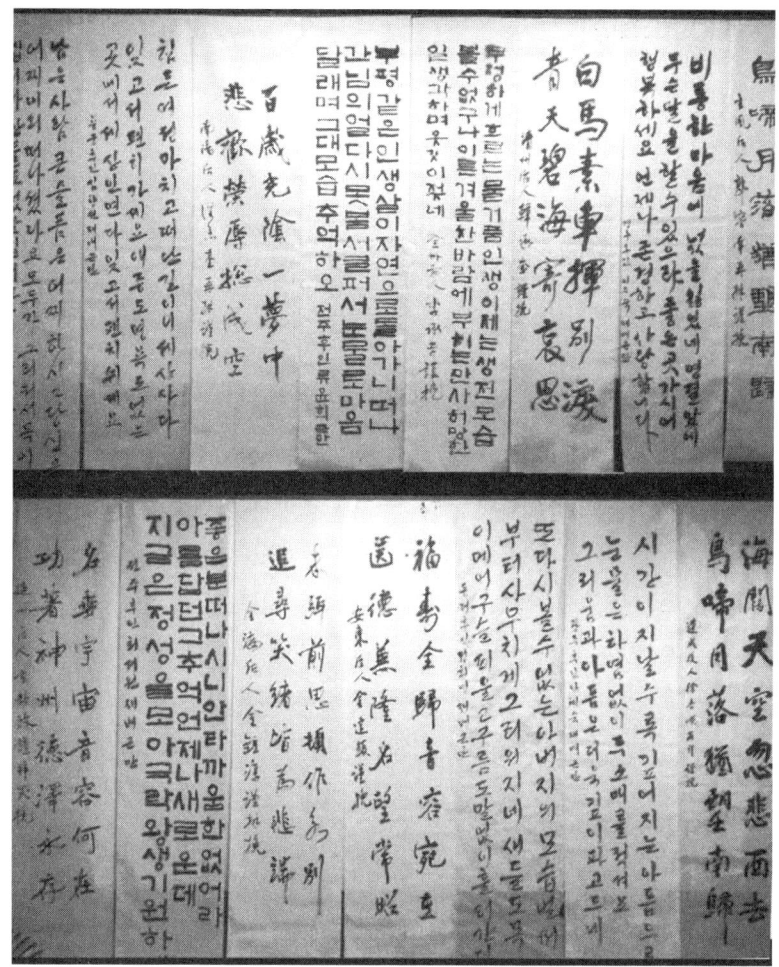

圖42. 장례식장의 만장　　　　　　　　　　〔사진〕 단운 강윤정

이 역시 얼마전 장례식장에 걸었던 만장사진이다. 어떤 사람은 추도의 글을 몇장의 천에 줄줄이 적기도 했고 어떤 사람은 간단하게 몇마디로 글을 쓰기도 했는데, 길든 짧든 어느 것이나 사람들에게 깊은 인상을 남겼다. 형식적인 절차의 노련함보다 조금 미숙하더라도 마음 깊은 곳으로부터 우러나오는 슬픈 마음속에 고인을 전송하는 가장 아름다운 상장례가 담겨 있을 것이다.

2. 父母挽詞

4-159   어떻게 가셨나요 저 어린 것 남겨두고
       슬픈 일 모르고서 장난에만 몰두하네
       천국에 가시더라도 굽어 살펴 주소서

4-160   당당하던 그 모습 우리 가족 편안했고
       든든한 당신 덕에 부족함을 몰랐는데
       오늘은 피눈물 되어 넋을 잃게 하누나

4-161   모진 고통 견뎌내고 갖은 역경 이겨낸 뒤
       이제는 살만하다 주위사람 말했는데
       어린 것 남겨두고서 떠나실 수 있었나요

4-162   은혜만을 받고서 해드린 게 없는데
       당신과 함께해서 너무나도 좋았네요
       아직도 유품을 보면 엄니 얼굴 떠올라

4-163   부친상 일 년 만에 다시 만난 모친상
       외로운 이 몸은 이제 누굴 의지하나
       나무 위 새소리조차 통곡으로 들려오네

4-164   우로에 메말랐던 초목이 젖어들 듯
       티끌 같은 이 몸에 산악 은혜 입었는데
       영원한 이별을 맞아 슬픔에 잠기누나

4-165　한없이 강인해서 꿋꿋할 줄 알았는데
　　　 언제나 자상하게 우리 곁에 계셨는데
　　　 홀연히 신선이 되어 하늘백성 되셨구나

4-166　당신이 있었기에 오늘 영광 이어졌고
　　　 든든한 그늘에서 불행조차 몰랐는데
　　　 오늘은 슬픔에 젖어 넋을 잃고 말았네

4-167　진실한 맘 숭고한 뜻 아름다운 행동들
　　　 오로지 자식위해 희생하신 모든 땀
　　　 잠시간 눈물만으로 어찌 그에 보답하리

4-168　아이가 이제 겨우 품안을 떠났는데
　　　 그대 걸음 어찌하여 황천으로 향하는가
　　　 냇물도 밤새워 울고 새들도 곡을 하니

4-169　좋은 것은 자식 먼저 고통은 당신 먼저
　　　 어머닌 내 마음속 영원한 천사라오
　　　 철들어 효도하려니 세월조차 야속타

4-170　연원깊은 집안이라 인물들이 무성하고
　　　 복을 받은 신동들도 건강하게 자라는데
　　　 밤에는 밝은 별들이 그 집안을 비추더라

4-171　자손들이 현명하니 후한 복을 받았고
　　　 주변 사람 모두가 그 분 덕을 향유했지
　　　 별빛이 남극에 질 때 산새들도 통곡하네

4-172 성실하고 검소하게 자식위해 살았으며
       모든 행복 포기하고 평생을 사셨는데
       불초한 이 못난 자식 기대부응 못했어라

4-173 영화가 끝나기 전 재앙이 이어지니
       생이별의 지극한 정 母子에게 모였더라
       마음은 얽히고 놀라 달빛에도 부서지네

4-174 피와 땀 굳은살에 눈물겹게 일하셨죠
       우린 모두 고생없이 이렇게 자랐고요
       목매어 소리쳐 운들 소용없는 메아리

4-175 삶의 무게 깊은 주름 어느 누가 알아줄까
       웃음 짓는 영정사진 가슴 더욱 미어지네
       눈물로 가슴을 치며 우리 엄니 전송해요

4-176 부질없는 글 한 줄에 눈물 보태어
       사랑하는 우리 아빠 보내드려요
       우리 형제 우리 남매 화목하리다
       천국에서 편안하게 영면하세요

4-177 또 다시 볼 수 없는 아빠의 모습
       벌써부터 사무치게 그리워지네
       새들도 목이 메어 구슬피 울고
       흰 구름도 말없이 흘러만 간다

4-178 우리 위해 얼마나 힘드셨나요

모든 희생 당연하다 생각했는데
떠나신 뒤 늦게나마 알게 되었죠
어머니 불효자를 용서하세요

4-179 근검하여 집안을 번성시켰고
인재 많아 世人 모두 존경했었지
어느 날 밤 주무시듯 돌아가시니
우리 인생 거품처럼 허망하구나

4-180 힘들고 어려우면 생각나겠죠
오늘은 먼 길을 홀로 가셨네
고단하고 괴로운 맘 내려놓아요
아버님, 사랑하고 존경합니다

4-181 덕이 있어 훌륭한 자손이 많고
구십까지 정정해서 좋아했는데
대수롭지 않은 병에 돌아가시니
천지의 그 운행을 알 수가 없네

4-182 주름진 엄니 얼굴 그립습니다
나만을 믿어주던 유일한 사람
정말로 이렇게 보내야 하나
목이 메고 가슴이 절여오네요

4-183 이제는 참으로 헤어지나요
가족 두고 떠나신 당신의 마음
우리보다 얼마나 더 아프실까

당신 있어 너무나 행복했는데

4-184 준비없는 이별을 당면해보니
가슴이 찢어질 듯 아파옵니다
당신의 자식이라 행복했어요
함께했던 이 세상 즐거웠어라

4-185 가슴이 아픈 만큼 잊지 못해요
나의 영웅 나의 부모 사랑합니다
너무도 힘드네요 당신 없음이
하늘도 서글퍼서 어둠을 덮네

4-186 부귀영화 당대에 드물었기에
슬픔과 기쁨 모두 전해지겠지
자손들도 안타까워 서글피 울고
마을의 모든 사람 그리워하네

4-187 소외된 이웃을 돌아보시고
자신에겐 엄격하게 살아가신 분
아들 딸 부모 닮아 반듯했으니
하실 일 다 하고서 떠나셨군요

4-188 자식위해 그렇게 애쓰셨건만
오늘은 모두와 영결이라오
슬픈 바람 山林을 뒤흔드는데
間斷없이 흐르는 불효자 눈물

4-189 어진 얼굴 봄바람과 같았었는데
　　　수복 모두 갖추지를 못하였구나
　　　어진 아들 효성심 크기도 하지
　　　저리도 피눈물을 흘리고 있네

4-190 불혹의 나이니 짧은 인생길
　　　허무하게 살다간 꿈같은 세월
　　　집안에 홀로 남은 늙은 어버이
　　　긴긴밤 한이 맺혀 눈물 흘리네

4-191 하늘은 어둑어둑 달빛도 없고
　　　붉은 천에 흰 글씨 어머니 명정
　　　문상객들 오고가는 장례식장에
　　　오열하는 가족슬픔 너무 깊어라

4-192 부모를 잃은 몸 오직 눈물 뿐
　　　흘러간 자취는 흐린 안개 속
　　　제수를 진설하니 더욱 실감나
　　　부질없이 눈물만 떨구고 있네

4-193 조부모가 돌아가고 몇 해 안되어
　　　부모도 떠나가니 너무하시네
　　　고아가 된 아이들은 어이할거나
　　　하늘 일은 왜 이리도 매정하던가

4-194 낭군이 떠나간 지 얼마나 되었다고
　　　서둘러 따라가니 이 무슨 까닭인가

그곳으로 갔으니 서로 만나 봤겠지만
철모르는 저 아이들 그 누가 돌보려나

4-195 금슬 좋고 동기간에 우애 있었고
현명한 자손들 가득했었지
친척들 그 행실을 본받았지만
구천에서 꽃다운 넋 거두어갔네

4-196 여러 아들 모두 다 淸秀하여서
하나하나 옥에다가 구슬이라네
수복을 누리리라 여겼었는데
뜻밖에도 흉음을 전하는구려

4-197 파란이 흔들어도 꿈쩍 않았고
영욕이 거듭돼도 덕이 빛났네
하늘이 인재 거둠 한탄을 마라
현명한 아들 손자 든든하구나

4-198 천국에는 인재 얻는 즐거움 있고
지상에는 부모 잃은 슬픔이 있네
손때 묻은 물건들 그대로건만
훌륭한 그 모습은 보지 못하리

4-199 효도하고 勤愼함은 여전하셨고
자손에게 엄한 교훈 남기셨는데
세상을 등졌다는 돌연한 소식
이별노래 한결같이 처량하구나

4-200 그대 한 몸 희생하며 살아왔지만
       가족에겐 빛이 되고 기둥이었네
       이제는 속세시름 다 접으시고
       극락세계 가셨다가 왕생하시길

4-201 철부지 못난 자식 안아주시고
       험난한 가시밭길 마다않던 분
       무거운 발걸음에 어두운 밤길
       무정하게 우리 곁을 떠나셨네요

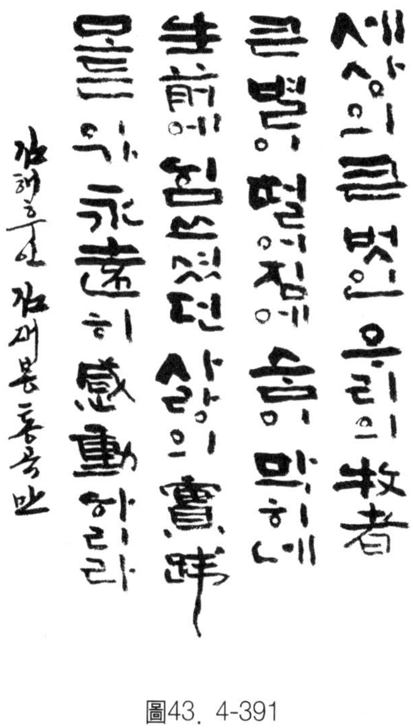

圖43. 4-391
〔글씨〕 이촌 김재봉

3. 女性挽詞

4-202　정숙하고 아름다워 주변이웃 본받았고
　　　　자손 모두 빼어나서 후한 복록 누렸는데
　　　　천수를 누림도 없이 젊어서 떠났는가

4-203　마을에선 누구나가 예의범절 칭송하나
　　　　人命이 유한하여 영결을 하게 됨에
　　　　눈물로 輓詞를 지어 크나큰 덕 기리누나

4-204　여인의 법도 지켜 늘 바르게 살아왔고
　　　　유순한 마음에 솜씨마저 좋았었지
　　　　세월이 오래되어도 이런 사람 없으리라

4-205　음악이 멈춘 방에 달빛이 찾아들고
　　　　떠나간 부인 따라 학 한 마리 날아가니
　　　　자식의 서글픈 눈물 모든 이를 울리누나

4-206　한 평생 衣食 걱정 몸 고생 마음 고생
　　　　많은 자식 가르치며 힘든 내색 없었지만
　　　　모두를 다 길러놓고 길 떠나신 어머니

4-207　근검으로 살림 꾸려 집안을 일으켰고
　　　　어여쁜 딸을 낳아 좋은 사람 짝 지웠지
　　　　젊어서 생을 마치니 어찌 이런 청천벽력

4-208 세상에 드물 만큼 五福을 누렸었고
　　　 마을에선 앞 다투어 부인언행 따랐는데
　　　 갑자기 모시고 갔네 아리따운 이 여인을

4-209 명가의 자손되어 엄한 교육 받았고
　　　 예의범절 분명한데 미모까지 갖췄으니
　　　 그 누가 부인을 보고 좋아하지 않으리

4-210 겸손하고 공경하니 인심 얻었고
　　　 근면하고 인내하니 넉넉한 살림
　　　 갑자기 알게 된 병 치료 어려워
　　　 이렇게 가족 곁을 떠나는구나

4-211 효성도 우애도 돋보였는데
　　　 한 평생 쌓은 공덕 허무하구나
　　　 젊은데도 이리 급히 떠나버리니
　　　 세상사 모두가 부질없어라

4-212 어여쁘고 작은 새여 높이 날아라
　　　 슬프고 여린 새여 편히 잘 가라
　　　 함께했던 지난 기억 행복한 시간
　　　 내생이 있거들랑 다시 만나자

4-213 살았을 적 영화야 어느 누가 부러울까
　　　 빠르게 흐른 세월 너무도 애석해라
　　　 아름답던 작은 꽃 섬돌에서 시드니
　　　 구름은 주저주저 주위 돌며 슬퍼하네

4-214 자녀가 이제 겨우 자립했는데
       깊은 산속 무덤으로 그대 떠났네
       부부간의 깊은 정 그 누가 알까
       산새들만 날아와 진종일 우네

4-215 취한 꿈은 진한 술에 깨지 않았고
       모든 일은 하루아침 티끌 되었네
       긴긴 날 그윽한 집 주인 없는 꽃
       주변에는 잡초만 무성해지네

4-216 일찍부터 만났다고 좋은 친구랴
       갓 만나도 뜻 맞으면 친한 친구지
       난초처럼 그대 이미 향기 있었고
       그 모습도 백옥처럼 어여쁜 사람

4-217 내외 친족 모두가 명가의 집안
       유년부터 명성을 떨쳤었는데
       어느 날 밤 갑자기 난초 시들고
       찬바람에 붉은 만장 펄럭거리네

4-218 젊어 만나 사랑하여 부부가 되고
       서로 믿어 한 평생을 살아왔지만
       어느 날 그대 홀로 떠나갔기에
       온갖 일이 일시에 멈춰 버렸네

4-219 코흘리개 시절부터 다정했는데
       成家하여 勤實하게 살았었는데

어진 부인 홀연히 떠나갔으니
어린 자식 가엾어서 어떡할까나

4-220   현명하고 고운 부인 슬기로움에
우리 부부 화목하게 잘 살아왔네
젊어 만나 백년해로 약속했건만
이제부턴 함께 하지 못하겠구려

4-221   모범 가정 훌륭하게 이끌었으며
조물주의 은택 역시 넉넉했더라
장수함에 별명은 왕노인이요
자식마저 모두가 명사들일세

4-222   구십이 넘었어도 건강했었고
성품도 정숙한 여인이었네
유수에 꽃 떨어져 소식 끊기니
석양마저 애달픈지 얼굴 붉히네

4-223   가문에는 경사가 면면히 이어졌고
五福은 끝까지 온전하게 누렸었지
향기로운 꽃과 함께 아름답게 피더니
어느 날 그 모두가 서리 앞에 스러졌네

4-224   고고한 그 풍채가 절로 드러나
맑은 마음 고운 자태 백설 같았네
仙鶴이 인간 속에 잠시 왔다가
인연 따라 저 하늘로 날아갔던가

追懷往事痛斷肝腸

南陽后人洪愚基謹挽

湖前塵情同骨肉

圖45. 5-009
〔글씨〕도곡 홍우기

海闊天空魚悲雨去兮
歸月流猶望南神

驪興后人閔永順再拜哭挽

圖44. 5-006
〔글씨〕청담 민영순

4. 師傅挽詞

4-225　마음속에 가장 빛난 별 하나가 떨어졌네
　　　　짧았던 만남에도 큰 가르침 주셨으니
　　　　선생의 고고한 정신 우리들이 이어가리

4-226　갑작스런 이별에 가슴이 먹먹하여
　　　　전송의 말도 못해 눈물을 흘리지만
　　　　큰 교훈 깊이 새기며 그대를 기억하리

4-227　떠나신 후 이리 큰 그리움을 알았다면
　　　　당신의 말 조금 더 귀 기울여 들을 것을
　　　　석양도 얼굴 붉히며 서산 뒤로 숨는구나

4-228　아는 것은 실천하고 행이 말을 앞섰으니
　　　　이처럼 고고한 분 언제 다시 있을 텐가
　　　　우리가 부르는 만가 황천까지 들리려나

4-229　한 백년 우리 스승 따르리라 정했건만
　　　　어떻게 알았으랴 금일의 애통함을
　　　　긴긴 밤 눈물 흘리며 어찌할 바 모르누나

4-230　자주 듣던 가르침 귀에 아직 생생한데
　　　　흩어져 놀란 영혼 다시 오기 어려워라
　　　　내 어찌 감당할까나 밀려오는 고독감을

4-231 유한한 현인은 하늘로 떠나가고
       불후의 훈명은 비석위에 새겼으나
       예전에 따르던 문생 백발노인 되었더라

4-232 태어나고 떠나감이 명운에 달렸지만
       자상하신 언행과 깊은 마음 회상하니
       옷깃을 적시는 눈물 금할 수가 없더라

4-233 등대와도 같았던 우리 삶의 선생님!
       깊은 마음 수없이 흘리셨던 땀과 눈물
       언제나 존경하는 님 추억하고 기억하리

4-234 먼 곳에서 글 배우러 사람들이 모여들고
       방안에선 좋은 얘기 들으면서 좋았는데
       그대가 떠나갔으니 무슨 낙이 있으려나

4-235 산천의 정기 모아 적당한 때를 찾아
       큰 선비 나셨으니 이 어찌 우연인가
       옛 도를 익히고 전한 훌륭하신 스승님

4-236 갑작스런 이별소식 이 무슨 청천벽력
       자상하신 그 모습 아직도 생생한데
       왜 이리 통한의 눈물 하염없이 흐르는지

4-237 따뜻한 마음씨와 온화한 말씀으로
       모두에게 희망주고 행복을 전했는데
       영결에 임하고 보니 가슴이 아파온다

4-238 크고 넓고 높은 뜻 기억합니다
　　　그대는 언제나 우리의 스승
　　　힘겹고 무거운 짐 내려놓고서
　　　천국으로 가셔서 행복하시길

4-239 선생님은 내 가슴에 길이 남아서
　　　위대함과 사랑으로 기억되리라
　　　그 인생은 멋지며 훌륭했었고
　　　나의 삶도 덕분에 윤택했었네

4-240 스승 자취 자연으로 돌아갔는데
　　　하늘엔 흰 구름도 함께 흘렀지
　　　바람소리 귓전으로 전해오는데
　　　들려주던 그 말씀 문득 떠올라

4-241 이 세상에 참 스승 몇몇이런가
　　　우리 선생 그중에서 우뚝하여라
　　　전해오는 동방의 맥 끊겨버리니
　　　그 어디서 높은 풍도 찾아보려나

4-242 좋은 말씀 듣고 싶어 기다렸는데
　　　평소 소원 이렇게 어긋났네요
　　　서산 위 노송에 걸린 붉은 해
　　　매정하게 재빨리 모습 감추네

4-243 떠나가니 추모의 맘 간절해지고
　　　사람 가니 道 역시 곤궁해지네

스승으로 모시고픈 평소의 소원
다시는 이룰 길이 없어졌구나

4-244　어찌하여 이런 사람 거둬갔는가
우리는 스승 잃어 애통하여라
영호남 사모의 정 끝이 없으나
유명간에 못 이룬 뜻 한탄스럽네

4-245　만족해라 베풀어라 최선 다해라
사랑한다 참 잘했다 행복하여라
자상하신 그 말씀 생생하건만
떠나셨단 소식에 그저 눈물뿐

4-246　하늘에선 文星이 떨어지더니
든든하던 대들보 부러졌구나
한 평생을 모시고 따랐었는데
우리 스승 이렇게 떠나실 줄야

4-247　하늘에 별빛이 사라지더니
인간세상 큰 스승 떠나가셨네
대한민국 천만세에 이어지도록
그 은택 후생들은 잊지 못하리

4-248　푸른 호수 가을 물 너무나 맑고
밤마다 산위에는 달도 밝은데
선생의 생전모습 문득 떠올라
고개 숙여 또 다시 눈물 흘리네

4-249 정밀하게 모든 문제 분석해왔고
       현묘한 이치 역시 통달하셨지
       후학 위해 길을 여신 평생의 뜻을
       우리들은 언제나 기억합니다

4-250 귀에 대고 일러 주신 다정한 말씀
       일찍부터 가슴에 새겨왔었죠
       저는 이제 누구에게 의지하나요
       막다른 길목에서 통곡만 하네

4-251 불쌍한 자 아픔을 더 아파했고
       억울한 자 슬픔을 더 슬퍼했네
       당신은 모든 이의 영원한 천사
       그대는 백성들의 진정한 스승

4-252 학식이 높으시고 겸손하신 분
       우리 모두 기억하고 존경합니다
       모든 초목 늘어져 슬픔 달래고
       산과 바위 한없는 침묵에 젖네

5. 親舊挽詞

4-253　그대가 보낸 편지 만난 듯이 기뻤는데
　　　　뜯어보니 세상 떠난 청천벽력 같은 소식
　　　　냇물도 내 맘 아는지 밤새도록 우는구나

4-254　오늘부터 그대와 영결한다 생각하니
　　　　쌓은 인연 허무함에 눈물이 쏟아지네
　　　　산새도 내 맘 아는지 서로 불러 우는구나

4-255　金蘭14)같이 굳은 정 평생을 함께 했고
　　　　꽃잎처럼 둘러앉아 玉酒淸談 나누었지
　　　　달 담아 즐겼던 홍취 술 한 잔에 시 한 수

4-256　대나무 깊은 숲에 술독 놓고 놀던 사람
　　　　겉모습도 예스럽고 속마음도 端雅터니
　　　　이제는 그 누구에게 그런 멋을 느끼려나

4-257　속상해라 우린 오늘 친구를 잃었다네
　　　　산새들 울어대고 구름마저 침울한데
　　　　한강물 눈물이 되어 한없이 흐르누나

4-258　영결에 임하여서 만시를 쓰다 보니

---

14) 金蘭: 친구 사이에 사귀는 정이 매우 두터운 상태를 비유적으로 이르는
　　말.

모든 일 다 헛되고 소리마저 구슬퍼서
옛 편지 꺼내보면서 그대 다시 추억하네

4-259 먼 곳이라 문상을 가보지도 못했으니
살아서나 죽어서나 친구의리 등졌구나
간절히 명복을 빌며 저승길을 전송하네

4-260 그대와 함께 놀던 마을 뒷산 오솔길에
매화꽃 피었는데 그대는 가고 없네
무상타 구름과 같이 오고가는 세상인연

4-261 학교에서 만났고 동고동락 하면서
천만 가지 세상사 행복했던 이야기
손꼽아 헤아려 보니 그 모두가 헛된 일

4-262 서로가 바쁘다고 잠깐 보고 헤어졌지
조금 더 할애해도 될 수 있는 시간인데
다시는 볼 수 없음에 마음 아픈 옛 추억

4-263 작은 시내 건너서 때때로 만났었고
일하고 담소하며 삶의 고뇌 나눴으니
예전 일 생각이 나서 눈시울이 젖는다오

4-264 오래전 만났을 때 옛 친구를 마주한 듯
부침하는 세월 속에 서로 잊지 않았는데
그리운 그대 영전에 스며드는 쓸쓸함

4-265 흉금을 열어놓고 만나면 늘 담소했고
       술잔에 달을 담아 때론 함께 취했었지
       어젯밤 헤어졌는데 오늘 아침 訃音인가

4-266 추운 겨울 이겨내니 들녘 가득 봄 햇살
       아름다운 신록으로 온 천지가 다 덮였네
       꽃피면 놀러가자던 그 약속 잊었는가

4-267 지팡이 함께 짚어 숲속을 거닐었고
       술잔을 부딪치며 笑談도 나눴는데
       俯仰間 過去之事라 泡沫같은 인생살이

4-268 우리는 왜 뒤늦은 후회를 하나
       우리는 왜 떠난 뒤에 크게 느끼나
       친구여, 그대 큰 뜻 기억하리다
       우리가 그대 큰 뜻 실현하리다

4-269 한적한 산속 초가 수없이 왕래하며
       맑은 가슴 오로지 나를 향해 터놓았네
       꼿꼿하던 젊은 인재 갑자기 떠나가니
       산새들도 내 맘 알고 함께 울어 주더라

4-270 갑자기 속세를 벗어났으니
       나의 친구 먼 곳에서 편히 놀겠지
       말을 엮어 멀리멀리 만사 쓰는데
       풀죽은 서산에 노을이 지네

4-271 술상 앞에 마주앉아 즐거웠는데
　　　 금일 급히 황천으로 떠나갔구나
　　　 눈물로 만사 쓰는 이날의 슬픔
　　　 하늘도 서글픈지 어둠을 덮네

4-272 義氣는 많은 인사 감동시켰고
　　　 명석하긴 현시대에 으뜸이었네
　　　 하늘이여 웬일로 불러 가셨나
　　　 세인 모두 안타까워 탄식하누나

4-273 한평생 부지런히 공부했으나
　　　 갑자기 병이 들어 떠나셨도다
　　　 평생의 뜻 모두가 허사가 되니
　　　 지인들로 하여금 탄식케 하네

4-274 달 아래 격론하던 밤도 있었고
　　　 술 들어 송별했던 때도 있었지
　　　 그 얼굴 그 모습 눈앞에 어려
　　　 홀로 앉아 하염없는 슬픔에 젖네

4-275 세상사에 고민하며 술 한 잔 했고
　　　 어느 날은 손을 잡고 놀기도 했지
　　　 그대 떠난 산하에는 흰 눈 내리고
　　　 남겨진 난 홀로 앉아 생각에 젖네

4-276 청산에 누운 그대 편하겠지만
　　　 머리 희어 외로운 난 가련하구나

　　　　한 백년 道義 교분 나누었는데
　　　　어인 일로 황천길에 먼저 갔는가

4-277　친구가 돌아와 기뻐하던 날
　　　　쓸쓸하던 내 마음도 새봄 만났지
　　　　그 어찌 알았으랴 다급한 소식
　　　　이렇게 이별하며 눈물 적실 줄

4-278　도서관에 함께 앉아 책장 넘기고
　　　　한가한 날 소주잔도 기울였는데
　　　　황천길 갑작스런 이별을 하니
　　　　우리네 인생살이 너무 허무해

4-279　오랜 세월 가까이 만났었지만
　　　　사귐은 담백하고 진실했다네
　　　　뜻밖에 유명을 달리했으니
　　　　어지러운 세상사 예측 못하네

4-280　무능한 나를 오래 알아주었고
　　　　살펴주고 친했으니 고마웠어라
　　　　붓을 들어 오늘 쓰는 四行의 글은
　　　　늙은이가 쏟아내는 구슬픈 눈물

4-281　일찍이 서로 만나 마음 맞아서
　　　　오랜 세월 지내오며 교분 쌓았네
　　　　하늘에 뜨고 지는 밝은 달만이
　　　　우리의 안타까움 알아주리라

4-282 　높은 재주 고운 심성 가졌으면서
　　　그대는 어찌하여 떠나가셨나
　　　모든 이의 통곡소리 들리지 않소
　　　오늘은 왜 이렇게 냉정하신가

4-283 　생각하면 입가에 번지는 미소
　　　기억하면 눈가에 머무는 미모
　　　상상하면 코끝을 스치는 향기
　　　感觸하면 몸으로 전하는 온기

4-284 　홀연히 風塵을 벗어났으니
　　　지금은 아득한 곳 가서 놀겠지
　　　말을 이어 만사를 부치긴 하나
　　　친구와 깊이 든 정 거두지 못해

4-285 　서울에서 각각의 길 헤어진 뒤로
　　　전화로 서로 소식 주고받았지
　　　내 마음 이해해준 좋은 친구라
　　　헤어지는 시간마다 아쉬워했지

4-286 　맑은 가문 오래도록 榮落한 끝에
　　　시골에 몸 부친 신세였지만
　　　자자손손 모두가 현달했으니
　　　구천에 묻혀서도 평안하리라

圖46. 5-127
〔글씨〕 도곡 홍우기

圖47. 5-207
〔글씨〕 청담 민영순

4-287 달밤에 세상사를 이야기 했고
       술 마시며 많은 얘기 나눴었는데
       사라진 그 모습 어른거려서
       홀로 앉아 하염없는 슬픔에 젖네

4-288 어떤 일도 시절을 잘 만나야지
       인생의 榮枯盛衰 모두가 그래
       서로 알고 그토록 친했었는데
       늙기 전에 우리 벌써 영결이로고

4-289 한때는 호남에서 이웃하며 지냈으니
       충청에서 뜻밖 만남 필연이라 생각했지
       모임이 있을 때면 신경 써서 찾았는데
       바람 앞의 등불같은 천지운행 냉정해라

4-290 지금 일과 옛것을 얘기도 했고
       가슴 속 답답함을 털어놓았지
       십여년 세월 두고 相從하면서
       내 속이 보일 만큼 친밀한 사람

4-291 나의 벗과 얼마나 친했었던가
       몇 번이나 마주앉아 얘기했던가
       그대 주변 기물에는 먼지 쌓였고
       친했었던 사람들도 많이 떠났지

4-292 문장 도덕 온전히 겸하였나니
       예를 묻고 시 듣기 오십년이라

　　　　　한 곡조 연주한들 누가 들을까
　　　　　백아처럼 거문고줄 끊으려하네

4-293　오랫동안 근처 살며 그대와 함께
　　　　　바둑과 술 담소하며 從遊했는데
　　　　　오늘은 혼자 남아 쓸쓸하구나
　　　　　잔들어 그대 명복 빌어본다오

4-294　그대는 덕 있는 이 존경했는데
　　　　　하늘 문득 어진 이를 뺏어갔구나
　　　　　당당한 그 모습을 어찌 또 보랴
　　　　　나라 위한 충정에 눈물 흘리네

4-295　그대는 참으로 좋은 선비요
　　　　　자손들도 진실로 비범하구나
　　　　　가풍 잇고 학문을 이어갔으나
　　　　　청렴하니 생계가 어려웠었지

4-296　生死存亡 早晩이 있을 뿐이고
　　　　　서로 도가 같으면 친구라 했지
　　　　　그렇게 이해하며 정을 나눔에
　　　　　오늘 더욱 그대가 보고 싶구려

4-297　험난한 길 헤어져 살아왔으나
　　　　　속세의 영욕에는 마음 없었지
　　　　　얼마 전 그대가 떠났단 소식
　　　　　조문도 못하고 서글퍼 우네

4-298 그대와 나 세상에서 오래 친하여
　　　 담소하고 장난하며 흉금을 텄지
　　　 갑작스레 먼 곳으로 떠나갔지만
　　　 영정사진 보면서도 믿기지 않네

4-299 늙도록 오가면서 함께 지내고
　　　 행복하게 살자며 약속했건만
　　　 그대가 날 버릴 줄 생각했으랴
　　　 그 꿈도 허망하게 변해버렸네

4-300 당신을 볼 수 없단 생각을 하니
　　　 너무나도 가슴이 미어집니다
　　　 친구와 함께했던 즐거운 일들
　　　 그 모두가 슬픔으로 바뀌었구나

4-301 生前에 못해준 것 생각만 할 뿐
　　　 떠나간 나의 벗 잡지 못하네
　　　 조만간 저승에서 만나거들랑
　　　 淸酒濁酒 구분 말고 한잔하세나

6. 文人挽詞

4-302　생전의 그대 생각 기이하고 뛰어나나
　　　　불현듯 떠나감에 모든 것이 허무하다
　　　　사람은 떠난다 해도 그 예술은 무궁하리

4-303　古今을 관통했고 학문 역시 통했으며
　　　　天人을 꿰뚫으니 유림 중에 으뜸인데
　　　　아쉽게 떠나갔으니 이런 슬픔 또 있으랴

4-304　筆力이 飛騰하니 백학이 춤을 췄고
　　　　詩文이 기발하니 귀신마저 감동했지
　　　　恩義도 많은 이에게 사무치게 베푸셨네

4-305　붓 아래 풍운일어 필획마다 奇奇妙妙
　　　　예술은 남았건만 사람은 볼 수 없어
　　　　이슬이 씻긴 하늘에 새벽달도 슬퍼하네

4-306　세상 놀랄 문장에 이백두보 연상했고
　　　　연기 따라 갔으니 신선으로 알았다네
　　　　천지도 환영하는지 하늘엔 붉은 노을

4-307　저승가는 행차가 어찌 이리 급했나요
　　　　늙어도 건강했고 풍채도 좋았는데

글씨가 遒勁端雅해 하늘에도 소문났나

4-308　문장이 심오하고 실천궁행 남다르나
　　　　붕새의 힘찬 날개 어찌 이리 꺾었는가
　　　　격정에 뿌리는 눈물 내 슬픔만 아닐지니

4-309　정신은 영명하고 생각은 원대한데
　　　　이제는 글 짓고자 玉樓郎이 되었는가
　　　　소리쳐 물으려 해도 푸른 하늘 아득해라

4-310　인재를 냈던 것은 쓰려고 함일진대
　　　　학맥을 끊었으니 너무나 야속해라
　　　　내었다 거두는 天命 우리 인간 알 수 없네

4-311　당대의 높은 명성 북두처럼 우뚝하니
　　　　한 평생 남긴 여운 후대에 전하리라
　　　　황천길 님 보내며 슬픔에 젖었는데
　　　　서산 멀리 학 한 마리 날아가누나

4-312　인품도 학문도 비범했지만
　　　　일찌감치 그런 사람 거두어 가니
　　　　천명을 알 수 없는 우리네 인생
　　　　목 놓아 그대 이름 불러보누나

4-313　거침없는 그 문장 서책 속에 빛났고
　　　　높디높은 그 기상 구름 위에 솟았더라
　　　　불의에 닥친 이별 이승 저승 막혔으니

마음으로 슬퍼할 뿐 초혼할 길도 없네

4-314   학문은 궁구하여 깊어졌으며
　　　　道義품어 마음이 雄大했었지
　　　　사람을 대할 적엔 신의와 지성
　　　　정치에는 청렴하고 충직했었네

4-315   학문 깊고 도량 커서 훌륭하신 분
　　　　너그럽고 겸손하여 존경했는데
　　　　뉘 알랴 막다른 길 가로막을 줄
　　　　하늘의 그 심사를 알 수가 없네

4-316   재주도 탁월하고 학문도 깊어
　　　　어디가든 쓰임이 많을 것인데
　　　　어찌하여 운명이 그리도 궁해
　　　　젊은 사람 황급히 거둬갔는지

4-317   修己安民 복지사회 꿈꿔왔는데
　　　　하늘이 맑은 사람 데려갔으니
　　　　우리들의 그 계획 허사됐지만
　　　　아름다운 그대 꿈은 기억되리라

4-318   복 없어서 동량이 무너졌지만
　　　　학통과 그의 정신 전해졌다네
　　　　철인 떠난 아쉬움에 탄식하지만
　　　　후학들 마음모아 큰 뜻 이루리

4-319　문인이요 서가로서 호방했으니
　　　　전후에 이런 풍류 얼마나 될까
　　　　달이 뜨고 정원에 꽃이 피어도
　　　　술상차려 날 부를 이 다시 없으리

4-320　자네 문필 하늘이 좋아했었나
　　　　젊은 사람 그렇게 데려갔으니
　　　　인간세상 오래 산다 자랑을 말게
　　　　천상에서 그대는 바쁠 것이니

4-321　群鶴이 춤을 추듯 놀라운 필치
　　　　아주 좁은 널 속에 거두었구려
　　　　명인 명가 하나둘 시들어가니
　　　　세상은 또 적막한 강산이로다

4-322　앉았던 그 자리엔 체온이 남고
　　　　써놓은 글씨에는 먹물 젖었네
　　　　조각달은 옛 모습 다시 비추나
　　　　빈소엔 곡소리가 이어지누나

4-323　삐쩍 마른 형체에 길고 흰 수염
　　　　신선이 구름 타고 지상으로 내려왔네
　　　　세속과 어울려도 가슴은 트였으며
　　　　폭풍우가 몰아치듯 필획이 생동했지

4-324　시대 걱정 그 마음은 서로 같으나
　　　　절차와 그 방법이 서로 달랐지

선생이 남긴 작품 그대로인데
지금은 유명 갈려 보지 못하네

4-325 높은 학문 실천궁행 훌륭한 인물
허무하게 이렇게 무너질 줄야
푸른 하늘 그 생각 알 수 없으니
세상사 모든 것이 부질없어라

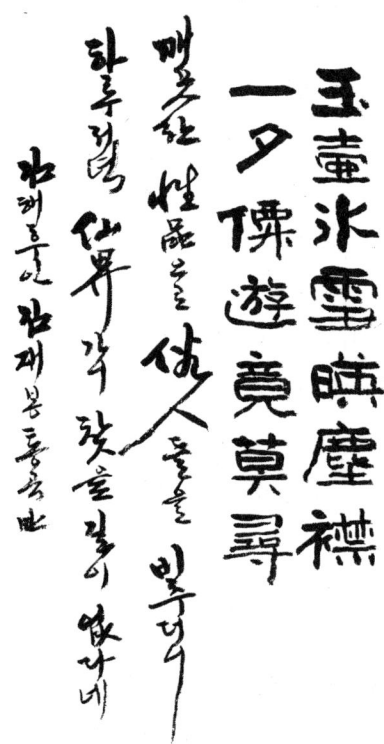

圖48. 5-245
〔글씨〕이촌 김재봉

7. 政客挽詞

4-326　당당하고 큰 이상 곧은 마음 굳은 충절
　　　　남다른 맑은 향기 한 평생 전했으나
　　　　앞으론 그 모습 보며 談笑할 길도 없네

4-327　아무리 어린 애도 모를 리가 없지만
　　　　정치하는 인사들은 눈앞 일만 따지누나
　　　　떠나며 뒤돌아보면 부질없는 일들인데

4-328　국가와 민족위해 모든 것을 다 바쳤고
　　　　높은 뜻 따뜻한 맘 평소에도 남달랐죠
　　　　갑자기 신선이 되어 떠나가신 우리 님

4-329　국사를 논할 때는 충정이 뚜렷하고
　　　　진퇴의 갈림길엔 큰 기상 당당했네
　　　　청천은 무슨 이유로 이런 분을 데려가나

4-330　태산북두 정기받은 보기 드문 영걸이나
　　　　우리나라 다스릴 뜻 펴보지도 못하고
　　　　젊어서 생을 마치니 안타깝기 그지없네

4-331　나라의 동량인데 우리 곁을 떠났으니
　　　　천심의 향방을 속세 인간 어찌 알랴
　　　　하늘서 해야 할 일이 그렇게도 급했던가

4-332　불의 앞엔 당당해서 어려움이 잦았었고
　　　　올 곧고 청렴하니 모함도 많았지만
　　　　큰 인물 여읜 소식에 방방곡곡 통곡소리

4-333　安貧樂道 즐기면서 한평생을 살아왔고
　　　　孔孟의 덕 기르면서 修己安民 생각하나
　　　　모두가 공허해지니 인생살이 무상해라

4-334　이리 급히 떠날 줄을 생각이나 했었을까
　　　　피맺힌 그 고통과 잘못된 그 누명들
　　　　진실은 그 언제라도 밝혀질 수 있으리

4-335　태산처럼 백두처럼 정사를 주도했고
　　　　덕 높은 원로로서 빛났던 인물이니
　　　　史書에 불후의 공적 자자손손 전하리라

4-336　청렴하신 발자취 당당하던 그 기상
　　　　자식에게 가르쳐 후세에 전하리다
　　　　비굴한 삶이기보다 꿋꿋하고 옳은 길을

4-337　보일까요 들릴까요 대중들의 통곡소리
　　　　이 모두가 꿈이라면 얼마나 좋았으랴
　　　　감사와 존경하는 맘 언제나 영원하리

4-338　환한 웃음 따뜻한 맘 청빈하고 바른 사람
　　　　훗날에는 세상역사 올바르게 평가하리
　　　　맑아서 아름다운 님 당신을 그립니다

4-339 　한 알의 씨앗을 심어 놓고 가셨네요
　　　　내일은 싹이 트고 열매를 맺으리라
　　　　내던져 얻는 도리를 몸소 보여 주셨구나

4-340 　일찍이 뿌린 씨앗 내일은 싹이 터
　　　　세간의 보살핌에 큰 열매도 맺히리니
　　　　후손들 큰 그늘아래 평화 행복 누리리라

4-341 　아직도 하실 일이 많고 많은데
　　　　그렇게 허무하게 가실 줄이야
　　　　겸허하고 진정한 민족의 영웅
　　　　뜰아래 미물마저 통곡을 하네

4-342 　높은 뜻 깊은 생각 민중의 스승
　　　　인재 잃은 허전함에 먼 곳을 보니
　　　　먼 하늘엔 백학이 유유히 날고
　　　　산마루엔 長松이 외로이 섰네

4-343 　가슴이 너무나도 허전하지만
　　　　孤高하신 님을 위해 명복 빌어요
　　　　내마음속 우뚝하신 진실한 사람
　　　　후손들도 잊지 않고 기억하리다

4-344 　선생은 우리들의 진정한 영웅
　　　　청렴 용기 당당함에 든든했지요
　　　　작은 욕심 비웠기에 큰 것 얻었고
　　　　세세생생 잊지 못할 공적 있었지

4-345   마음으로 응원하고 존경했지만
        겉으로는 표현도 못했답니다
        늦게나마 영전에 조문하면서
        부질없는 눈물로 수건 적시네

4-346   생전에는 크신 뜻 몰랐었지만
        떠나신 뒤 지중함을 알았나이다
        온 世上을 울리는 통곡소리는
        그대 명복 기원하는 간절한 절규

4-347   정의 실현 잊지 않고 살아가리라
        불의 폭력 꿋꿋하게 이겨낼게요
        불쌍하고 고독한 이 돌아보리다
        우리 님 극락에서 安眠하시길

4-348   생전에는 그 큰맘을 몰랐었지요
        고고한 뜻 맑은 정신 위대한 거인
        후대의 자손에게 師表가 되리
        그 그늘에 우리는 늘 태평했지요

4-349   波瀾萬丈 桎梏人生 걸어오시며
        옳은 氣象 그 하나로 버텨 오신 분
        先生과 한 하늘에 살았다는 것
        그 하나도 幸福한 時間이어라

4-350   시대 앞서 우리에게 임하셨으니
        중인들이 모르는 것 당연하리라

　　　　늦으나마 희망과 꿈 갖게 됐으니
　　　　큰 뜻을 깊이 새겨 잊지 않으리

4-351　홀연히 떠나시는 서글픈 길에
　　　　그리움의 눈물로 융단을 까니
　　　　그 길로 부디 편히 가시옵소서
　　　　그대는 우리 맘에 진정한 영웅

4-352　정의로운 외침으로 흉한 시대 슬퍼했고
　　　　올곧은 행실로 세상 향해 웅변했지
　　　　객창에 병이 깊어 구름타고 떠나가니
　　　　하늘도 아픈 마음 핏빛으로 알려오네

4-353　눈에 가득 자손들 번성했었고
　　　　선행 끝에 많은 공적 이루어졌지
　　　　五福 중에 첫째는 장수라던데
　　　　이렇게 요절하니 애통하구나

4-354　거침없고 가식 없이 세상 살았고
　　　　아픔도 외로움도 많으셨던 분
　　　　이제는 거친 세속 벗어났으니
　　　　고통 없는 곳에서 행복하시길

4-355　나라엔 청렴한 인재가 사라졌고
　　　　나에겐 忠言할 사람이 없어졌네
　　　　천지가 이런 인물 남겨두지 않으니
　　　　아득한 하늘 뜻을 어떻게 논할까

4-356   青龍白虎 모두 가니 애석하여라
        산과 기둥 무너지니 어찌 할까나
        용마루 위 그믐달 쓸쓸한 생각
        평생 쌓은 교분에 얼굴이 젖네

4-357   우리나라 걸출한 이 떠난 소식에
        뜻있는 사람마다 슬픔에 젖네
        방송 보다 참지 못해 터지는 통곡
        시민 모두 앞 다투어 조문을 하네

4-358   나라위한 알찬 계획 쓸쓸해지고
        정의구현 굳은 생각 암담해졌네
        매일 밤 저 하늘에 밝은 저 달은
        부질없이 그대 집을 비출 것이라

4-359   걸출함은 장부 중에 으뜸이었고
        강직함은 관리 중에 드물었다네
        가볍게만 생각했던 작은 병인데
        혼이 날고 넋 흩어져 끝이로구나

4-360   지위가 높았어도 淸儉했으니
        국민들이 입을 모아 칭송했었지
        창공 향해 그 이름을 불러보는데
        하늘은 어둠 내려 쓸쓸해하네

4-361   간밤에 큰 별이 떨어지더니
        우리에게 큰 인물이 떠나갔구나

　　　　나라 구할 재목으로 생각했으니
　　　　모두가 상심하여 전송을 하네

4-362　마음은 담박하고 후덕하지만
　　　　불의 앞엔 분명하고 당당했었지
　　　　애달퍼라 모든 일이 끝이 났구나
　　　　황천에선 그대 생각 펴지 못하리

4-363　進退存亡 집착 없이 살아가셨고
　　　　타인위해 언제나 베푸셨던 분
　　　　님의 德化 강물처럼 영원히 흘러
　　　　마른 땅에 샘물처럼 생명을 주리

4-364　그대 육신 흙으로 돌아갔으나
　　　　실천하신 큰 뜻은 깊게 새겼네
　　　　후세에 아름다운 세상이 되면
　　　　그대의 공적도 함께 빛나리

4-365　남은 자들 그리워서 눈물 흘리고
　　　　수많은 이 안타까워 통곡을 하네
　　　　언제나 기억하고 사랑하리라
　　　　아픔 없는 천국에서 편히 계시길

4-366　진정으로 좋은 세상 만들어보려
　　　　타인 위해 내 몸 던져 희생하신 분
　　　　오늘은 형체 벗고 떠나셨네요
　　　　하늘도 검은 구름 슬픔에 젖네

4-367 굽은 길 가기보다 곧바른 길로
　　　　어렵고 힘들지만 꿋꿋하셨죠
　　　　희망 잃은 사람들 어떻게 하나
　　　　그대 없이 외로워 어떻게 하나

圖49. 노란 리본

이는 세월호참사시 안산 단원고등학교 근처에 걸렸던 노랑리본이다. 안산합동분향소를 다녀간 많은 사람들이 부디 살아서 돌아와 달라는 기원을 담아 각각 써서 매어놓은 것이다. 이 글을 읽다보면 짧은 글에서도 그저 마음이 미어진다. "가만히 있으라."는 선내방송을 해놓고 자신들만 먼저 탈출한 선원들, 배가 침몰하는 것을 눈앞에 두고 그저 지켜보고만 있었던 해경, 우왕좌왕할 뿐 단 한 명도 구조 못한 무능하고 무책임한 사람들로 인해 어린 학생을 비롯한 삼백여명이 귀중한 목숨을 잃었다. 영원히 잊지말아야할 사건이다.

8. 宗敎挽詞

4-368　호수같은 청정심을 하늘로 옮겨가니
　　　　잡념은 사라지고 육신도 부질없네
　　　　世緣을 벗어났으니 그 자취 신선이라

4-369　사랑해요 그리워요 친절하고 좋은 분
　　　　우리는 당신 덕에 많은 행복 누렸음에
　　　　눈물로 전송을 하며 극락왕생 기원하네

4-370　좋은 분 떠나시니 안타까움 한이 없고
　　　　아름답던 그 추억 언제나 새로운데
　　　　지금은 정성을 모아 극락왕생 기원할 뿐

4-371　그대가 올 때는 흰 구름을 따라오고
　　　　그대가 갈 적엔 밝은 달을 따라가니
　　　　오가는 하나의 주인 필경에는 어디 있나

4-372　황천길 어둑어둑 밤은 더욱 혼미하나
　　　　평생 동안 덕을 쌓아 극락왕생 틀림없고
　　　　끝없는 길상한 일들 자손에게 이어지리

4-373　인자하신 그 모습 지금도 생생한데
　　　　이제부턴 하늘나라 백성이 되었으니
　　　　주님의 은총을 받아 평안하게 지내시길

4-374 뒤늦게 알았지요 그간 모른 고마움
       이제는 모든 고통 벗어난 천국에서
       위없는 행복 누리며 언제나 평온하길

4-375 경 읽으며 기도했던 정의와 평화
       소중하게 지켜왔던 큰 뜻 큰 사랑
       마음속에 잊지 않고 실천하리다
       극락에 가셨다가 왕생하소서

4-376 인연의 몸 벗으니 걸림이 하나 없어
       골짜기의 流水조차 法門으로 들려오네
       四大가 흩어지고 그대가 떠나가도
       초목은 우거지고 산새들은 울어대네

4-377 지금은 하나님과 마주하고서
       지내왔던 한 세상 이야기 하죠
       세상사람 마음 안에 정신적 지주
       지상에선 큰 슬픔에 눈물 흘리네

4-378 조용히 떠나가신 우리의 형제
       늘 든든한 어른으로 꼿꼿하셨지
       믿음 소망 사랑의 실천을 위해
       겸허하게 살아가신 따뜻한 어른

4-379 이 시대의 실천하는 지성인이요
       진정으로 하느님을 믿었던 사람
       어렵고 가난한 자 도와주셨죠

　　　　앞으론 볼 수 없어 가슴 아파요

4-380　저희에게 든든한 목자셨는데
　　　　하나님이 뵙고 싶어 떠나셨나요
　　　　힘없는 사람 위해 헌신하심에
　　　　우리 가슴 영원히 그대 새기네

4-381　주님이 목자임을 알려주신 분
　　　　주는 삶 낮은 삶 품는 삶들을
　　　　말보다 실천하며 살아가신 분
　　　　공경하는 마음으로 보내드려요

4-382　인생의 始終이신 우리 주님께
　　　　영원히 찬미찬송 드리나이다
　　　　당신께서 인도하신 사랑의 길로
　　　　살아가는 그날까지 걸어가리라

4-383　아름답게 살아가신 우리의 형제
　　　　새벽부터 아픈 소식 들려왔다네
　　　　주님의 품에서 편안하소서
　　　　남은 이들 이리 모여 기도합니다

4-384　주님!
　　　　주위사람 위해서 희생하였고
　　　　힘없는 사람들에 희망이었던
　　　　주님 앞에 달려간 자매님에게
　　　　영원한 복락을 누리게 하소서!

4-385 자매님은 주님의 어린 양이니
그대에게 영원한 행복있기를
하늘에서 좋은 분들 서로 만나서
영원한 平和安息 누리시기를

4-386 깊은 哀悼 앞서서 잠시 멍하니
그대 모습 다시금 그려 보았죠
주님과 부디 함께 復活하시어
저희 곁에 永遠히 머무시기를

4-387 사랑실천 누구보다 앞장섰었고
정의 위해 자신마저 희생했었지
오늘은 천국으로 돌아가시니
영원한 안식 평화 누리시기를

4-388 세상일에 너무나 깊이 빠져서
개인 일로 늘 바쁘다 자위했었죠
그대의 영결 앞에 공허한 가슴
이제부턴 소외된 이 돌아보리다

4-389 대접받길 바라는 사람 아니라
검소하며 바보처럼 살았었다고
자손과 형제에게 말할 수 있는
그대의 참된 삶이 그리워지네

4-390 우리 시대 든든한 기둥으로서
인고의 세월을 살아가셨죠

　　　　큰 어른 더 이상 뵐 수 없음에
　　　　두 눈 가득 눈물로 배웅합니다

4-391　세상의 큰 벗인 우리의 牧者
　　　　큰 별이 떨어짐에 숨이 막히네
　　　　生前에 힘쓰셨던 사랑의 實踐
　　　　모든 이가 永遠히 感動하리라

4-392　갑작스런 이별에 가슴이 철렁
　　　　소외된 사람들과 함께 하신 분
　　　　지상에선 떠났으나 하늘에서는
　　　　아름답고 밝은 별이 빛을 발하리

4-393　나라의 큰 어른 정신적 지주
　　　　영결소식 가슴이 아파오네요
　　　　언제나 꿋꿋하게 살아가신 분
　　　　그 사랑 실천하며 잊지 않으리

4-394　오늘 그저 눈물이 흐를 뿐이라
　　　　어떤 말로 이 슬픔 말할 수 있나
　　　　그대가 주신 사랑 감사드리며
　　　　평화 안식 누리시길 기원한다네

4-395　병이 깊어 떠나셨단 슬픈 소식에
　　　　가슴이 꽉 막힌 듯 답답하네요
　　　　그대와 사는 세상 기쁨이었죠
　　　　천국에서 복락을 향유하시길

4-396　모든 사람 위하여 믿음 실천한
　　　　당신은 진정한 구도자 인생
　　　　이제는 모든 고통 내려놓고서
　　　　평생 따른 예수님과 함께 하시길

4-397　당신과 함께한 삶 행복했지요
　　　　타인위해 봉사하며 쉬지 않았죠
　　　　그 언행을 우리는 존경했었네
　　　　주님도 그대를 기뻐 맞으리

4-398　오늘 급히 하느님 찾아가신 분
　　　　그 영혼에 복을 내려 안식주세요
　　　　사회 위해 헌신하신 아름다운 삶
　　　　쌓으신 그 초석은 영원하리라

4-399　찬바람에 눈 내리던 추운 계절에
　　　　홀연히 신선처럼 떠나셨구나
　　　　평소의 뜻 그대 숨결 그리워지네
　　　　영원히 잊지 못할 따뜻한 사랑

4-400　부끄럼 하나 없이 고고히 살며
　　　　믿음 사랑 실천하고 돌아가셨네
　　　　주위에선 그대 언행 따르려했고
　　　　많은 이들 주님을 믿게 되었지

4-401　태산북두 되어서 든든했으니

세상에는 당당한 불빛이구나
하나님 환영해 맞아 주리라
우리도 천국안식 기원합니다

4-402 평상시엔 경전조차 멀리했다가
위급하면 두 손 모아 기도드렸던
내 자신이 오늘 더욱 부끄럽네요
형제여 천국에서 평안하세요

4-403 세상에는 사랑 있어 아름다웠고
우리에겐 그대 있어 행복했었네
천국에서 다시 뵐 때 말씀 드리리
그대처럼 기쁨 주는 일을 했다고

4-404 모든 중생 모든 신자 슬픔에 잠겨
큰 어른을 눈물로 보내드리네
떠나시니 생전 업적 더욱 커 보여
극락왕생 한맘으로 기도합니다

4-405 느리게도 빠르게도 달리지 마라
집착 없이 바르게 세상을 보라
언제나 변함없이 말씀하셨죠
천국에서 다시 뵐 날 기다릴게요

4-406 누구든 한 번은 가실 길이나
오늘 이리 눈물 나고 가슴 아픔은
그대가 내 맘속에 빛이었으며

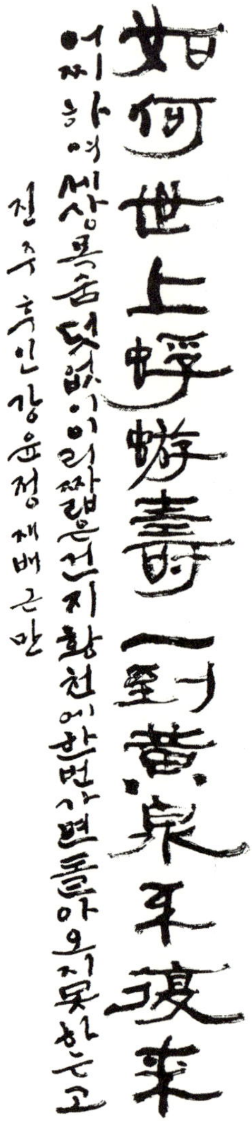
如何世上蜉蝣壽
一到黃泉不復來
어찌하여 세상목숨 덧없이 이리 짧은건지 황천에 한번가면 돌아오지 못하는고
진주후인 강윤정 재배 근만

圖50. 5-208
〔글씨〕 단운 강윤정

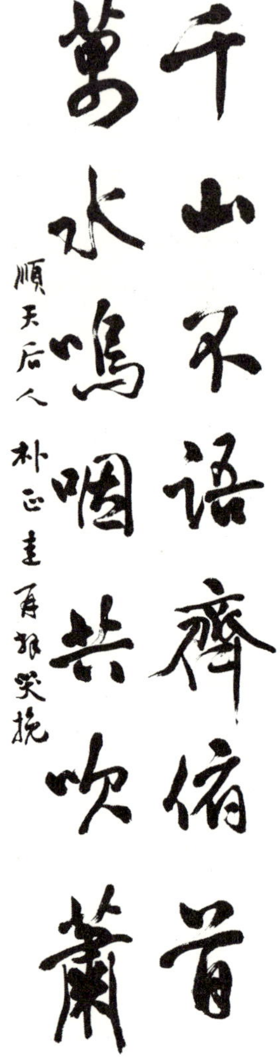
千山不語齊俯首
萬水嗚咽共吹簫
順天后人 朴正圭 再拜哭挽

圖51. 5-217
〔글씨〕 연곡 박정규

　　　　두고 가신 빈자리 너무 크기에

4-407　갈등하고 혼란스런 세속에서도
　　　　따뜻하고 맑은 마음 아름다웠죠
　　　　가난하고 소외된 아픈 마음을
　　　　어루만진 큰 사랑 영원하리라

4-408　바쁘게 움직이는 모든 사람들
　　　　서글피 흐르는 나의 눈물도
　　　　행복을 기도하는 간절한 맘도
　　　　어차피 모두가 돌아갈 그 길

4-409　주님을 믿는다고 교회 갔지만
　　　　이기심에 빠져서 살고 있었죠
　　　　죄악 속에 묻혀 사는 우리를 위해
　　　　그대는 자애로운 목자이셨네

4-410　주님께서 당신을 받아주심에
　　　　눈물로 전송하며 기원합니다
　　　　천국에서 하느님과 함께하시며
　　　　언제나 저희들도 살펴주소서

9. 歲月號挽詞

4-411 이제는 편히 쉬렴 어른들이 미안하다
　　　무슨 말로 위로하랴 가슴만이 무너질 뿐
　　　天心도 눈물이 되어 팽목항에 내린다

4-412 얼마나 무서웠니 얼마나 추웠겠니
　　　못난 어른 무책임에 어린 너희 희생됐네
　　　모두들 천국에 가서 행복하게 지내렴

4-413 너희가 받으면 절대 안 될 꽃이기에
　　　눈물 젖은 국화 들고 겨우겨우 나아가다
　　　영정을 차마 못 보고 주저앉아 울었네

4-414 이제는 맘 편하게 천국에서 지내겠지
　　　세상에 다시와도 좋은 곳에 태어나라
　　　무능하고 무책임한 이 어디에도 없는 곳에

4-415 얘들아 얼마나 힘들고 무서웠니
　　　너무나 미안해서 위로할 말도 없네
　　　편안히 영면하거라 우리 예쁜 꽃송이들

4-416 너흰 그저 어른 말을 잘 들었을 뿐
　　　가만히 있으면서 기다린 건데
　　　사악한 손길들이 스쳐갔구나

안타깝다 순수하고 예쁜 아이들

4-417 마음껏 펴지 못한 아름다운 꿈
       지금은 하늘에서 맘껏 펼쳐요
       지켜주지 못해서 너무 미안해
       평생토록 이번 일을 잊지 않을게

4-418 미안하고 부끄러워 할 말 없구나
       하늘과 땅 모두가 슬퍼서 우네
       사랑하는 아들딸들 편히 잠들길
       부디부디 하늘에선 행복하기를

4-419 사방엔 속절없이 꽃이 피는데
       너희들은 이 꽃을 볼 수 없구나
       사랑한다 그립구나 우리 꽃송이
       빛나던 그 눈동자 눈에 선해라

4-420 안타까운 소식에 가슴이 무너지네
       기적이 일어나길 우린 아직 믿는다
       꽃보다 어여쁜 아이들아 아이들아
       하늘의 별이 되어 영원히 빛나거라

4-421 너희들의 잘못이 절대 아니야
       아프지 않은 곳에 편히 지내라
       사랑한다 미안하다 행복해야해
       우리 모두 이번 일 잊지 않으마

4-422　고통과 악몽 없는 하늘나라엔
　　　　행복한 순간만 가득하기를
　　　　우리 아들 우리 딸 이름 부르며
　　　　팽목항에 엄마 아빠 목메어 운다

4-423　하늘에선 굵은 봄비 내리고 있어
　　　　무심코 우산을 펼쳐들었지
　　　　갑자기 바다에서 흠뻑 젖었을
　　　　너희 모습 그려보곤 가슴 미어져

4-424　어제 내가 편히 보낸 그 짧은 하루
　　　　너희에겐 길고 힘든 시간이었지
　　　　무섭고 괴로웠을 우리 아들 딸
　　　　이기심에 얼룩진 못난 어른들

4-425　남녀노소 시민 모두 슬퍼서 울고
　　　　도와줄 수 없음을 애달파 하네
　　　　사랑한다 아이들아 미안하구나
　　　　눈물로 우리 아이 영결을 하네

4-426　갑자기 움츠러든 예쁜 아이들
　　　　공부만 하게 해서 정말 미안해
　　　　분향소로 달려간 수많은 인파
　　　　피눈물로 너희 명복 빌고 있구나

4-427　너희가 당했던 일 잊지 않으려
　　　　아빠 둘이 무더위에 십자가 지고

안산에서 팽목항을 오고가는데
엄마들도 친구들도 함께 울었어

4-428　애들아 얼른 나와 같이 밥 먹자
　　　　평소 네가 좋아했던 음식 해놨어
　　　　목이 메어 매일같이 불러보지만
　　　　야속한 푸른 바다 대답이 없네

4-429　너무도 밝은 모습 앳된 얼굴들
　　　　너희들 여기에 왜 있는 거니
　　　　내 지금 눈물밖에 줄 수 없지만
　　　　평생토록 기억할게 너희 희생을

4-430　내게 불행 닥치면 血淚를 쏟고
　　　　남의 슬픔 보고선 低俗해 하네
　　　　사람들아 잠시만 두 눈을 감고
　　　　세월호의 지난 일들 생각해보소

圖52. 유계암 구행　　　　　　　　　〔사진〕후암 김진돈

1936년에 있었던 유계암 구행장면이다. 상주와 조객 그리고 만장(挽章)이 길게 늘어서 그야말로 장사진을 이루고 있다.

V. 漢文挽聯

　여기에 실린 한문만련은 『韓國文集叢刊』에서 골랐던 깃 중에 현대감각과 가까운 것을 고른 것이고 일부는, 『茶毘·薦度作法』 『祖師禪에로의 길』 등과, 중국에서 사용되고 있는 만련인 『實用楹聯大觀』 『萬有對聯寶鑑』 등에서 발췌한 것이다. 한글도 길면 사람들이 읽지를 않듯 한문은 그러한 성향이 더 강하게 드러나기에 對句정도의 문장으로 줄었다. 한문을 사용하고 있는 중국의 경우도 율시형식보다는 다양한 대련형식의 '挽聯'이 지어져 통용되는 것으로 보여 진다. 혹 더 많은 것을 원하는 사람을 위해서 원문이 있는 것은 원문과 출전을 밝혀놓았다. 바르게 번역이 된 것들도 있었으나 전체적인 통일을 기하기 위해 일부는 고쳐 번역했음을 밝혀둔다.

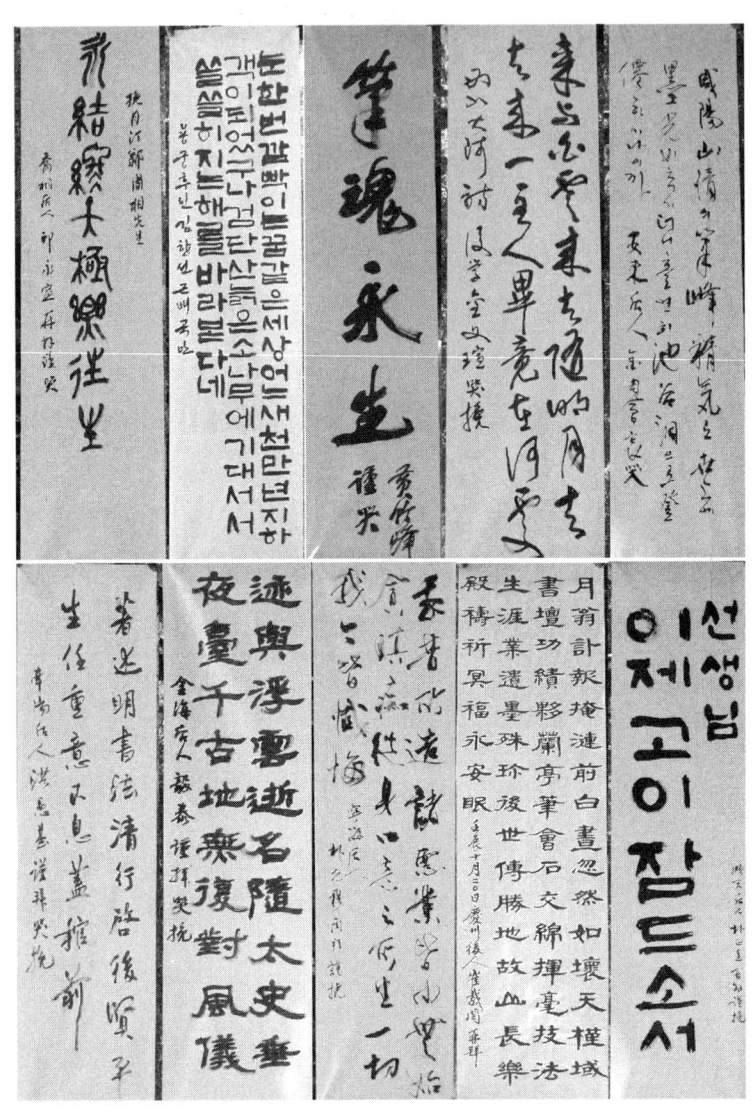

圖53. 월정 만장

월정 정주상 선생 상장례 때에 서예가들이 장례식장에 와서 썼던 만장 일부를 모아놓은 것이다. 〔사진〕 연곡 박정규

1. 四言挽聯

5-001
一夜秋風 狂摧祖竹　하룻밤 가을바람에 祖竹이 부러지니
三更凉露 淚灑孫蘭　三更의 찬 이슬에 孫蘭이 눈물짓네.
　　　　　　　　　『實用楹聯大觀』

5-002
名垂宇宙 音容何在　名聲이 宇宙에 남았으나 音容은 어느 곳에 있는가?
功著神州 德澤永存　功은 神州에 드러나고 德澤은 永遠히 存在하네.
　　　　　　　　　『實用楹聯大觀』

5-003
綺閣風寒 傷心鶴淚　綺閣에 바람은 차가운데 마음 아픈 학의 울음
蘭階月冷 泣血萱花　蘭階에 달은 차가운데 원추리 꽃 피눈물.
　　　　　　　　　『實用楹聯大觀』

5-004
爲國爲民 斯人可傳　나라와 國民을 다스림은 後世에 전할 만하고
有才有德 事業長存　재주와 德이 있으니 사업이 길이 남겠구나.
　　　　　　　　　『實用楹聯大觀』

5-005

未弭前思 頓作永別　옛 생각 간절하니 절하며 永訣하나
追尋笑緖 皆爲悲端　웃는 모습 생각하다 모두가 슬퍼하네.
『實用楹聯大觀』

5-006

海闊天空 忽悲西去　넓은 바다 빈 하늘에 忽然이 떠난 슬픈 消息
鳥啼月落 猶望南歸　새 울고 달 지는데 돌아간 남쪽 바라보네.
『實用楹聯大觀』

5-007

悼言至隆 舊情猶熾　哀悼의 말 至極하니 옛정이 떠오르고
鞠躬15)盡瘁 遺愛難忘　절하고 근심하며 주신 사랑 잊지 못하네.　[中國通用輓聯]

5-008

痛失慈親 擧室悲戚　慈親을 잃으니 방안이 온통 슬픔이요
長留懿德16) 全村緬懷　훌륭한 덕 길이 남으니 온 마을이 그리워하네.　[中國通用輓聯]

5-009

回溯前塵 情同骨肉17)　生前의 자취를 생각하니 骨肉과 마음이 같고
追懷往事 痛斷肝腸　지난 일을 追憶하니 아픔이 肝腸을 끊는

---

15) **鞠躬**: 몸을 굽혀 존경하는 뜻을 나타냄.
16) **懿德**: 사추덕의 하나로, 정의로운 일을 실천하는 덕을 이르는 말, 훌륭한 덕행.
17) **骨肉**: 부모와 자식, 형제자매, 숙질 등의 가까운 혈족을 통틀어 이르는 말.

구나. [中國通用輓聯]

5-010
美德堪稱 吾輩典範　美德을 우리들은 典範으로 稱頌할 만하고
遺訓長昭 後世子孫　遺訓은 後世 子孫들에게 길이 밝히네.
　　　　　　　　　[中國通用輓聯]

5-011
持家以儉 敎子有方　勤儉으로 家庭을 지키고 子息을 바르게 가르치니
生有餘徽 死無遺憾　삶에 미덕이 남아있어 죽어도 遺憾없네.
　　　　　　　　　[中國通用輓聯]

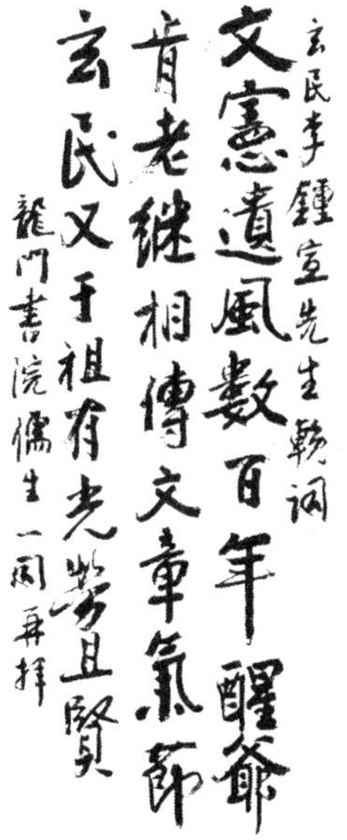

圖54. 7-619
〔글씨〕아당 이성우

2. 五言挽聯

5-012
慟絶臨分語　作別의 이야기 가슴 아픈데
依俙入夢神　꿈속에 든 魂魄이 어른거리네.
　　　　　知己云亡日 索居又逢春 豈期當末路 復此重沾巾
　　　　　慟絶臨分語 依俙入夢神 諸君那不死 一代不數人
　　　　　<挽章尹斗壽梧陰> 『高峯集』 奇大升

5-013
天涯客未返　하늘 끝 떠나간 객 돌아오지 못하니
山畔涕潛零　산 구석에서 남몰래 눈물 떨구네.
　　　　　十載憂君切 孤魂一夢驚 天涯客未返 山畔涕潛零
　　　　　每到相忘地 何堪永訣情 繁雲飄遠目 衰鬢益星星
　　　　　<挽門巖> 『河西全集』 金麟厚

5-014
溪山寄漫興[18]　자연의 흥취에 젖어서 사니
不覺百年忙　백년의 바쁨을 알지 못하네.
　　　　　種學同金友 風波別恨長 窮途負壯志 薄宦爲高堂
　　　　　書史看千古 榮枯撫衆芳 溪山寄漫興 不覺百年忙
　　　　　<挽奇上舍進> 『河西全集』 金麟厚

5-015

---
[18] 漫興 : 이렇다 하는 느낌이 없이 저절로 일어나는 흥취.

相違又幾歲　서로가 헤어져 여러 해를 보냈는데
末路永無同　末路에도 永遠히 함께 못하네.
　　　　　　宿昔通家義 俱爲白髮翁 相違又幾歲 末路永無同
　　　　　　更忍羊曇淚 長懷謝傅風 平生五字律 倂寄九原中
　　　　　　＜挽鄭正＞『守庵遺稿』朴枝華

5-016
湖西十年跡　湖西에서 보냈던 十年의 자취
回首一潸然　고개를 돌리니 한결같이 눈물이라.
　　　　　　煇奕家聲大 沈冥命道遭 東床桂枝秀 南極壽星懸
　　　　　　厚德寧無報 遺經幸有傳 湖西十年跡 回首一潸然
　　　　　　＜挽崔忠義＞『海峰集』洪命元

5-017
存亡頃刻異　存亡이 頃刻에 달라졌으니
萬事一沾巾　萬事가 한결같은 눈물이로다.
　　　　　　大姓分茅舊 舊居背郭新 公孫卽吾姪 氣槪更交親
　　　　　　喪亂看高義 風塵托此身 存亡頃刻異 萬事一沾巾
　　　　　　＜挽朴生員＞『海峰集』洪命元

5-018
浮生如逝水　浮生은 흘러가는 물과도 같아
一去竟難回　한 번 가면 결국엔 못 돌아오네.
　　　　　　塵世黃粱急 風霜玉樹摧 浮生如逝水 一去竟難回
　　　　　　＜挽汝溫氷天＞『河西全集』金麟厚

5-019

天道固莫測　天道는 참으로 헤아리기 어렵고
禍福工倚伏　禍福은 교묘하게 숨어 지내네.
　　　　　天道固莫測　禍福工倚伏　憂樂本同門　懽愉變悲戚
　　　　　元良作儲副　仁孝著至德　聖眷至隆重　臣民共拭目
　　　　　前星方照輝　光芒忽磊落　龍樓少懽遊　銅闈鎖寂寞
　　　　　佳城已在望　曉路薤歌咽　所悲非獨私　哀哀淚成血
　　　　　＜懿敬世子挽詩＞『保閑齋集』申叔舟

5-020

憂樂本同門　근심과 즐거움은 門이 같아서
懽愉變悲戚　기쁨이 변하여 슬픔 되었네.
　　　　　天道固莫測　禍福工倚伏　憂樂本同門　懽愉變悲戚
　　　　　元良作儲副　仁孝著至德　聖眷至隆重　臣民共拭目
　　　　　前星方照輝　光芒忽磊落　龍樓少懽遊　銅闈鎖寂寞
　　　　　佳城已在望　曉路薤歌咽　所悲非獨私　哀哀淚成血
　　　　　＜懿敬世子挽詩＞『保閑齋集』申叔舟

5-021

鳥飛尙知還　새는 날아가도 다시 돌아올 줄 알건만
此去何當復　人生이 한 번 가면 어떻게 돌아오랴?
　　　　　惻惻長惻惻　人生鳥過目　鳥飛尙知還　此去何當復
　　　　　＜挽人出葬＞『虛白亭文集』洪貴達

5-022

寂寞人間事　적막해라 人間의 모든 일들이
悠悠未百年　아득한데 百年도 되지 못하네.
　　　　　寂寞人間事　悠悠未百年　哀歌吟薤露　涼月滿霜天

<挽汝溫氷天> 『河西全集』 金麟厚

5-023
哀歌吟薤露　슬픈 노래 상여소리 읊조리는데
凉月滿霜天　차가운 달 추운 하늘 가득하구나.
　　　　　寂寞人間事 悠悠未百年 哀歌吟薤露 凉月滿霜天
　　　　　<挽汝溫氷天> 『河西全集』 金麟厚

5-024
天不留耆舊　하늘이 늙은이를 남겨두지 않으니
人皆惜老成　사람들 모두가 늙기를 哀惜해하지.
　　　　　『萬有對聯寶鑑』

5-025
痛心傷永逝　永遠한 離別에 마음이 아파지고
揮淚憶深情　눈물을 흘리며 깊은 情을 追憶하네.
　　　　　『萬有對聯寶鑑』

5-026
雨灑天流淚　비를 뿌리며 하늘이 눈물을 흘리고
風號地放悲　바람을 불어 땅도 목 놓아 슬퍼하네.
　　　　　『萬有對聯寶鑑』

5-027
落花春已去　꽃이 떨어지니 봄은 이미 지났고
殘月夜難圓　殘月은 밤에도 둥글지 못하누나.
　　　　　『實用楹聯大觀』

5-028
欲祭疑君在　祭祀를 지내려니 그대가 있는 듯하여
天涯漏沾衣　먼 곳에서 눈물로 옷깃을 적시네.
『實用楹聯大觀』

5-029
憂國身先殉　나라를 근심해 몸이 먼저 갔으나
遊仙夢不回　仙界에 노닐면서 꿈에도 오지 않네.
『實用楹聯大觀』

5-030
裁挽空揮涕　挽詞를 쓰니 속절없이 눈물 쏟아져
含辭不自陳　말을 삼킬 뿐 펼쳐내지 못하누나.
悠悠難會面 脉脉屢傷神 病裏驚聞訃 愁中值飾輴
心情嗟未展 筋力愧無因 裁挽空揮涕 含辭不自陳
<挽人>『高峯集』奇大升

5-031
孝子無窮痛　孝子이니 통한도 한이 없으며
茫茫白日昏　아득하니 대낮도 캄캄하더라.
鼓盆中歲日 埋玉舅家園 晚作歸休計 常留返苑言
秪今將素幔 還復駕雙轓 孝子無窮痛 茫茫白日昏
<挽人>『高峯集』奇大升

5-032
已矣平生志　平生지닌 公의 뜻 虛妄해지니
空令我輩歎　부질없이 우리들을 歎息케 하네.

　　　　　　朝天命忽下 不晉詬無難 北寓愁羈宦 南來病據鞍
　　　　　　壑舟移半夜 家室隔三殤 已矣平生志 空令我輩歎
　　　　　　<挽章盧禛玉溪>『高峯集』奇大升

5-033
後死今無賴　홀로 남아 지금은 기댈 곳 없어
臨風獨汗顏　바람결에 외로이 눈물 흘린다.
　　　　　　東方文獻少 岐路又難刪 己卯人斯遠 江南道復還
　　　　　　淵源傳服老 師友有陶山 後死今無賴 臨風獨汗顏
　　　　　　<挽章尹斗壽梧陰>『高峯集』奇大升

5-034
未展經世志　經世의 뜻 펴보지 못하였는데
空留山斗名　부질없이 泰山北斗 이름 남았네.
　　　　　　光岳分元氣 天生間世英 才堪制禮樂 學則在明誠
　　　　　　未展經世志 空留山斗名 平生有心契 南望淚如傾
　　　　　　<挽章鄭琢藥圃>『高峯集』奇大升

5-035
哭靈心欲碎　靈前에 哭을 하니 마음은 부서지고
彈淚眼將枯　눈물이 너무 흘러 눈이 마르네.
　　　　　　『萬有對聯寶鑑』

5-036
百年三萬日　百年동안 三萬日 살았다지만
一別幾千秋　一別에 몇 千年 헤어지는가?
　　　　　　『實用楹聯大觀』

5-037

哀樂寄哀思　슬프고 즐거움은 애달프게 전해지고
遺容寓遺志　남겨진 모습은 遺志에 머물었네.
　　　　　　『實用楹聯大觀』

5-038

壽終德永在　壽를 마쳤으나 德은 永遠히 남고
人去範長存　사람은 갔으나 規範은 길이 存在하네.
　　　　　　『萬有對聯寶鑑』

5-039

悲涼薤露曲　슬프고 처량한 상여소리에
淚落北邙陬19)　눈물이 북망산에 떨어지누나.
　　　　　　五十人間客　今從地下遊　悲涼薤露曲　淚落北邙陬
　　　　　　＜挽陳彦卿嚴侍＞『河西全集』金麟厚

5-040

筆躋東海室　筆力은 東海에서 솟아오르고
文奪盛唐胎　文章은 盛唐을 빼 닮았더라.
　　　　　　早洽神童譽　人稱絶世才　筆躋東海室　文奪盛唐胎
　　　　　　事業調殷鼎　勳名勒漢臺　彼蒼胡不愁　蜀髩謾相哀
　　　　　　＜挽詞金應成＞『鵝溪遺稿』李山海

5-041

歸然今已矣　우뚝한 분 지금 이리 돌아가시니

───────
19) 北邙 : 사람이 죽어서 묻히는 곳을 이르는 말. 중국 허난 성 낙양의 북쪽에 있는 작은 산.

雪涕問蒼旻　　눈물을 닦으며 靑天에 묻네.
　　　　　一代文章伯 三朝老大臣 典刑留琬琰 勳業在麒麟
　　　　　白屋分餘照 靑雲仰後塵 巋然今已矣 雪涕問蒼旻
　　　　　＜月汀先生挽詩＞『谿谷集』張維

5-042
堂堂五福備　　堂堂하게 五福을 갖추셨으니
不朽更流芳[20]　不朽의 그 이름 다시 전하리.
　　　　　伯仲稱聯璧 雲宵看雁行 台階推事業 山斗擅文章
　　　　　華夏聲名動 耆英禮數光 堂堂五福備 不朽更流芳
　　　　　＜月汀先生挽詩＞『谿谷集』張維

5-043
瞥然泡影盡　　잠깐사이에 물거품 人生 다하니
懷舊爲沾巾　　옛 일을 생각하며 눈물 흘리네.
　　　　　白麓羈栖久 靑溪邂逅頻 衣冠憐古貌 談笑見天眞
　　　　　榮進龍頭選 郞潛鶴髮身 瞥然泡影盡 懷舊爲沾巾
　　　　　＜挽李丈殷老＞『谿谷集』張維

5-044
居然隨物化　　뜻밖에 變化 따라 돌아가신 몸
歸旐卷寒颷　　싸늘한 바람에 弔旗가 펄럭이네.
　　　　　令弟雲臺表 堂堂柱石姿 天倫宜挺拔 夫子獨栖遲
　　　　　驃騎名何減 林泉迹自奇 居然隨物化 歸旐卷寒颷
　　　　　＜挽李丈資＞『谿谷集』張維

---

20) 流芳 : 후세에까지 전하는 아름다운 명성.

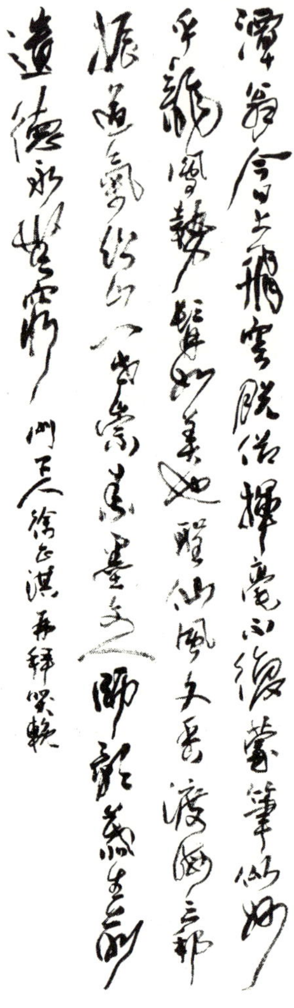

圖55. 7-105　　　　　　圖56. 5-281
〔글씨〕한천 양상철　　〔글씨〕연곡 박정규

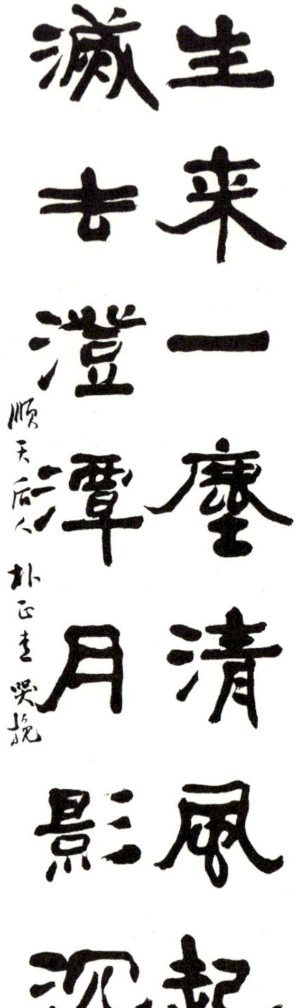

5-045

爽氣今難致　맑은 氣象 지금도 보기 어렵네.
高人更有誰　고매한 이런 사람 다시 있을까.

忽報歸黃壤 無因識紫芝 梅花和靖宅 叢桂小山詞
爽氣今難致 高人更有誰 謝家群從在 零落惜瓊枝
<林處士垓挽> 『谿谷集』 張維

5-046

晚交情不淺　늘그막에 맺은 交分 情이 깊어서
題挽涕沾鬚　挽詞를 지으며 눈물 흘린다.

萬事惟遭遇 浮生有菀枯 相知總霄漢 未老忽泉壚
李遠饒詩興 爰絲混博徒 晚交情不淺 題挽涕沾鬚
<挽李持平性源> 『谿谷集』 張維

5-047

五十人間事　五十年 살아온 人間事들이
居然成古今　어느덧 古今의 일이 되었네.

孝思何至此 痛哭淚霑襟 功業今棠茇 才名舊翰林
沈縣經數載 揚歷負初心 五十人間事 居然成古今
<辛監司永孫挽詞> 『四佳集』 徐居正

5-048

富貴曾無憾　富貴에는 일찍이 遺憾 없지만
堪嗟壽不長　壽命이 길지 못해 애석하여라.

富貴曾無憾 堪嗟壽不長 回頭五旬事 得意十年強
已矣千鍾樂 居然一鑑亡 知公九泉恨 白髮有高堂
<吉昌府院君挽詞> 『四佳集』 徐居正

5-049
道喪吾何托　道 잃음에 나는 어디 依支하나요
天高問莫聆　하늘 높아 물어도 듣지 못하네.
　　　　　往年哭退老 今歲哭南冥 道喪吾何托 天高問莫聆
　　　　　山窮智異脈 星薄小微精 漢水舟中別 誰知隔死生
　　　　　<挽章 李山海> 『南冥集』 曺植

5-050
有才人共惜　재주 있어 사람들이 哀惜해 했고
無命鬼應嫌　命運 없어 鬼神도 猜忌했으리.
　　　　　正坐儒冠誤 靑衫白盡髥 有才人共惜 無命鬼應嫌
　　　　　身世千年鶴 功名六日蟾 銘旌還故里 回首恨添添
　　　　　<房校勘挽詞> 『四佳集』 徐居正

5-051
傷心古遺直　마음이 아파라 古人의 곧음
那復見當今　어찌 다시 지금에 볼 수 있으랴.
　　　　　介節妨行世 高才喜陸沈 親知盡零落 衰疾轉侵尋
　　　　　南郭移居僻 西湖卜地深 傷心古遺直 那復見當今
　　　　　<挽尹僉知祁> 『象村稿』 申欽

5-052
人事有如此　사람 사는 일들이 이와 같으니
往來空自悲　오고 감에 부질없이 슬퍼한다네.
　　　　　人事有如此 往來空自悲 靑春逢餞地 朱夏哭歸時
　　　　　流落嗟何及 存亡恨莫追 平生過庭分 執紼鬢成絲
　　　　　<林聘君挽> 『企齋集』 申光漢

5-053

德與名俱重　德行과 名譽 모두 갖추었으나
時兼命自差　時節과 命運은 어긋났더라.

　　　　二十年前面 相逢未盡懷 方祈乘泰運 久擬踐台階
　　　　德與名俱重 時兼命自差 傷心三典禮 無復伯夷諧
　　　　<禮曹兪判書汝霖挽詞>『企齋集』申光漢

5-054

物衰還有日　事物이 衰하면 돌아올 날 있건만
人逝返無期　사람은 한 번 가면 돌아올 期約없네.

　　　　鶯入新年語 花開滿故枝 物衰還有日 人逝返無期
　　　　抱怨重泉暗 銷魂諸友悲 行修罹禍酷 天道邈難知
　　　　<挽徐訓導适>『晦齋集』李彦迪

5-055

不廢長江在　막힘없이 長江이 흘러간다면
聲名共一流　名聲도 그와 함께 전할 것이라.

　　　　文章亦餘事 人物曾賢僑 世仰霑霖澤 天催記玉樓
　　　　駱峯春自媚 麟閣畫空留 不廢長江在 聲名共一流
　　　　<申大諫 光漢挽>『泛虛亭集』尙震

5-056

人生誰不死　인생에 어느 누가 죽지 않을까
百歲皆同歸　百歲 안에 모두 다 돌아간다네.

　　　　兩曜如跳丸 四序相推移 浮生能幾何 忽如流星馳
　　　　常苦不滿百 況乃七十稀 共賀高堂上 鶴髮尙含飴
　　　　積善餘慶多 蘭玉滿庭闈 歲時笏頮床 五常稱白眉

迭起舞綵衣 其樂自融怡 願言享多壽 千秋長若斯
寧知事大謬 二豎忽相欺 槐安夢一覺 人間万事非
茫茫九原下 厚夜朝何時 蕭蕭宰木拱 慘慘悲風吹
人生誰不死 百歲皆同歸 情鍾屬我輩 題挽涕交頤
<挽詞> 『三灘集』 李承召

5-057

秋山落葉滿 가을 산에 落葉이 가득 쌓이면
何處覓孤墳 어디에서 외론 무덤 찾을 것인가?

憶昔蓬萊殿 同時閱古文 他年談咲後 今日死生分
未遂留徐劍 徒悲望白雲 秋山落葉滿 何處覓孤墳
<丞承挽詞> 『松齋遺稿』羅世纘

5-058

地下如相識 地下에서 서로가 親分 있다고
應招拙叟游 재주 없는 늙은이를 불렀으리라.

南柯春夢破 雲落夜臺幽 雖喜嚴顔咲 可堪慈母愁
高陽徒已散 華表跡空留 地下如相識 應招拙叟游
<益城府院君挽章> 『及菴詩集』 閔思平

5-059

死生如晝夜 살아감과 죽음이 밤낮 같으니
執紼21)尙哀歌 줄을 잡고 애달픈 노래 부르네.

世係三朝相 生涯一院花 稀年今轉少 通憲古無多
夫子何遺恨 卽君盡拜嘉 死生如晝夜 執紼尙哀歌
<權判書挽詞> 『圓齋稿』 鄭樞

---

21) 執紼: 영구차를 끄는 데 쓰이는 동아줄을 잡다. 발인하다.

5-060
山頹安所仰　산이 무너지니 어디를 바라보며
天遠固難諶　하늘이 머니 참으로 믿기 어렵네.

芳年直紫禁　皓日照丹心　古府樞機密　南州惠愛深
山頹安所仰　天遠固難諶　忍看埋玉樹　苦淚倍霑襟
<挽尹密直可觀>『三峯集』鄭道傳

5-061
醉中仍棄世　醉中에 世上을 버리셨으니
何處把金卮　어디에서 金盞을 잡으시려나.

貴富超東國　豪華冠一時　放鷹心更豁　牽犬意無涯
幾被諸公愛　多爲聖主知　醉中仍棄世　何處把金卮
<黃二相挽章裳>『惕若齋學吟集』金九容

5-062
未必仁人壽　어진 사람 반드시 長壽하지 못하여
空留長者風　長者의 風貌만 부질없이 남았더라.

溫溫吾益友　情話幾回同　未必仁人壽　空留長者風
塵棲經卷上　火盡藥爐中　惆悵平生事　松楸夜月籠
<趙俛宰臣挽辭>『獨谷集』成石璘

5-063
華屋悲風起　華麗한 집 슬픈 바람 일어나더니
哀榮事已休　哀榮의 사업도 끝이로구나.

華屋悲風起　哀榮事已休　人生有修短　天意豈恩讐
慘怳雲烟曉　凄凉草樹秋　挽歌轉悽楚　行路揚知愁
<成判書挽辭唯德>『陽村集』權近

5-064
身世還如夢　身世는 또 다시 꿈같아지니
人生本自浮　人生은 본래가 浮雲 같더라.
　　　　　　德爵尊皆具 詩書學亦優 棘闈留藻鑑 華屋照銀鉤
　　　　　　身世還如夢 人生本自浮 門闌餘慶在 不用淚長流
　　　　　　<成密直 士達挽辭>『陽村集』權近

5-065
謹愼持身德　삼가며 몸가짐에 덕을 지니고
溫恭待物仁　恭遜하여 남에게 어질었다네.
　　　　　　吾生雖已晚 尙及老成人 謹愼持身德 溫恭待物仁
　　　　　　黃扉初罷相 綠野欲怡神 豈意騎箕速 終令愴恨新
　　　　　　<姜文敬公挽辭>『陽村集』權近

5-066
一死人難免　죽음을 사람이 면치 못하나
於君理太乖　그대에겐 이치가 너무 잘못되었네.
　　　　　　一死人難免 於君理太乖 靑雲軔初發 黃壤壁還埋
　　　　　　尙爾交親慟 何如父母懷 提携四黃口 誰似阿兒佳
　　　　　　<挽權正字徽>『海峰集』洪命元

5-067
忠孝傳家德　忠孝를 家德으로 전하니
英雄輔世才　世上을 補佐할 英雄이라.
　　　　　　忠孝期兼盡 規模欲不差 少蒙深雨露 豈戀舊桑麻
　　　　　　寂寞重泉夜 芳菲一樹花 賦歸丹旐遠 懷德白雲斜
　　　　　　<挽黃宰臣子厚>『敬齋集』河演

5-068

何如辭二極　어찌하여 이승을 떠나셨는가
天地總噫悲　天地가 모두 다 슬퍼한다네.

　　　　一索初居震　重明已繼离　謳歌之夏日　羽翼佐漢時
　　　　旣法三朝孝　方承百世基　何如辭二極　天地總噫悲
　　　　＜懿敬王世子挽章＞『四佳集』徐居正

5-069

一掬門生淚　門生들 눈물을 움켜쥐고서
題詞不耐情　挽詞를 지으며 슬퍼하누나.

　　　　聲名龍榜早　步武鼇禁榮　當代尊耆舊　斯文仰老成
　　　　誨人思玉振　敎子勝金籯　一掬門生淚　題詞不耐情
　　　　＜金兼司成新民挽詞＞『四佳集』徐居正

5-070

一身明進退　一身의 進退가 分明했기에
靑史炳然存　靑史에 分明하게 남아 있다오.

　　　　星嶽千年降　文忠幾葉孫　學尋前聖統　詩入盛唐門
　　　　廊廟凌煙閣　溪山獨樂園　一身明進退　靑史炳然存
　　　　＜挽章 鄭惟吉＞『企齋集』申光漢

5-071

把筆爲題詩　붓 잡아 挽詞를 쓰려하는데
使我生新愁　새로운 愁心이 밀려오누나.

　　　　茫碭大化內　生死若浮休　壽夭旣不齊　賢愚同一丘
　　　　誰能詰其端　天高地幽幽　我憶鄭少年　賢名出儕流
　　　　風標秀且美　皎皎珊瑚鉤　平生服儒素　舊業餘箕裘

筮仕立鵷行　共誇丹穴雛　相公鍾愛深　君王眷顧優
銀章亦已寵　富貴誰能儔　天胡不與壽　命與才爲仇
昨日嘆鳳飛　今日鳳相求　寂寞蕭臺空　悲風來颼颼
爲善不可恃　此事將何尤　把筆爲題詩　使我生新愁
<挽鄭少年>『三灘集』李承召

5-072

每切雲天芘　애절함은 구름 덮인 하늘과 같고
其如松柏凋　松柏같은 忠節도 시들었구나.

義分兼知己　軒軒拔俗標　烏山同版籍　鼇禁忝官僚
每切雲天芘　其如松柏凋　靑門數行淚　丹旐正迢迢
<金留守之慶挽詞>『佔畢齋集』金宗直

5-073

幽明今忽隔　오늘 忽然 幽明을 달리했으니
雙涕落酸風　눈물이 더운 바람에 떨어진다네.

己卯吾攀桂　君名虎榜中　瓊林錫宴罷　金殿拜恩同
聚散俄成恨　衰遲並作翁　幽明今忽隔　雙涕落酸風
<挽崔迎日有恒>『佔畢齋集』金宗直

5-074

忽聞凶訃至　갑자기 訃音을 전해 듣고는
戀舊涕潸然　예전 일이 그리워 눈물 쏟는다.

一托東西榜　睽携十數年　忽聞凶訃至　戀舊涕潸然
<挽金渭原孝良>『河西全集』金麟厚

5-075

自拔頹波裏　衰頹한 물결 속에 스스로 超脫했고

孤醒衆醉中　많은 사람 취한 속에 홀로 깨었지.
　　　　自拔頹波裏 孤醒衆醉中 險夷持素節 獻納丹罄衷
　　　　名協三尊達 家徒四壁空 餘生泣鳳髓 何處挹清風
　　　　<挽李贊成直彦>『象村稿』申欽

5-076
盡心扶直氣　마음을 다하여 곧은 氣象 세웠으니
不暇念身危　自身의 위태로움 돌볼 겨를 없었네.
　　　　公入金閨日 宣陵遇見知 盡心扶直氣 不暇念身危
　　　　取勢回飛早 歸田去國遲 平生用意處 遺後數篇詩
　　　　<挽章 洪彦弼>『懶齋集』蔡壽

5-077
生涯嗟幾許　슬프다! 生涯가 얼마이던가?
六十五星霜　六十五 星霜밖에 안되었구나.
　　　　生涯嗟幾許 六十五星霜 奕世貂蟬貴 盈門桂樹香
　　　　長途行未了 短景逝何忙 賴有叢蘭茂 知君永不亡
　　　　<挽李府尹堧>『月軒集』丁壽崗

5-078
疎懶蒙知久　게으른 날 오래도록 알아주셨고
交親荷意長　친하게 사귀니 고마움이 많아라.
　　　　能事兼文武 高懷有弛張 官陞三品貴 壽止七旬強
　　　　疎懶蒙知久 交親荷意長 遙裁八句挽 老淚不禁滂
　　　　<挽人>『高峯集』奇大升

5-079

忽蛻風塵表　　忽然 風塵 밖으로 벗어났으니
應遊汗漫中22)　아득하고 넓은 곳에 놀고 있겠네.
　　　　　　　迫患心難盡 澆愁酒有功 海鄉居或遠 京宅養能忠
　　　　　　　忽蛻風塵表 應遊汗漫中 緘辭遙寓挽 交義愧無終
　　　　　　　＜挽人＞『高峯集』奇大升

5-080

儀刑空在目　　그 모습 부질없이 어른거림에
獨坐涕連洏　　홀로 앉아 하염없이 눈물 흘린다.
　　　　　　　共抱山崩慟 流年忽周馳 公今又如此 天道更悠悠
　　　　　　　對月論經夜 停杯話別時 儀刑空在目 獨坐涕連洏
　　　　　　　＜挽章禹性傳＞『高峯集』奇大升

5-081

未識蒼天意　　푸른 하늘 깊은 뜻 알 수 없으니
傷心漢水流　　아픈 마음 漢水처럼 흘러가누나.
　　　　　　　洋淪誰得測 澹泊自無愁 樂道惟知退 先幾肯踐尤
　　　　　　　高懷計落落 末路事悠悠 未識蒼天意 傷心漢水流
　　　　　　　＜挽章柳格＞『高峯集』奇大升

5-082

積吝規長絶　　아까와라 儀範이 길이 끊기고
重泉23)信不通　黃泉엔 便紙조차 通하지 않네.
　　　　　　　憶昨關西路 連旬哭二公 孤危故人恨 殄瘁士林恫

---

22) 汗漫 : 공허하다, 허황하다, 물이 아득히 넓은 모양.
23) 重泉 : 사람이 죽은 뒤에 그 영혼이 가서 산다는 세계.

積咎規長絶　重泉信不通　無窮巨卿淚　獨立灑東風
<挽章鄭惟一文峯>『高峯集』奇大升

5-083
未展經世志　經世의 큰 뜻을 펴지 못하고
空留山斗名　泰山北斗 이름만 남기었구나.

光岳分元氣　天生間世英　才堪制禮樂　學則在明誠
未展經世志　空留山斗名　平生有心契　南望淚如傾
<挽章鄭琢藥圃>『高峯集』奇大升

5-084
落落危途計　위태로운 그 계획 무너졌으니
冥冥大化機　큰 변화 그 기회 암담해졌네.

豈是龍蛇厄　非關運命違　斯民自不幸　吾道更無依
落落危途計　冥冥大化機　傷心樂菴月　空照舊巾衣
<挽章洪迪荷衣>『高峯集』奇大升

5-085
笑言如昨日　웃음소리 들려옴이 어제 같은데
誰道隔幽明　유명이 갈린 것을 뉘에게 묻나?

汗血臨千里　南圖擬萬程　宣城鸞去慕　天嶺鵬來驚
徹地慈親淚　杳天識友情　笑言如昨日　誰道隔幽明
<挽郭咸陽>『退溪集』李滉

5-086
空將臨別語　부질없이 作別의 말을 건네며
南望淚長流　남쪽 향해 하염없이 눈물 흘린다.

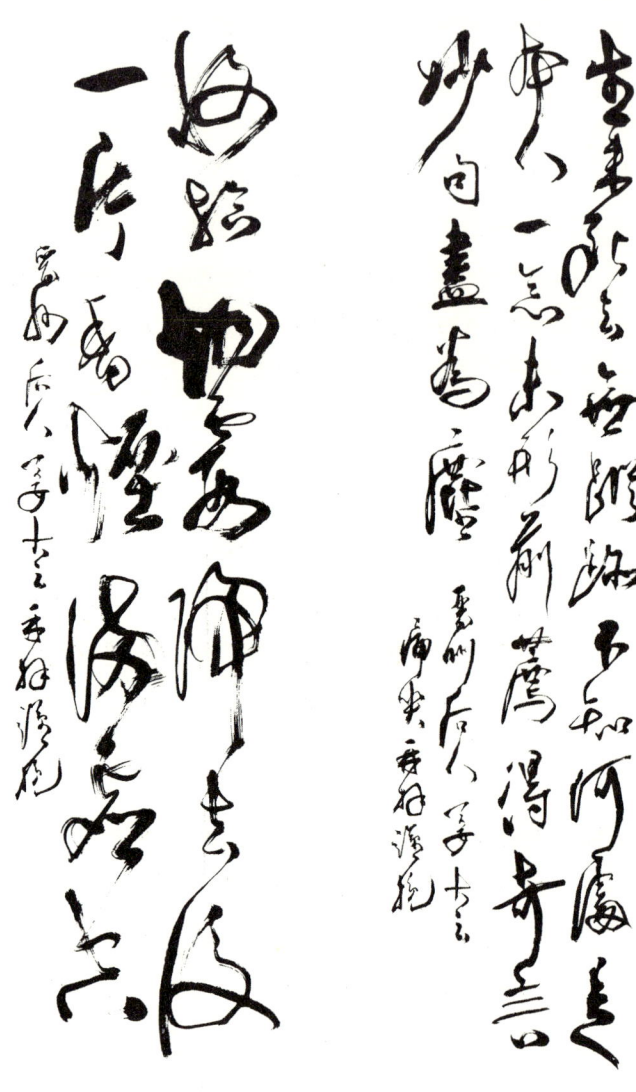

圖57. 5-286
〔글씨〕 청하 강대운

圖58. 5-288
〔글씨〕 청하 강대운

垂絶陶山痛 三年不盡愁 先生今又逝 小子竟誰尤
江漢扁舟遠 乾坤萬事悠 空將臨別語 南望淚長流
<挽章洪迪荷衣> 『高峯集』 奇大升

5-087

如何嗇遐壽　어찌하여 오래 살지 못하였는지
後死竟呑聲　소리조차 내지를 못하겠더라.

閩洛徽音遠 新奇異論生 天敎扶道脈 君復應文明
才大命還舛 理窮心自平 如何嗇遐壽 後死竟呑聲
<挽章朴光玉懷齋> 『高峯集』 奇大升

5-088

南瞻淚不盡　남쪽 향해 하염없이 눈물 흘리며
倘有九泉[24]期　九泉에서 만날 것을 期約한다오.

我病方折命 驚聞子已歸 精神渾欲喪 肝膽更誰知
天意嗟何恃 斯文奈永隳 南瞻淚不盡 倘有九泉期
<挽章沈義謙巽菴> 『高峯集』 奇大升

5-089

廟堂悲失鑑　廟堂에선 거울 잃어 서글퍼 했고
吾道慟無師　우리 道는 스승 없어 통곡한다네.

已矣奇夫子 天胡不憖遺 廟堂悲失鑑 吾道慟無師
湖嶺懷曾極 幽明負莫追 潞公難叫起 題墓竟伊誰
<挽章徐台壽> 『高峯集』 奇大升

---

24) 九泉: 송장이나 유골을 땅에 묻은 곳.

5-090
俛仰成陳迹　俯仰間에 過去의 일이 됐으니
餘生只淚痕　남은 생애 지금부턴 눈물뿐이리.
　　　　　古人重叙族 同姓寡吾門 此地開三徑 吾家隔一垣
　　　　　林遊聯杖屨 社飲對匏樽 俛仰成陳迹 餘生只淚痕
　　　　　<挽張訓導> 『谿谷集』 張維

5-091
忽聞乘化去　신선되어 떠나셨단 突然한 消息
哀挽一悽然　슬픈 挽詞 한결같이 凄凉하여라.
　　　　　屛迹沈冥日 幽居莽蒼邊 未成陪杖屨 空復望林泉
　　　　　孝謹風猶在 兒孫業可傳 忽聞乘化去 哀挽一悽然
　　　　　<挽邊丈> 『谿谷集』 張維

5-092
孤生惟涕淚　외로운 삶 오로지 눈물뿐이요
往迹似雲煙　지나간 자취는 안개 속 같네.
　　　　　先公與夫子 朝著接英躔 年事庚辛近 科名甲乙聯
　　　　　孤生惟涕淚 往迹似雲煙 媿負生芻奠 空題薤露篇
　　　　　<朴同樞慶新挽> 『谿谷集』 張維

5-093
通家情不淺　집안끼리 통하는 情 얕지 않으니
揮涕送朱幡　눈물을 닦으며 붉은 銘旌 餞送하네.
　　　　　道爲詩書重 官經省署尊 金魚優大耊 玉樹映高門
　　　　　風落靈椿色 霜凋宿草原 通家情不淺 揮涕送朱幡
　　　　　<金同知元祿挽> 『谿谷集』 張維

5-094

一瞥人間夢　눈 한번 깜빡하는 사람의 꿈도
千秋地下郞　어느새 千萬年 地下客이라.

　　　　　迹是江潭舊 材稱省署良 金莖空有露 玉樹已凋霜
　　　　　一瞥人間夢 千秋地下郞 黔山故松栢 蕭瑟向斜陽
　　　　　<嚴學士惺挽>『谿谷集』張維

5-095

似有長年術　養生術이 있는 듯 보였었는데
翻成隔世人　갑자기 다른 世上 사람이 됐네.

　　　　　憶在江都日 倉黃避虜塵 恩恩陪語笑 落落見風神
　　　　　似有長年術 翻成隔世人 拜床遺恨在 哀挽一沾巾
　　　　　<黃參議致敬挽>『谿谷集』張維

5-096

高堂有垂白　집안에 살아계신 늙은 어버이
厚夜恨難平　긴긴밤 恨 맺혀 어이할까나.

　　　　　素業標科目 明時得儁聲 風霜臺憲肅 星宿省郞淸
　　　　　過艾年非促 炊粱夢忽驚 高堂有垂白 厚夜恨難平
　　　　　<挽李持平性源>『谿谷集』張維

5-097

萬事惟遭遇　萬事가 오직 때를 잘 만나야지
浮生有菀枯　구름같은 人生事 시들었다네.

　　　　　萬事惟遭遇 浮生有菀枯 相知總霄漢 未老忽泉壚
　　　　　李遠饒詩興 爰絲混博徒 晚交情不淺 題挽涕沾鬚
　　　　　<挽李持平性源>『谿谷集』張維

5-098
痛哭東門外　동문 밖에 통곡소리 이어지는데
那堪望素旗　어떻게 흰 깃발을 바라보려나?
　　　　　夙興勞聖慮　晏駕促仙期　天上朝眞樂　人間喪考悲
　　　　　空餘軒釖墮　無復舜裳垂　痛哭東門外　那堪望素旗
　　　　　<康宗大王挽詞　翰林奏呈>『東國李相國集』李奎報

5-099
玉樹25)添風彩　人材에 아름다운 風采 더했고
銀鉤26)照日光　筆跡은 햇빛처럼 빛났었구나.
　　　　　泉裝何遽爾　吾謂老彌强　玉樹添風彩　銀鉤照日光
　　　　　淸新庾開府　終始郭汾陽　偶會還如昨　投壺意自長
　　　　　<杏村李侍中嵒挽詞>『東文選』白文寶

5-100
堂堂寧復有　堂堂함을 어찌 다시 볼 수 있으랴
爲國一潸然　나라위해 한결같이 눈물 흘린다.
　　　　　兩手親扶日　一心誓補天　功先多亂日　眼見太平年
　　　　　聖主方崇德　皇天遽奪賢　堂堂寧復有　爲國一潸然
　　　　　<吉昌府院君挽詞>『四佳集』徐居正

5-101
無復瞻山斗　다시는 泰山北斗 볼 수 없으니
那堪爲國哀　나라 위한 슬픔을 어찌할거나?

---

25) 玉樹: 아름다운 나무라는 뜻으로, 재주가 뛰어난 사람을 비유적으로 이르는 말.
26) 銀鉤: 썩 아름답게 쓴 글씨. 특히 '초서(草書)'를 비유적으로 이르는 말이다.

黑頭登相府 勳業畫雲臺 鼎鼐調羹手 經綸濟世才
人間亡一鑑 天上落三台 無復瞻山斗 那堪爲國哀
<姜領議政挽詞> 『四佳集』 徐居正

5-102

停雲瞻昊漭　구름 멈춘 넓은 하늘 바라다보니
天地一茫茫　天地가 한결같이 아득하더라.

昔我東遷峽 聞君北謫荒 風塵幾知己 嶺海共銷腸
誰料生還日 翻成死別章 停雲瞻昊漭 天地一茫茫
<鄭副學弘翼挽> 『象村稿』 申欽

5-103

沈痾不得哭　깊은 病에 痛哭을 할 수 없어서
悵望若爲思　슬프게 바라보며 생각을 하네.

天柱欹傾日 邦家殄瘁時 典刑無耆老 風範有佳兒
簹竹春空長 嵒泉細自垂 沈痾不得哭 悵望若爲思
<挽章 鄭惟吉> 『企齋集』 申光漢

5-104

斯人今又歿　그대는 오늘 世上 떠났다지만
何處善爲隣　어디선가 좋은 이웃 되었으리라.

好古悲生晩 探源味道眞 燃糠繼匡壁 食糲任安貧
身臥花潭久 名編竹簡新 斯人今又歿 何處善爲隣
<挽徐處士敬德> 『企齋集』 申光漢

5-105

一代英靈盡　한 時代의 英靈이 다 떠났으니
千年塵夢空　千年의 속세 꿈 허무하구나.

奕世簪纓舊 追承更有公 箕疇知命壽 周禮六卿崇
一代英靈盡 千年塵夢空 傳家能幹蠱 流慶自難窮
<鄭判書 光世挽> 『冲庵集』 金淨

5-106
身世還如夢　身世가 다시 또 꿈처럼 되니
人生本自浮　人生이란 本來가 뜬 구름이라.
德爵尊皆具 詩書學亦優 棘闈留藻鑑 華屋照銀鉤
身世還如夢 人生本自浮 門闌餘慶在 不用淚長流
<成密直 士達 挽詞> 『陽村集』 權近

5-107
那知死生隔　어떻게 알았으랴 生死의 갈림
今日在吾先　오늘 내 앞에 있을 줄이야.
莫逆平生友 相暌二十年 有懷長耿耿 無日不懸懸
常恨違千里 那知隔九泉 天涯思舊淚 遙洒北風前
<金僉樞 潭挽> 『陽谷集』 蘇世讓

5-108
神傷那可已　아픈 마음 어떻게 멈출 수 있나
風幔掩黃昏　펄럭이는 銘旌이 黃昏 가리네.
脫去繁華習 來嬪德業門 便應親井臼 終欲襲蘭蓀
安分心無累 如賓敬自尊 神傷那可已 風幔掩黃昏
<李大司成希輔妻挽> 『陽谷集』 蘇世讓

5-109
微疽俄作祟　작은 병이 갑자기 빌미가 되어

萬事忽成塵　萬事가 忽然히 티끌이 됐네.
　　　　　　鐵城流慶遠 根大世生人 鳳穴雛元美 蘭芽葉更新
　　　　　　微疴俄作祟 萬事忽成塵 豈但傷瓜葛 堂留鶴髮親
　　　　　　<李措大 勝挽>『潛庵逸稿』金義貞

5-110
此夕幽明隔　오늘 저녁 幽明을 달리했으니
終天恨獨長　世上 떠난 그 恨은 惟獨 길더라.
　　　　　　多猜唯造物 憂喜幷相將 欲慶萱堂日 纒悲棣萼腸
　　　　　　蓮花慳映色 雁翼不成行 此夕幽明隔 終天恨獨長
　　　　　　<李措大 勝挽>『潛庵逸稿』金義貞

5-111
道傳千載學　道는 千年의 學問으로 전해지고
惠施小城民　은혜는 작은 백성에게도 베풀어졌네.
　　　　　　當代南中老 先王眷遇臣 道傳千載學 惠施小城民
　　　　　　壽富多男子 仁賢大德人 林泉休萬事 揮淚遠傷神
　　　　　　<挽詞李良國>『一齋集』李恒

5-112
壽富多男子　長壽에 多福하며 子息도 많고
仁賢大德人　어질고 賢明하며 덕 있는 사람.
　　　　　　當代南中老 先王眷遇臣 道傳千載學 惠施小城民
　　　　　　壽富多男子 仁賢大德人 林泉休萬事 揮淚遠傷神
　　　　　　<挽詞李良國>『一齋集』李恒

5-113
石火催楹夢　石火처럼 빨랐던 꿈같은 세월

人間八十秋　人間에서 八十壽 살아왔다네.
　　　　　石火催楹夢 人間八十秋 乾坤英氣盡 宇宙大名流
　　　　　朝野悲張載 斯文哭子由 蔡淵憂道淚 重洒考亭頭
　　　　　<挽詞南彦縝> 『一齋集』 李恒

5-114
乾坤英氣盡　世上에는 英雄이 사라졌으나
宇宙大名流　宇宙에는 大名이 전할 것이라.
　　　　　石火催楹夢 人間八十秋 乾坤英氣盡 宇宙大名流
　　　　　朝野悲張載 斯文哭子由 蔡淵憂道淚 重洒考亭頭
　　　　　<挽詞南彦縝> 『一齋集』 李恒

5-115
承家敦孝義　집안에 이어진 건 敦篤한 孝義
傳世尙溫良　世上에 전한 것은 溫良함이라.
　　　　　生死由來事 偏於彦實傷 承家敦孝義 傳世尙溫良
　　　　　餘事文章健 靑雲步武長 前途猶未暮 駬驥奈云亡
　　　　　<挽林錦山希茂> 『葛川集』 林薰

5-116
徹地慈親淚　어머니의 눈물이 세상 적시니
旮天識友情　友情을 아는가 하늘에 묻네.
　　　　　汗血臨千里 南圖擬萬程 宣城鸞去慕 天嶺鵬來驚
　　　　　徹地慈親淚 旮天識友情 笑言如昨日 誰道隔幽明
　　　　　<挽郭咸陽> 『退溪集』 李滉

5-117
百代廉頑節　百代에 淸廉하고 節槪굳으니
高名滿海東　높은 이름 海東에 가득하리라.
　　　　　與時不自適　結屋在山中　嘯覺乾坤小　愁看歲月窮
　　　　　唐虞思古道　洙泗起遺風　百代廉頑節　高名滿海東
　　　　　<挽章 兪大脩> 『南冥集』 曺植

5-118
天上星光滅　하늘에는 별빛이 어두워졌고
人間樑木摧　人間에는 대들보가 무너졌구나!
　　　　　天上星光滅　人間樑木摧　存心經世務　屬望濟時才
　　　　　舊日蒲輪客　今悲絮酒抔　一爲多士痛　不敢哭吾哀
　　　　　<挽章 朴啓賢> 『南冥集』 曺植

5-119
功高心愈下　공이 높지만 마음은 더욱 謙遜하고
身沒志益明　몸이 죽었으나 뜻은 더욱 分明하네.
　　　　　『實用楹聯大觀』

5-120
五十人間客　五十을 살다간 나그네 人生
今從地下遊　지금은 地下에서 노닐고 있네.
　　　　　五十人間客　今從地下遊　悲涼薤露曲　淚落北邙陬
　　　　　<挽陳彦卿嚴侍> 『河西全集』 金麟厚

3. 六言挽聯

5-121
孤墳成客散後　외로운 무덤 이뤄지니 객들은 흩어지고
山寂寂月黃昏　청산은 寂寂한데 달마저 黃昏이라.
　　　　　　　『冠婚喪祭禮大典』

5-122
空手來空手去　빈손으로 왔다가 빈손으로 떠나가니
世上事如浮雲　세상의 모든 일은 뜬 구름과 같구나.
　　　　　　　『冠婚喪祭禮大典』

5-123
音容笑貌依舊　音容과 容貌는 예전 같은데
亮節高風長存　밝은 節槪 高風은 길이 남았네.
　　　　　　　[中國通用輓聯]

5-124
一生剛直無邪　一生동안 剛直하여 邪惡함이 없었고
終身淸白光明　終身토록 淸白하니 光名이 있었다네.
　　　　　　　[中國通用輓聯]

5-125
身逝音容宛在　몸이 떠나갔으나 音容은 如前하고
風遺德業長存　氣風이 전해지니 德業이 길이 남네.

[中國通用輓聯]

5-126
青山永志賢德　靑山은 賢德에 뜻을 두었고
綠水長詠雅風　푸른 물은 端風을 길이 읊는다.
　　　　　　　[中國通用輓聯]

5-127
壽終德望猶在　壽命은 마쳤으나 德望은 남아있고
人去徽音長存　사람은 떠났으나 徽音은 길이 남네.
　　　　　　　[中國通用輓聯]

5-128
門外紅梅綠竹　門外엔 紅梅와 綠竹이 있고
室內白衣素袍　室內에는 白衣와 素袍 입었네.
　　　　　　　[中國通用輓聯]

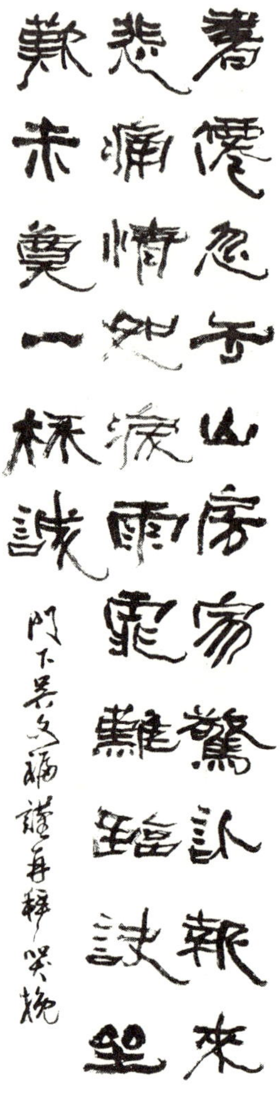

圖59. 7-103
〔글씨〕한천 양상철

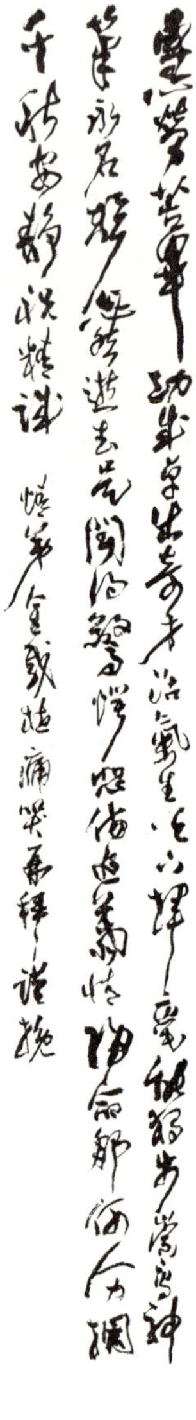

圖60. 7-104
〔글씨〕한천 양상철

4. 七言挽聯

5-129
萬里山花凝血淚　萬里의 山花에는 피눈물이 맺혀있고
一溪流水作哀聲　시내에 흐르는 물 슬픈 소리 내는구나.
『實用楹聯大觀』

5-130
浮雲萬事回頭過　뜬 구름 世上萬事 瞬息間에 지나가고
化蝶孤魂入夢酣　나비가 된 외로운 魂 단 꿈을 꾸는구나.
休官自適臥城南 七十稀齡又享三 治郡才名追召父
滿床袍笏盡賢男 浮雲萬事回頭過 化蝶孤魂入夢酣
病痺故人違執紼 空題哀挽意難堪
[挽權旌善]『月軒集』丁壽崗

5-131
凄涼雲樹愁千里　凄涼한 구름 나무 千里의 근심이요
惆悵春風恨隔年　서글픈 봄바람은 오랜 歲月 恨이라.
『實用楹聯大觀』

5-132
天道由來難可必　天道의 由來는 必然이라 할 수 없네
斯人無壽又無男　이런 분이 短命하고 子息마저 없으니.
自從孤幼當門戶 浮世駸駸四十三 天道由來難可必
斯人無壽又無男

<崔主簿玉閏挽> 『佔畢齋集』 金宗直

5-133

那知聚散傷心地　어찌 알랴 만나고 헤어짐이 아픔임을
遽作存亡異世人　갑자기 生死갈려 저승사람 되었도다.

　　　　鄕曲承薰竊自親　更從賢胤挹餘塵　那知聚散傷心地
　　　　遽作存亡異世人　積善故應終有報　淸名渾覺久無磷
　　　　病中裁挽空垂淚　回首南雲白髮新
　　　　<挽高參議孟英>『高峯集』奇大升

5-134

傷心玉樹埋何處　마음 아파라 人材를 어디에 묻나?
無復蒼生望濟時　蒼生 救濟 다시는 期待 못하리.

　　　　獨抱瑚璉罕世姿　良材留待棟樑期　文追班馬不多讓
　　　　學究天人空自奇　陶逕遙憐稚子候　延門長惜大醫遲
　　　　傷心玉樹埋何處　無復蒼生望濟時
　　　　<挽章兪泓退憂堂>『高峯集』奇大升

5-135

强擡淚眼瞻南紀　눈물어린 눈으로 남쪽 끝을 바라보니
疊巘層巒一萬重　산봉우리 層層이 일만 겹이 싸였구나.

　　　　振古儒家有退翁　天分正派接高峯　明心獨紹微言絶
　　　　義膽咸知淑氣鐘　群卉謾誇榮綺陌　貞松無復秀嚴冬
　　　　强擡淚眼瞻南紀　疊巘層巒一萬重『高峯集』崔顯

5-136

榮華謝謝浮雲變　榮華는 시들어 浮雲 같이 변했고
身世悠悠落日傾　身世는 悠悠히 落日처럼 기울었네.

少年蓮榜共題名 連袂趍朝分不輕 事業寧期止樞密
飛騰共擬到公卿 榮華謝謝浮雲變 身世悠悠落日傾
惆悵江頭奠椒酒 一歸何日返神京
[成景武挽詞] 『私淑齋集』

5-137
如君慕尙今稀有　그대처럼 尊敬할 이 이제 거의 없으니
哀挽臨風哭澈聲　슬픈 輓歌 바람타고 곡소리와 들려오네.
　　　　　　　　東海人文萬萬齡 淵源統緖杳難明 道從隱圃直疏派
　　　　　　　　學到仙溪始集成 知必行時功奪巧 理先氣處知無營
　　　　　　　　如君慕尙今稀有 哀挽臨風哭澈聲
　　　　　　　　<挽章具鳳齡柏潭> 『高峯集』 奇大升

5-138
山聳北郊埋忠骨　山이 솟은 북쪽 郊外에 忠骨을 묻고
澤留鄕里仰遺風　恩澤남은 鄕里에서 遺風을 우러르네.
　　　　　　　　『萬有對聯寶鑑』

5-139
終生儉樸留典範　平生동안 儉素하여 典範을 남겼으며
一世勤勞傳淸風　一世에 勤勉하여 淸風을 전해주네.
　　　　　　　　『萬有對聯寶鑑』

5-140
脈脈百年同道契　언제나 百年間 함께하자 하고서
如何今日隔重泉　어이하여 오늘 그대 黃泉으로 갔는가?
　　　　　　　　傷心世事涕漣漣 握手風塵幾視天 雪遍途中街十二

春明門外路三千 靑山一臥君應樂 白髮孤生我自憐
脈脈百年同道契 如何今日隔重泉
<挽章洪仁慶> 『高峯集』 奇大升

5-141

人間未遂靑雲志　사람은 靑雲의 뜻 이루지 못했는데
天上先成白玉樓[27]　天上에선 白玉樓를 먼저 만들었네.
『萬有對聯寶鑑』

5-142

情凝雪片皆飛白　눈송이에 情이 붙어 하얗게 날리고
淚灑楓林盡染紅　눈물은 丹楓 씻어 온통 붉게 물들었네.
『萬有對聯寶鑑』

5-143

英明德業秀而長　英明하신 德業이 빼어나고 遠大한데
天意如何殲我良　하늘은 어이하여 어진사람 앗아갔나?
英明德業秀而長 天意如何殲我良 講學曾尋雲谷主
修文今作玉樓郞 再歸亦樂居顔巷 三就難忘補舜裳
世事悠悠空疹瘁 長號欲問更茫茫
<挽章吳健德溪> 『高峯集』 奇大升

5-144

世事悠悠空疹瘁　世上事 아득한데 重病이 들었으니
長號欲問更茫茫　소리쳐 물어봐도 다시 또 아득하네.

---

27) **白玉樓**: 문인이나 묵객이 죽은 뒤에 간다는 하늘의 누각이라는 뜻으로, 문인이나 묵객의 죽음을 이르는 말.

英明德業秀而長 天意如何殱我良 講學曾尋雲谷主
修文今作玉樓郎 再歸亦樂居顔巷 三就難忘補舜裳
世事悠悠空疹瘁 長號欲問更茫茫
<挽章吳健德溪> 『高峯集』 奇大升

5-145

那知此日無窮慟　어찌 알랴 오늘 한없이 슬퍼짐을
獨立長宵何所之　긴긴 밤 홀로 서서 어디로 가는가?

晚覺爲文始得師 百年函丈願無違 那知此日無窮慟
獨立長宵何所之 <挽章陳重厚> 『高峯集』 奇大升

5-146

筆勢飛騰鸞鶴舞　筆勢는 飛騰한데 鸞鶴이 춤을 추고
詩篇奇絶鬼神驚　詩篇이 奇異함에 鬼神도 놀래었지.

靑丘山水孕精英 七歲聲名動洛城 筆勢飛騰鸞鶴舞
詩篇奇絶鬼神驚 主文能使風騷變 秉政爭稱仕路淸
德宇已成泉下隔 暮雲南嶽亦含情
<挽詞李尙信> 『鵝溪遺稿』 李山海

5-147

德宇已成泉下隔　仁德을 이루고 黃泉으로 떠났으니
暮雲南嶽亦含情　南山에 저문 구름 역시나 슬퍼하네.

靑丘山水孕精英 七歲聲名動洛城 筆勢飛騰鸞鶴舞
詩篇奇絶鬼神驚 主文能使風騷變 秉政爭稱仕路淸
德宇已成泉下隔 暮雲南嶽亦含情
<挽詞李尙信> 『鵝溪遺稿』 李山海

5-148

一老天胡不憖遺　어이해 하늘은 한 元老를 앗아갔나?
居然邦國失蓍龜28)　갑자기 나라에는 賢人을 잃었다네.

　　　　　　一老天胡不憖遺 居然邦國失蓍龜 三朝德望兒童誦
　　　　　　四海聲名草木知 筆下風雲皆造化 眼中蘭玉儘皐夔
　　　　　　留形麟閣神歸嶽 露洗秋空曉月悲
　　　　　　<挽詞南以恭>『鵝溪遺稿』李山海

5-149

已識去來俱係數　오고감은 모두가 運數에 달렸지만
不禁門館淚盈襟　門館에 눈물 흘러 옷깃에 가득하네.

　　　　　　芳名六歲動儒林 天上麒麟絶古今 筆壓東吳龍虎態
　　　　　　賦傾南紀鳳凰吟 淸貧一節家聲遠 勳舊三朝寵渥新
　　　　　　已識去來俱係數 不禁門館淚盈襟
　　　　　　<挽詞李德馨>『鵝溪遺稿』李山海

5-150

人事奕碁同戲幻　人間事 바둑판의 놀이와 같고
世情雲雨任推遷　世情은 雲雨처럼 옮겨 다니네.

　　　　　　傾時盛望屬當日 粉署黃扉儼若仙 人事奕碁同戲幻
　　　　　　世情雲雨任推遷 十霜憂患艱危裏 千首詩篇嶺海邊
　　　　　　恩義向來緘在骨 哭殘秋日下寒天
　　　　　　<挽詞李德馨>『鵝溪遺稿』李山海

5-151

西風灑盡情鍾淚　西風에 정든 눈물 남김없이 흘리나니

---

28) 蓍龜: 점대와 귀갑, 점, 덕망 있는 사람.

無復人間見玉人　다시는 人間에서 좋은 사람 못 보리라.
　　　　　　　　髯齗相從白髮新　中間交道托雷陳　聲名山斗昌黎是
　　　　　　　　家業箕裘柳巷親　位望貳公居鼎鼐　圖形千載照麒麟
　　　　　　　　西風灑盡情鍾淚　無復人間見玉人
　　　　　　　　<韓贊成繼禧挽詞>　『四佳集』　徐居正

5-152
浮生擾擾終歸化　浮生의 煩雜함이 自然으로 돌아가니
萬事紛紛一任天　世上萬事 어지러움 하늘에 맡겼다네.
　　　　　　　　每憶龍湖悵別筵　重來釜浦喜團圓　浮生擾擾終歸化
　　　　　　　　萬事紛紛一任天　北里故居蓬翳逕　南阡新壟草埋烟
　　　　　　　　百年永訣無窮恨　雪涕千行送去船
　　　　　　　　<挽宋副學舅氏>　『象村稿』　申欽

5-153
飲人和氣陽春暖　和氣를 마시니 봄볕처럼 따스했고
徇國丹誠鐵石堅　나라에 忠誠함은 鐵石같이 堅固했네.
　　　　　　　　儐從西關記往年　幾回談笑對賓筵　飲人和氣陽春暖
　　　　　　　　徇國丹誠鐵石堅　劍履擬看朝赤陛　衣冠何遽掩新阡
　　　　　　　　空餘身後勳名在　却望凌煙一悵然
　　　　　　　　<挽鄭西川崐壽>　『象村稿』　申欽

5-154
盛德謙沖心轉小　德이 많고 謙遜하나 마음은 細心했고
眞工純實老逾深　참된 일 純實함은 늙을수록 더했다네.
　　　　　　　　登龍昔日奉書琴　丈席從容荷誨音　盛德謙沖心轉小
　　　　　　　　眞工純實老逾深　河南寂寞春風座　泗上依俙杏樹陰

冥道秪今空擿埴　謾敎哀涕洒衣襟
<挽詞> 『愼獨齋全書』 閔維重

5-155

人間福祿官勳壽　人間世上 福祿은 官勳壽를 누렸고
家世文章祖子孫　家勢와 文章은 祖子孫이 이었더라.

台宿精沈日下昏　朝廷不復典刑存　人間福祿官勳壽
家世文章祖子孫　海右西風飛素旂　終南秋草鎖朱門
他年叔譽觀原處　微子誰歸有定論
<挽詞> 『鵝溪遺稿』 金藎國

5-156

儀邦德宇推喬嶽　國範이 된 德行에 山岳처럼 推仰했고
驚世文章認謫仙　세상 놀랜 文章은 謫仙인 줄 알았네.

七歲聲名已卓然　三朝勳業照靑編　儀邦德宇推喬嶽
驚世文章認謫仙　方擬鹽梅重劑鼎　忽聞榮落已隨煙
昔年癡掾今霜鬢　獨立銷腸涕淚漣
<挽詞> 『鵝溪遺稿』鄭昌衍

5-157

有涯人事靑空盡　끝이 있는 人事가 靑天으로 떠나니
不廢勳名翠石刊　不朽의 勳名을 푸른 돌에 새겼다네.

牧翁之後文章伯　龍起龜潭世聳觀　蕎造典刑天下老
神童筆力道家山　有涯人事靑空盡　不廢勳名翠石刊
舊日門生今白髮　湖中無路送喪還
<挽詞> 『鵝溪遺稿』 李好閔

5-158

人間何處堪怊悵　사람들 어디에서 슬픔을 감당하랴?
萬古同歸一掬泥　萬古의 모두가 한줌 흙이 되는 것을.
　　　　　　　荷亭寥落鎖塵扃　又見春歸一鑑亭　人事可憐同逝水
　　　　　　　故交無處覓晨星　幅巾澣濯悲遺令　艜子貧窮想舊經
　　　　　　　惟有後曹承世好　屋頭小嶺號申丁
　　　　　　　<一鑑亭申丈景玄輓詞>『與猶堂全書』丁若鏞

5-159

半生憂患身俱老　반평생 근심에 이 몸이 늙었으니
一餉功名夢已過　잠깐의 功名에 꿈은 이미 사라졌네.
　　　　　　　同年同宦齒纔差　朋友遊從分最多　螭首書言曾共筆
　　　　　　　銀臺候曉亦聯珂　半生憂患身俱老　一餉功名夢已過
　　　　　　　豈料驊騮先委地　駑駘隨俗尚婆娑
　　　　　　　<挽權同知應挺>『東皐遺稿』李浚慶

5-160

怊悵百年經苦樂　人生 百年 겪은 苦樂 슬퍼하지만
只今還是夢中身　지금 다시 꿈속의 몸이 되었네.
　　　　　　　當時結髮共青春　牛女何期參與辰　怊悵百年經苦樂
　　　　　　　只今還是夢中身　<挽李适室>『河西全集』金麟厚

5-161

浮生忽盡風前燭　浮生이 꺼짐은 바람 앞에 촛불인데
忠懇徒勞日下燈　忠直이 虛事되니 햇빛 아래 등불 같네.
　　　　　　　首陽高節聳稜稜　慷慨如公見未曾　鵠嶺家書無使寄
　　　　　　　燕山詔獄有誰矜　浮生忽盡風前燭　忠懇徒勞日下燈

天道定敎流后慶 雲來世世繼繩繩
<知都僉議韓公挽章大順> 『及菴詩集』 閔思平

5-162

日長深院花無主   긴긴날 深院의 꽃 主人이 없는데
雨過空庭草自新   비개인 빈 庭園에 풀만 절로 새롭다네.

少年風采映簪紳 罷相閑居閱幾春 醉夢不醒千日酒
浮名已作一朝塵 日長深院花無主 雨過空庭草自新
未見兒孫扶櫬去 令人惆悵倍傷神
<王評理興挽辭> 『陽村集』 權近

5-163

直幹風聲雖淅瀝   곧은 가지 바람소리 쓸쓸해지고
承枝雨露尙芳菲   雨露 내린 가지엔 香氣가 시들었네.

庸德庸言世所希 多才多藝似公稀 傳門相業登台府
繼祖文章典禮闈 直幹風聲雖淅瀝 承枝雨露尙芳菲
偶然贈別牛峯月 誰識分明永歎欷
<李贊成孟畇挽> 『敬齋集』 河演

5-164

豪標逸氣飄雲漢29)   豪逸한 氣象은 雲漢에 드러나고
雄辯高談動鬼神   雄辯과 高談은 鬼神조차 感動하네.

並肩諸友倍情親 香火同盟丙子春 戶部十年憂慮遠
監司四道德音新 豪標逸氣飄雲漢 雄辯高談動鬼神
執紼悲哀歌薤露 疏星落月照寒晨
<沈判書道源挽沈公卽先生同年> 『敬齋集』 河演

---

29) 雲漢: 은하수. 천구상에 남북으로 길게 보이는 수억 개의 항성 무리.

5-165

百年事業何曾恨　百年 事業 어떤 것이 恨이 되랴만
但恨高堂30)淚不禁　高堂의 눈물은 금치 못해 한스럽네.

　　　　　籍甚聲名動士林 更逢英主托知心 再圖煙閣功無比
　　　　　作柱明堂倚益深 中令一身關社稷 謝家諸子總纓簪
　　　　　百年事業何曾恨 但恨高堂淚不禁
　　　　　<挽>『三灘集』李承召

5-166

去住關心愁客路　去住에 마음 두니 나그네길 근심이요
風燈催燼望鄕情　風燈이 꺼지는데 고향생각 나는구나.

　　　　　幸接陶山講理精 擬將餘緖付時平 一堂經席論王霸
　　　　　三塾英才喜就成 去住關心愁客路 風燈催燼望鄕情
　　　　　士林共惜相驚吊 豈獨情朋淚濕纓
　　　　　<挽章鄭惟吉林塘>『高峯集』奇大升

5-167

久棹瀾波心不動　波瀾이 흔들어도 搖動하지 않았고
再經榮辱德彌昌　榮辱을 겪었어도 德이 더욱 빛났다.

　　　　　自我先生翼典常 素王風振海東邦 朝衣屢拂三台列
　　　　　仙桂曾分兩國香 久棹瀾波心不動 再經榮辱德彌昌
　　　　　斯文莫歎天將喪 賢子賢孫尙在堂
　　　　　<韓山伯牧隱先生李文靖公挽辭>『陽村集』權近

5-168

門連節鉞多賢子　家門에는 곧은 節槪 어진 子孫이 많고

---

30) 高堂: 높게 지은 집.

堂滿簪紳有弟徒　집에는 高官이 가득 아우들이 모였구나.
　　　　　　　　世傳經術是鴻儒 洒落襟懷貯月壺 烏府肅將三院紀
　　　　　　　　鳳池尊領百寮趨 門連節鉞多賢子 堂滿簪紳有弟徒
　　　　　　　　崇重老成開國日 却嗟無復獻嘉謨
　　　　　　　　<判門下安宗源挽辭> 『陽村集』 權近

5-169
一朝倏忽仙驂遠　하루아침 갑자기 神仙되어 떠났으나
不死踽涼淚眼辛　죽지 못한 외로운 몸 눈물만이 흐른다.
　　　　　　　　一朝倏忽仙驂遠 不死踽涼淚眼辛 異敎喧豗今漸熾
　　　　　　　　正論闢廓更誰人
　　　　　　　　<挽艮翁李判尹獻慶> 『順菴集』 安鼎福

5-170
淸儉在身讎亦服　淸儉하게 사셨으니 怨讐까지 感服하고
文章傳子古猶稀　子息에게 文章 傳함 예부터 드물었네.
　　　　　　　　奎星析木屬休期 藉藉聲名七歲兒 淸儉在身讎亦服
　　　　　　　　文章傳子古猶稀 蓍龜定策三朝老 柱石經邦四海知
　　　　　　　　韋杜聯台今復見 人間五福聚於斯
　　　　　　　　<挽詞> 『鵝溪遺稿』 李山海

5-171
一醉眞堪換百年　한번 취함은 百年과 바꿀만하나
生何如死兩茫然　生死가 무엇인지 둘 다 아득하구나.
　　　　　　　　一醉眞堪換百年 生何如死兩茫然 那將萬斛南湖水
　　　　　　　　盡與泉塗作酒泉
　　　　　　　　<黃裳之父仁聃輓詞> 『與猶堂全書』 丁若鏞

5-172
一世精神歸華表　一世의 精神은 무덤으로 돌아가고
滿堂血淚泣雲天　滿堂에 피눈물은 雲天을 울리누나.
　　　『實用楹聯大觀』

5-173
相逢白首重論舊　늙어서 서로 만나 옛 이야기 했지만
此別黃泉未有期　黃泉으로 離別하니 期約조차 없어라.
　　　存亡追憶少年時 四十秋來海鶴悲 多折花枝春送酒
　　　幾挑燈火夜彈棋 相逢白首重論舊 此別黃泉未有期
　　　只賴滿庭蘭玉在 金貂無復映龍墀
　　　<挽宗室德林君>『企齋集』申光漢

5-174
流水浮生萬事休　流水같은 浮生에 모든 일이 그치니
鳥啼人散憶曾遊　새 울고 사람 흩어짐에 옛 놀이를 추억하네.
　　　流水浮生萬事休 鳥啼人散憶曾遊 年年花草春無數
　　　都是遺孀滿眼愁
　　　<挽人出葬>『虛白亭文集』洪貴達

5-175
壯懷猶在風雲上　壯懷는 風雲위에 남아 전하고
詩卷長留天地間　詩卷은 天地間에 길이 남았네.
　　　『實用楹聯大觀』

5-176
生前身後摠堪憐　살아서나 죽어서나 모두 다 可憐하다

火宅泉臺較孰賢　이승과 저승 중에 어디가 더 나을까?
　　　　　　　　生前身後摠堪憐 火宅泉臺較孰賢 臭腐神奇兩無迹
　　　　　　　　北邙何處是新阡
　　　　　　　　<元司果翼龍挽詞> 『谿谷集』 張維

5-177
一朝乘化誰能止　하루아침 乘化하니 그 누가 制止하랴
西望題詩恨未休　서쪽 향해 詩 쓰지만 恨은 그지없어라.
　　　　　　　　清似冰壺懸素秋 溫如玉瓚映黃流 一朝乘化誰能止
　　　　　　　　西望題詩恨未休 <朴完山輓詞>『春亭集』卞季良

5-178
一夕迷魂竟莫招　하룻밤 헤맨 魂을 불러오지 못하니
山高海闊路沼沼　산 높고 바다 넓어 길은 아득하구나.
　　　　　　　　一夕迷魂竟莫招 山高海闊路沼沼 故居謾望來歸早
　　　　　　　　曾是無人續楚騷 <金繼守輓詞>『春亭集』卞季良

5-179
相逢至今猶可想　서로 만남 지금에도 상상할 수 있으니
舊遊何處不堪愁　어느 곳의 옛 놀이도 큰 근심이 되었구나.
　　　　　　　　『實用楹聯大觀』

5-180
案積芸香存手澤　冊床에는 香氣가 手澤으로 남았고
庭餘芝草見心田　庭園에 芝草는 마음에도 보인다네.
　　　　　　　　『實用楹聯大觀』

5-181
一世儉朴留典範　一世에 儉素함은 典範으로 남겼으며
半世勤勞傳家風　半世에 부지런함 家風으로 전했다네.
　　　　　　　　『實用楹聯大觀』

5-182
三徑寒松含露泣　三徑의 찬 소나무 눈물을 머금었고
半窓殘竹帶風號　半窓에 대나무는 바람에 울어대네.
　　　　　　　　『實用楹聯大觀』

5-183
雲深竹徑樽猶在　구름 깊은 대숲 길에 술동이는 여전한데
雪壓芝田夢不回　눈 덮인 芝草밭엔 꿈에도 오지 않네.
　　　　　　　　『實用楹聯大觀』

5-184
脩然觀化終無憾　忽然히 떠나심에 遺憾이 없으리다
好享人間八十春　世上에서 八十年을 훌륭하게 사셨으니.
　　　　　詩禮趨庭敎訓醇 德門仍世見儒眞 精深翫理功存敬
　　　　　用舍關時道在身 畎畝之中何事業 唐虞以上是經綸
　　　　　脩然觀化終無憾 好享人間八十春
　　　　　[挽詞]『愼獨齋全書』閔維重

5-185
未信賓天終莫返　떠났으나 끝내는 돌아올지 모르겠네
尙疑遊月儻還歸　달에 놀다 갑자기 돌아올 것 같구려.
　　　　　御極三年國已肥 忽因微恙輟宵衣 瑤臺縹緲仙遊遠

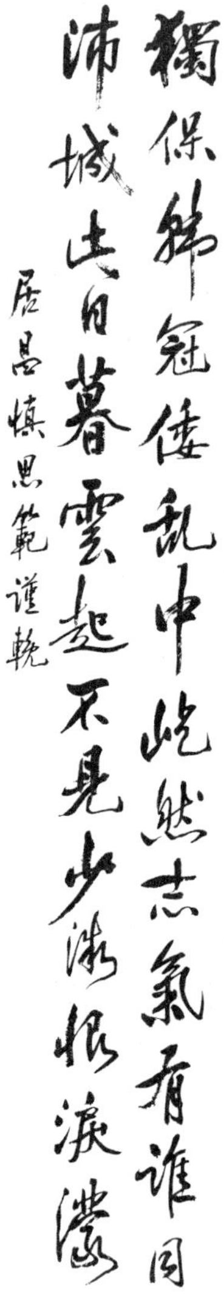

圖61. 7-201
〔글씨〕 하산 서홍식

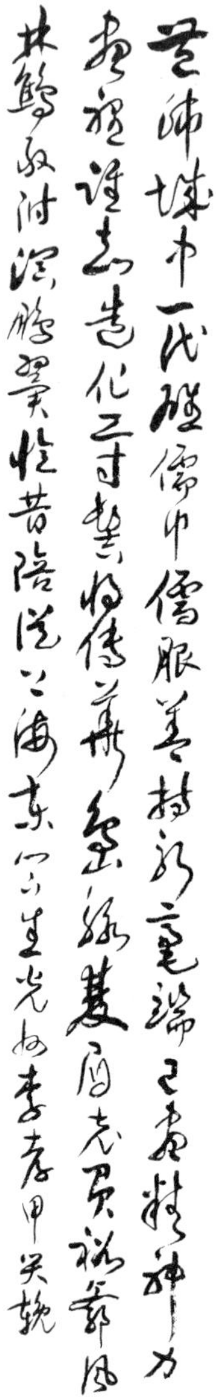

圖62. 7-206
〔글씨〕 하산 서홍식

玉殿凄涼御座非 未信賓天終莫返 尙疑遊月黛還歸
四方涵泳皇恩久 有眼何人不淚揮
<康宗大王挽詞翰林奏呈>『東國李相國集』李奎報

5-186
風凄暝色愁楊柳　찬바람에 어두우니 버들도 근심하고
月弔宵聲哭杜鵑　달밤에 弔問하니 杜鵑도 곡을 하네.
　　　　　　　　『實用楹聯大觀』

5-187
傳噩耗悲歌動地　놀라고 슬퍼하니 노래가 땅을 울리고
繼遺支鐵誓震天　遺志를 繼承하니 盟誓가 하늘을 振動하네.
　　　　　　　　『實用楹聯大觀』

5-188
流水夕陽千古恨　流水에 夕陽은 千古의 恨이요
凄風苦雨百年愁　찬바람에 苦雨는 百年의 근심이라.
　　　　　　　　『實用楹聯大觀』

5-189
魂歸天上風雲慘　天上으로 魂 떠나니 風雲마저 慘憺하고
名著人間花木香　人間에 이름나니 花木까지 香氣롭네.
　　　　　　　　『實用楹聯大觀』

5-190
惆悵淸芬無覓處　청렴한 분 찾을 곳 없음이 슬퍼지니
不堪秋色滿林坰　가을빛이 가득함도 감당하지 못하겠네.

靈風肅肅動雲輧 絳節搖搖凌紫冥 忠義高門心未竟
功名浮世夢初醒 庭中空有聞詩鯉 原上誰看急難鴒
惆悵清芬無覓處 不堪秋色滿林坰
<韓僉議大淳挽詞> 『東文選』 郭珣

5-191

世間無限風波裡　俗世의 그지없는 風波속에서
白首全歸有幾人　白首에 돌아간 이 얼마나 될까?

　　　七十年來自在身 醉鄉中聖任天眞 世間無限風波裡
　　　白首全歸有幾人 <崔丈挽詞> 『谿谷集』 張維

5-192

亭空人去碧山隈　亭子 비고 사람은 靑山으로 떠났지만
仙袂飄飄不復來　옷깃을 펄럭이며 다시 오지 못하누나.

　　　亭空人去碧山隈 仙袂飄飄不復來 湖海更無鷗鳥狎
　　　林巒長與子孫哀 已聞弱冠能魁甲 應笑稀年始乞骸
　　　勇退又兼仁智樂 公言一快豈徒哉
　　　<挽章金詮> 『懶齋集』 蔡壽

5-193

忠義高門心未竟　高門의 忠義를 이루지도 못했는데
功名浮世夢初醒　浮世의 功名에 꿈을 처음 깨었네.

　　　靈風肅肅動雲輧 絳節搖搖凌紫冥 忠義高門心未竟
　　　功名浮世夢初醒 庭中空有聞詩鯉 原上誰看急難鴒
　　　惆悵清芬無覓處 不堪秋色滿林坰
　　　<韓僉議大淳挽詞> 『東文選』 郭珣

5-194

北斗泰山那復仰　北斗와 泰山을 어떻게 다시 보랴
浮雲流水本來空　뜬구름 흐르는 물 本來부터 空虛한데.
　　　　　　　　麟閣曾收第一功 箕裘事業到三公 君臣遭遇無今古
　　　　　　　　富貴榮華有始終 北斗泰山那復仰 浮雲流水本來空
　　　　　　　　悠悠六十年間夢 留取聲名簡策中
　　　　　　　　<黃領相挽章>『四佳集』徐居正

5-195
悠悠六十年間夢　아득하게 六十年間 꿈을 꿨지만
留取聲名簡策中　名聲은 歷史 속에 남겨졌더라.
　　　　　　　　麟閣曾收第一功 箕裘事業到三公 君臣遭遇無今古
　　　　　　　　富貴榮華有始終 北斗泰山那復仰 浮雲流水本來空
　　　　　　　　悠悠六十年間夢 留取聲名簡策中
　　　　　　　　<黃領相挽章>『四佳集』徐居正

5-196
泰山頹矣將焉仰　泰山이 무너졌으니 어디를 우러를까
斯世從今醉夢中　이 世上 지금부턴 술에 취한 꿈속이라.
　　　　　　　　吾道之東自栗翁 先生家學最爲宗 世其父子傳師席
　　　　　　　　湖以西南振士風 戶外言聞屨常滿 源頭水活飮皆充
　　　　　　　　泰山頹矣將焉仰 斯世從今醉夢中
　　　　　　　　<挽詞>『愼獨齋全書』曺漢英

5-197
積善故應終有報　積善함에 끝내는 報答받을 것이며
淸名渾覺久無磷　맑은 이름 오래도록 毀損되지 않으리라.
　　　　　　　　鄕曲承薰竊自親 更從賢胤把餘塵 那知聚散傷心地

　　　　　　　　遽作存亡異世人 積善故應終有報 清名渾覺久無磷
　　　　　　　　病中裁挽空垂淚 回首南雲白髮新
　　　　　　　　<挽高參議孟英> 『高峯集』 奇大升

5-198

一代高名懸北斗　한 시대 높은 이름 北斗에 걸렸고
千年遺韻在東方　千年에 남긴 餘韻 東方에 그윽하네.
　　　　　　　　秀出淸朝鵷鷺行 平生經濟意共長 專功學業傳濂洛
　　　　　　　　餘事文華駕漢唐 一代高名懸北斗 千年遺韻在東方
　　　　　　　　天涯坐負臨泉慟 掩淚遙吟殄瘁章
　　　　　　　　<挽章洪天民> 『高峯集』 奇大升

5-199

猶似昨日共笑語　어제처럼 함께 笑談할 것 같았는데
不信今朝辭我別　오늘 아침 離別할 줄 알지 못했네.
　　　　　　　　『萬有對聯寶鑑』

5-200

爲擧別觴觴不釂　離別의 잔 들었으나 마시지 못하고
無端涕淚灑南風　間斷없이 흐른 눈물 南風에 씻는구나.
　　　　　　　　大庭臚句氣如虹 兩榜豪才孰似公 九陌過從常恨少
　　　　　　　　一春笑語每回同 帶方絲竹歡曾洽 沛館鞍韉夢忽空
　　　　　　　　爲擧別觴觴不釂 無端涕淚灑南風
　　　　　　　　[全州金府尹堅壽挽詞] 『佔畢齋集』 金宗直

5-201

傷心難禁千行淚　傷心하여 千行 눈물 참기 어렵고

哀痛不覺九回腸　哀痛함에 九曲 肝腸 깨닫지 못하누나.
　　　　　　　　傷心世事涕漣漣 握手風塵幾視天 雪遍途中街十二
　　　　　　　　春明門外路三千 靑山一臥君應樂 白髮孤生我自憐
　　　　　　　　脈脈百年同道契 如何今日隔重泉
　　　　　　　　<挽章洪仁慶>『高峯集』奇大升

5-202
題詞此日無窮慟　挽詞 쓰는 오늘 한없이 슬픈 것은
未見長松竟拄天　하늘 받칠 長松을 다시 보지 못함이라.
　　　　　　　　連楊周庠舊拍肩 于今二十有餘年 君辭北闕初關外
　　　　　　　　我按南州適海邊 樽酒未嘗溫一笑 音容何遽隔重泉
　　　　　　　　題詞此日無窮慟 未見長松竟拄天
　　　　　　　　<挽章兪泓退憂堂>『高峯集』奇大升

5-203
往事昭昭傳鄕里　지난 일은 밝고 밝게 鄕里에 傳해지고
精忠耿耿在人間　精誠 忠直 밝고 밝아 人間에게 남아있네.
　　　　　　　　『實用楹聯大觀』

5-204
流水夕陽千古恨　석양에 흐르는 물 천고의 한이요
凄風苦雨百年愁　괴로운 비 찬바람은 百年의 근심이라.
　　　　　　　　『萬有對聯寶鑑』

5-205
人事可憐同逝水　人間事 可憐함이 흐르는 물이로다
故交無處覓晨星　親舊들 없어짐은 새벽별 찾음이라.

荷亭寥落鎖塵局 又見春歸一鑑亭 人事可憐同逝水
故交無處覓晨星 幅巾澣濯悲遺令 䑸子貧窮想舊經
惟有後曹承世好 屋頭小嶺號申丁
[一鑑亭申丈景玄輓詞]『與猶堂全書』丁若鏞

5-206
萬里名花凝血淚　萬里의 名花에는 피눈물이 맺혀있고
淸溪流水是哀聲　맑은 시내 흐르는 물 서글픈 소리로다.
『實用楹聯大觀』

5-207
跨鶴空山歸上界　空山에 앉았던 鶴 上界로 돌아가고
啼鵑淸夜哭先生　淸夜에 우는 杜鵑 先生에 哭을 하네.
『萬有對聯寶鑑』

5-208
如何世上蜉蝣壽　어찌하여 世上 壽命 짧은 것인지
一到黃泉不復來　黃泉에 한 번 가면 다시 못 오네.
灼灼園中桃與李 遇秋閑落遇春開 如何世上蜉蝣壽
一到黃泉不復來 <挽詞>『梅月堂集』金時習

5-209
天道茫茫未可知　天道가 아득하여 그 報答을 모르겠네
生平積善竟何爲　平生토록 積善한들 결국엔 무슨 소용?
百里分憂荷籠私 黃童白叟仰仁威 可憐一入龍蛇夢
巷哭千村草木悲 天道茫茫未可知 生平積善竟何爲
最憐無限重泉恨 不見當時幹蠱兒 曾接琴堂泥酒觴

樽前笑語尙琅琅 重來已作無情物 執紼今朝倍斷腸
[挽坡州牧使李掄]『蓮軒雜稿』李宜茂

5-210
身似芳蘭從此逝　蘭草같은 자태인데 이곳을 떠나가니
心如皓月幾時歸　明月같은 마음으로 언제나 돌아오나?
　　『實用楹聯大觀』

5-211
雨霖杏蕊流紅淚　장마비에 살구꽃은 붉은 눈물 흘리고
雪壓松梢帶素冠　소나무엔 눈이 덮여 흰 冠을 쓰고 있네.
　　『實用楹聯大觀』

5-212
月明玄圃應雙翥　崑崙山에 달 밝으면 쌍쌍이 날겠지만
唯有孤雛叫徹天　외로이 남은 새끼 하늘 향해 울부짖네.
　　結髮和鳴五十年 鳳凰何處去翩翩 月明玄圃應雙翥
　　唯有孤雛叫徹天
　　<李都事義錫父母挽詞>『佔畢齋集』金宗直

5-213
結髮和鳴五十年　짝 맺은 후 五十年間 和睦하더니
鳳凰何處去翩翩　鳳凰은 어디로 날아가서 사라졌나?
　　結髮和鳴五十年 鳳凰何處去翩翩 月明玄圃應雙翥
　　唯有孤雛叫徹天
　　[李都事義錫父母挽詞]『佔畢齋集』金宗直

5-214
千卷文章擧中外　千卷의 문장은 中外에 뛰어나고
一生學術貫古今　一生의 학술은 古今을 관통했네.
『萬有對聯寶鑑』

5-215
綺閣風凄傷鶴淚　綺閣에 바람 찬데 鶴의 눈물 안타깝고
瑤階月冷泣鵑啼　瑤階의 찬 달빛에 두견이 우는구나.
『實用楹聯大觀』

5-216
慈竹當風空有影　慈竹은 바람 맞아 부질없이 그림자지고
晚萱經雨不留香　원추리 비를 맞아 香氣마저 사라지네.
『實用楹聯大觀』

5-217
千山不語齊俯首　千山은 말없이 모두 고개 숙이고
萬水嗚咽共吹蕭　萬水는 목이 메어 함께 우는구나.
『實用楹聯大觀』

5-218
慈惠常留衆口頌　慈惠로움 사람들의 稱頌으로 남아있고
典型堪作後人師　典型은 後人들의 師表가 됨직하다.
『實用楹聯大觀』

5-219
蝶化竟成辭世夢　나비 되어 世上을 離別하는 꿈을 꾸고

鶴鳴猶作步虛聲　학의 울음 허공을 배회하는 소리로다.
　　　　　　　　『實用楹聯大觀』

5-220
嚴親早逝恩未報　恩惠 갚지 못했는데 嚴親이 떠나셨고
慈母別世恨終天　慈母마저 別世하니 平生에 恨이 되리.
　　　　　　　　『萬有對聯寶鑑』

5-221
浮雲富貴空華宅　浮雲같은 富貴에 華宅은 空虛하고
落日功名閉舊園　落日같은 功名에 舊園이 닫혀있네.
　　　　　　　　河淸千載際明君 隆遇當時獨出羣 蕭定律條遵約法
　　　　　　　　張籌帷幄樹奇勳 黃金白璧恩偏重 鐵券丹書誓永存
　　　　　　　　長算奄然歸促道 神香無計返遊魂 浮雲富貴空華宅
　　　　　　　　落日功名閉舊園 早被先容分非淺 一聲哀挽不堪聞
　　　　　　　　<申高靈相國挽詞>『私淑齋集』姜希孟

5-222
親友共欽賢母德　親舊들은 모두가 賢母의 德 欽慕하고
子女長念三春暉　子女는 父母恩惠 언제나 記憶하리.
　　　　　　　　『實用楹聯大觀』

5-223
花石春風渾似舊　花石에 봄바람은 옛날과 같은데
夕陽吹笛豈堪聞　夕陽에 피리소리 어찌 참아 들을까?
　　　　　　　　當時我老君年少 誰料如今我哭君 花石春風渾似舊
　　　　　　　　夕陽吹笛豈堪聞

<挽李鴻山宜碩> 『虛白亭文集』 洪貴達

5-224

當時我老君年少　당시에 나는 늙고 그대는 젊었는데
誰料如今我哭君　지금 누가 그대 위해 곡할 줄 알았으리.

　　當時我老君年少　誰料如今我哭君　花石春風渾似舊
　　夕陽吹笛豈堪聞
　　<挽李鴻山宜碩> 『虛白亭文集』 洪貴達

5-225

烈士精神垂萬古　烈士의 精神은 萬古에 傳하고
英雄浩氣貫長虹　英雄의 浩氣는 긴 무지개 貫通하리.

　　『實用楹聯大觀』

5-226

百年永訣無窮恨　百年에 永訣이니 痛恨이 그지없어
雪涕千行送去船　千行의 눈물로 떠나는 배 餞送하네.

　　每憶龍湖悵別筵　重來釜浦喜團圓　浮生擾擾終歸化
　　萬事紛紛一任天　北里故居蓬翳逕　南阡新壟草埋烟
　　百年永訣無窮恨　雪涕千行送去船　[挽宋副學舅氏]

5-227

形骸跌宕杯中月　肉體는 잔속에 달과 같이 자유롭고
世事悲涼地下魂　世上事 凄涼하게 지하의 魂 되었더라.

　　君家門對我家門　杖屨尋常笑語喧　碧樹唾陰鋪簟席
　　靑山倒影入罍尊　形骸跌宕杯中月　世事悲涼地下魂
　　客散門前鴉噪晚　園林依舊帶春暄

<沈上將肩挽詞> 『虛白亭文集』 洪貴達

5-228
從今不復聞謦咳　다시는 그대 소리 들을 수 없으리니
此後何堪憶笑容　以後에 웃는 모습 記憶할 수 있으랴?
『實用楹聯大觀』

5-229
良操美德千秋在　아름다운 志操와 德 千秋에 남아있고
亮節高風萬古存　밝은 節槪 高風은 萬古에 存在하리.
『實用楹聯大觀』

5-230
完來大璞歸天地　큰 玉이 왔다가 天地로 돌아가니
留得和風惠子孫　和風에 남겨져 子孫에게 전해지네.
『實用楹聯大觀』

5-231
不覺相知成白首　白首가 된 것을 알아보지 못했는데
何期此別問黃泉　어떻게 이 離別을 黃泉에 물어볼까?
『實用楹聯大觀』

5-232
想見音容空有淚　音容을 생각하니 눈물부터 쏟아지고
欲聞教訓杳無聲　教訓을 들으려니 아득하여 소리 없네.
『萬有對聯寶鑑』

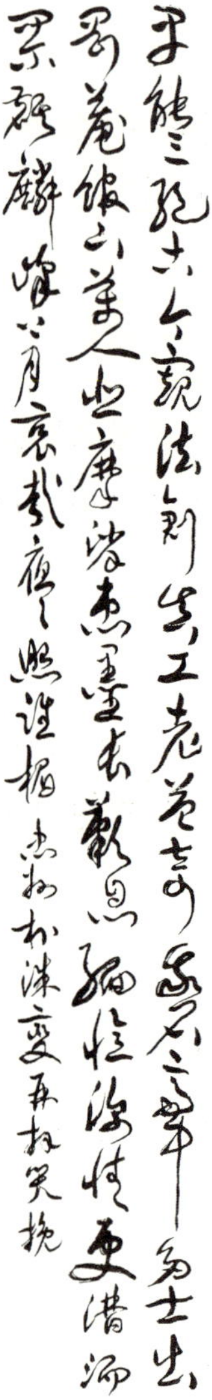

圖63. 7-207
〔글씨〕 하산 서홍식

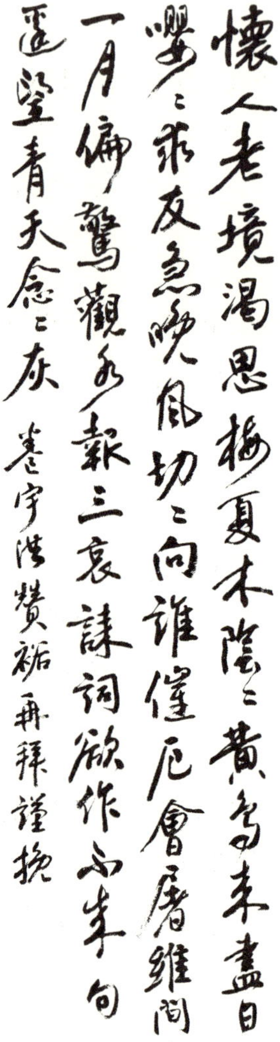

圖64. 7-302
〔글씨〕 무곡 최석화

5-233
愼終不忘先人志　愼終하여 先人의 뜻 잊지 않았고
追遠常存一片心　追遠하여 一片心을 항상 간직했네.
　　　　　　　　『實用楹聯大觀』

5-234
世上功名有歸處　世上의 功名이 돌아갈 곳 있으니
人間福慶屬誰門　人間의 慶福은 뉘 집으로 들어갈까?
　　　　　　　秋水深淸玉潤溫　少年聲價重璵璠　鵷班委質稱佳士
　　　　　　　龍榜蜚英作壯元　世上功名有歸處　人間福慶屬誰門
　　　　　　　丹心白髮群公表　赤紱朱輪國舅尊　兩眼已看諸子貴
　　　　　　　一身偏荷九重恩　存亡有數天難必　疾病無聊地忽飜
　　　　　　　痛入宮闈朝雨灑　悲纏城郭晩雲屯　國門西出何時返
　　　　　　　殄瘁詩歌欲斷魂
　　　　　　　　〈居昌府院君挽詞〉『虛白亭文集』洪貴達

5-235
友誼眞誠逾手足　友誼가 眞實하니 手足보다 낫겠고
家風淳朴傳兒孫　家風이 淳朴하니 子孫에게 전해지네.
　　　　　　　　『實用楹聯大觀』

5-236
千里弔君惟有淚　千里의 弔客은 오로지 눈물이요
十年知己不因文　十年知己 文으로만 因緣하진 않았다네.
　　　　　　　　『實用楹聯大觀』

5-237
美德常共天地在　美德은 언제나 天地에 함께 있고
英靈永留宇宙間　英靈은 永遠히 宇宙間에 머문다네.
　　　　　　　　『實用楹聯大觀』

5-238
鶴駕已隨雲影杳　鶴駕가 이미 雲影 먼 곳으로 떠났으니
鵑聲猶帶月光寒　두견새 울음소리 찬 월광과 함께 하네.
　　　　　　　　『萬有對聯寶鑑』

5-239
回憶田園歡會樂　田園에 모여서 즐겼던 일 記憶하니
不堪樽酒故人稀　樽酒앞에 친구가 적어짐이 괴로워라.
　　　　　　　　『實用楹聯大觀』

5-240
少日交遊多宿草31)　젊은 날에 사귐은 오래 묵은 풀과 같고
暮年懷抱倍傷神　늙은 나이 회포는 몇 배나 아파오네.
　　　　七尺堂堂兩鬢新 翶翔雲路不逡巡 三灘詩筆應無適
　　　　一代風流更有人 少日交遊多宿草 暮年懷抱倍傷神
　　　　今朝忍淚題君挽 把酒論文跡已陳
　　　　<李參判壽童挽> 『陽谷集』 蘇世讓

5-241
今朝忍淚題君挽　오늘 아침 눈물 참고 輓詞를 짓다보니
把酒論文跡已陳　술 마시며 글을 논함 이미 지난 자취로다.

---

31) 宿草 : 宿根草.

　　　　　　　　　七尺堂堂兩鬢新 翺翔雲路不逡巡 三灘詩筆應無適
　　　　　　　　　一代風流更有人 少日交遊多宿草 暮年懷抱倍傷神
　　　　　　　　　今朝忍淚題君挽 把酒論文跡已陳
　　　　　　　　　<李參判壽童挽>『陽谷集』蘇世讓

5-242
逕草庭花自無主　길가에 풀 庭園의 꽃 主人이 사라지니
一春消息又黃昏　어느 날 봄 消息은 또 다시 황혼이라.
　　　　　　　　　臨流不覺淚霑巾 惆悵空亭欲斷魂 逕草庭花自無主
　　　　　　　　　一春消息又黃昏 [挽李上舍]『河西集』金麟厚

5-243
百歲光陰一夢中　百年 歲月은 하나의 꿈속이고
悲歡榮辱摠成空　悲歡과 榮辱도 모두가 헛되도다.
　　　　　　　　　百歲光陰一夢中 悲歡榮辱摠成空 兩男祿厚兒孫盛
　　　　　　　　　畢竟還應不死同 柳之隰判書挽章 惕若齋先生學吟
　　　　　　　　　集卜宅驪江二十秋 相從只尺棹扁舟 金風又欲還歸
　　　　　　　　　去 怊悵無人共倚樓
　　　　　　　　　[柳之隰判書挽章]『惕若齋集』金九容

5-244
壽考康强樂大平　長壽하고 健康하여 太平을 즐기셨고
眼前兒子早成名　눈앞의 子息들은 일찍부터 이름났네.
　　　　　　　　　壽考康强樂大平 眼前兒子早成名 高車駟馬終何用
　　　　　　　　　憂患尋常誤一生 <孔俯摠制父挽詞>『獨谷集』成
　　　　　　　　　石璘

5-245
玉壺氷雪暎塵襟 깨끗한 性品으로 俗人胸襟 비추더니
一夕仙遊竟莫尋 하루저녁 仙界 가니 찾을 길이 없다네.
　　　　　　　玉壺氷雪暎塵襟 一夕仙遊竟莫尋 握手笑談曾幾日
　　　　　　　側身南望倍傷心 [卓四宰愼挽] 『春亭集』卞季良

5-246
惆悵淸芬無覓處 맑은 人品 찾지 못해 마음이 서글퍼서
不堪秋色滿林坰 숲과 들에 가득한 가을빛 애달퍼라.
　　　　　　　靈風肅肅動雲軿 絳節搖搖凌紫冥 忠義高門心未竟
　　　　　　　功名浮世夢初醒 庭中空有聞詩鯉 原上誰看急難鴒
　　　　　　　惆悵淸芬無覓處 不堪秋色滿林坰
　　　　　　　<韓僉議大淳挽詞> 『東文選』郭珝

5-247
一朝乘化誰能止 하루아침 乘化하니 누가 능히 制止하며
西望題詩恨未休 서쪽 보며 詩를 쓰나 서러움 그지없네.
　　　　　　　淸似氷壺懸素秋 溫如玉瓚映黃流 一朝乘化誰能止
　　　　　　　西望題詩恨未休 <挽朴完山> 『春亭集』卞季良

5-248
天佑東方降大才 하늘은 동방 도와 큰 材木 내리시니
斯文山斗望巍巍 斯文의 泰山北斗라 높이높이 우러렀네.
　　　　　　　精鍾光嶽出塵標 忠義謨猷佐六朝 落落聲名三榜首
　　　　　　　巍巍勳業一時超 鸞臺鳳閣文章老 柏府薇垣氣槩昭
　　　　　　　雙璧承家爲國寶 綿綿餘慶衍宗祧 天佑東方降大才
　　　　　　　斯文山斗望巍巍 勳高麟閣千年畫 名動龍墀三榜魁

函丈鳶魚言下動 滿城桃李手中開 寂寥池館風流盡 獨立蒼茫不勝哀 <挽詞洪敬孫> 『樗軒集』 李石亨

5-249
浮生脩短固難期　浮生의 壽命長短 期約하기 어려운데
翻覆從來天所爲　飜覆함은 예로부터 하늘의 일이더라.

浮生脩短固難期 翻覆從來天所爲 寂寞九原無處弔 城南極目嶺雲飛
<挽權承旨自恭歸葬安東> 『保閑齋集』 申叔舟

5-250
寂寞九原無處弔　寂寞한 九原에 弔喪할 곳 없는데
城南極目嶺雲飛　城南의 아득한 곳 산위에는 흰 구름.

浮生脩短固難期 翻覆從來天所爲 寂寞九原無處弔 城南極目嶺雲飛
<挽權承旨自恭歸葬安東> 『保閑齋集』 申叔舟

5-251
如今回首俱塵迹　지금 머리를 돌리니 모두가 塵跡이요
但見丹旌拂曉煙　다만 붉은 銘旌 새벽안개에 펄럭이네.

十載鑾坡逐衆賢 當時意氣獨忘年 如今回首俱塵迹 但見丹旌拂曉煙
[挽李廣城克堪] 『保閑齋集』 申叔舟

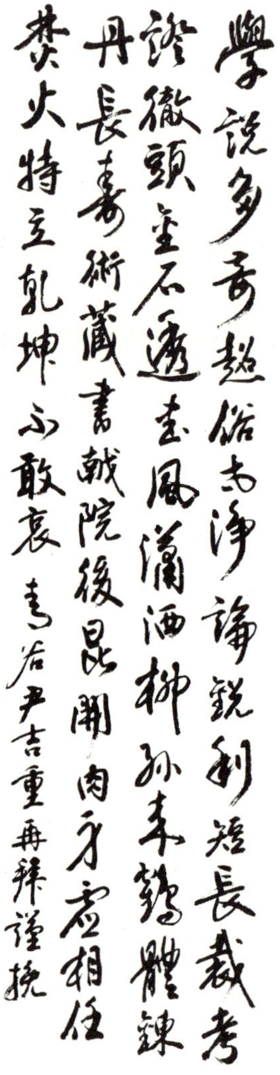

圖65. 7-303
〔글씨〕 무곡 최석화

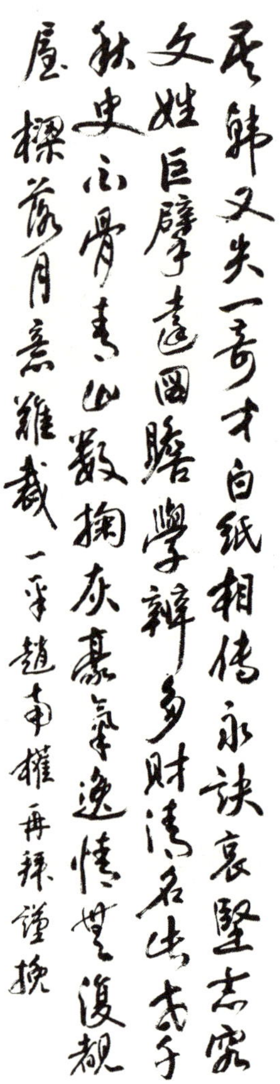

圖66. 7-305
〔글씨〕 무곡 최석화

5. 佛敎挽聯

5-252
靈光獨露　神靈스런 光彩가 홀로 드러나
逈脫根塵　世俗의 뿌리를 멀리 여의니
體露眞常　몸에서 眞相이 밝게 드러나
不拘文字　文字의 拘束없는 깨달음 있네.
　　　　　靈光獨露 逈脫根塵 體露眞常 不拘文字 眞性無染
　　　　　本自圓成 但離妄緣 卽如如佛 『茶毘·薦度作法』

5-253
靈源湛寂　神靈스런 根源은 맑고 고요해
無古無今　예도 없고 至今도 없을 것이라.
妙體圓明　妙諦는 밝고도 圓融하리니
何生何死　무엇을 生이고 死라 하는가?
　　　　　靈源湛寂 無古無今 妙體圓明 何生何死 便是 釋迦世尊
　　　　　摩竭掩關之時節 達摩大師 少林面壁之家風 所以 泥蓮河
　　　　　側 槨示雙趺 總嶺途中 手携隻履 諸佛子 還會得 湛寂圓
　　　　　明底 一句麽 俯仰隱玄玄 視聽明歷歷 若也會得 頓證法
　　　　　身 永滅飢虛 其或未然 承佛神力 仗法加持 赴此香壇 受
　　　　　我妙供 證悟無生 『茶毘·薦度作法』

5-254
因緣聚散　因緣이 모이고 흩어지는 것
今古如然　옛날이나 至今이나 다를 것 없네.

虛徹廣大靈通　空虛하고 廣大하며 靈通하여서
往來自在無碍　往來가 自由롭고 걸림이 없네.
　　　　『茶毘・薦度作法』

5-255
凡所有相　무릇 相이 있으면
皆是虛妄　모두가 虛妄하다.
若見諸相非相　모든 相에 相을 만들지 않으면
卽見如來　곧 如來를 보게 된다.
　　　　『金剛經』

5-256
諸行無常　모든 것은 恒常함이 없어
是生滅法　生滅하는 법이라.
生滅滅已　生滅이 멸하고 나면
寂滅爲樂　寂滅이 즐겁게 된다.
　　　　『茶毘・薦度作法』

5-257
生本無生　생은 본래 생이 없고
滅本無滅　멸은 본래 멸이 없다.
生滅本虛　생멸이 본래 공허하나
實相常住　실상은 항상 머문다네.
　　　　『茶毘・薦度作法』

5-258
實相離名　實相은 이름을 떠나고
法身無跡　法身은 자취가 없네.
　　　　　實相離名 法身無跡 從緣隱現 若鏡像之有無 隨業昇沈
　　　　　如井輪之高下 妙變莫測 幻來何難 『茶毘·薦度作法』

5-259
眞性無染　진성은 물들지 않고
本自圓成　본래 스스로 원만하게 이루어졌으니
但離妄緣　다만 망령된 인연을 여읜다면
卽如如佛　곧 부처와 같아질 것이라.
　　　　　靈光獨露 逈脫根塵 體露眞常 不拘文字 眞性無染
　　　　　本自圓成 但離妄緣 卽如如佛 『茶毘·薦度作法』

5-260
生前有形質　生前에는 形質이 있고
死後無從跡　死後에는 자취도 없나니
請入法王宮　청컨대 法王宮에 들어
安心坐道場　便安한 마음으로 道場에 앉으소서.
　　　　　『茶毘·薦度作法』

5-261
無始一妙兒　하나의 妙兒도 없으니
來時難可測　올 때를 예상하기 어렵더라.
去時亦如然　갈 때 또한 그러하니
妙箇是甚麼　微妙한 것은 무엇인가?
　　　　　<爲昔湖靈駕> 滿空禪師

5-262
雲起曾無起 　구름이 생겼으나 일찍이 일어남이 없고
滅時亦無滅 　滅할 때에도 또한 滅한 것이 없도다.
　　　　　雲起曾無起 滅時亦無滅 無滅無起處 雲岩劫外春
　　　　　<雲岩師輓頌> 滿空禪師

5-263
升沈兩無迹 　榮枯盛衰 모두가 자취 없어서
泡影本非眞 　물거품 같아 本來는 참이 아니라.
　　　　　高科能自致 拙宦竟誰因 郡邑栖遑地 郊扉寂寞濱
　　　　　升沈兩無迹 泡影本非眞 去矣黃壚煖 浮生已七旬
　　　　　<李僉知 植立挽詞> 『谿谷集』張維

5-264
生從何處來 　生은 어디에서 오고
死向何處去 　죽으면 어디로 가는가?
　　　　　生從何處來 死向何處去 生也一片浮雲起 死也一片浮
　　　　　雲滅 浮雲自體本無實 生死去來亦如然 獨有一物常獨
　　　　　露 湛然不隨於生死 『茶毘·薦度作法』

5-265
諸法從本來 　모든 法은 本來부터
常自寂滅相 　恒常 스스로 寂滅相이라.
佛子行道已 　불자들 도를 행하여
來世得作佛 　내세에는 부처를 이루리라.
　　　　　『妙法蓮華經』

5-266

見聞如幻翳　보고 들음은 허깨비 같고
三界32)若空華　三界는 공중에 꽃이로구나.

　　　　見聞如幻翳 三界若空華 聞復翳根除 塵消覺圓淨
　　　　淨極光通達 寂照含虛空 却來觀世間 猶如夢中事
　　　　『茶毘・薦度作法』

5-267

今旣不在覓無蹤　지금 이미 없으니 찾아도 자취가 없고
坦然無礙若虛空　平坦하여 걸림이 없으니 虛空과 같네.

　　　　生死成壞等空華 寃親宿業今何在 今旣不在覓無蹤
　　　　坦然無礙若虛空 『茶毘・薦度作法』

5-268

欲識明明眞住處　分明하게 眞正으로 머무는 곳을 알고자 하니
靑天白雲萬里通　푸른 하늘에 흰 구름 萬里에 通했구나.

　　　　來時是何物 去時是何物 來時去時 本無一物 欲識
　　　　明明眞住處 靑天白雲萬里通 『茶毘・薦度作法』

5-269

山堂靜夜坐無言　山堂의 조용한 밤 말없이 앉았으니
寂寂寥寥本自然　고요하고 寂寂한 本來의 自然이라.

　　　　山堂靜夜坐無言 寂寂寥寥本自然 何事西風動林野
　　　　一聲寒雁戾長天 『茶毘・薦度作法』

---

32) 三界: 중생이 사는 세 가지 세계. 욕계(欲界), 색계(色界), 무색계(無色界)를
　　이른다.

5-270
生來死去無蹤跡   나서 오고 죽어감에 자취 없으니
不知何處是本人   어느 것이 本人인지 알지 못하네.
　　　　生來死去無蹤跡 不知何處是本人 一念未形前薦得
　　　　奇言妙句盡爲塵
　　　　<講師性能스님輓>『祖師禪에로의 길』

5-271
罪無自性從心起   罪는 自性이 없으나 마음 따라 일어나니
心若滅時罪亦亡   마음이 멸하면 罪 또한 없어진다네.
　　　　我昔所造諸惡業 皆由無始貪瞋痴 從身口意之所生
　　　　一切我今皆懺悔 罪無自性從心起 心若滅時罪亦亡
　　　　罪亡心滅兩俱空 是卽名謂眞懺悔
　　　　<懺悔戒 >『茶毘·薦度作法』

5-272
獨有一物常獨露   유독 한 物件이 있어 恒常 홀로 드러났으나
湛然不隨於生死   아주 맑아서 生死를 따르지 않네.
　　　　生從何處來 死向何處去 生也一片浮雲起 死也一
　　　　片浮雲滅 浮雲自體本無實 生死去來亦如然 獨有
　　　　一物常獨露 湛然不隨於生死 『茶毘·薦度作法』

5-273
遠離妄想及諸趣   妄想과 모든 惡業 멀리 여의면
令心所向皆無碍   마음이 향하는 곳 모두 걸림 없으리.
　　　　若人欲識佛境界 當淨其意如虛空 遠離妄想及諸趣
　　　　令心所向皆無碍 『茶毘·薦度作法』

5-274

法性圓融無二相　法性은 圓融하고 다른 相이 없어서
諸法不動本來寂　諸法은 변하지 않고 本來부터 고요하네.

　　　　　　　　法性圓融無二相 諸法不動本來寂 無名無相絕一切
　　　　　　　　證智所知非餘境 眞性甚深極微妙 不守自性隨緣成
　　　　　　　　一中一切多中一 一卽一切多卽一 一微塵中含十方
　　　　　　　　一切塵中亦如是 無量遠劫卽一念 一念卽是無量劫
　　　　　　　　九世十世互相卽 仍不雜亂隔別成 初發心時便正覺
　　　　　　　　生死涅槃常共和 理事冥然無分別 十佛普賢大人境
　　　　　　　　能仁海印三昧中 繁出如意不思議 雨寶益生滿虛空
　　　　　　　　衆生隨器得利益 是故行者還本際 叵息妄想必不得
　　　　　　　　無緣善巧捉如意 歸家隨分得資糧 以陀羅尼無盡寶
　　　　　　　　莊嚴法界實寶殿 窮坐實際中道床 舊來不動名爲佛
　　　　　　　　<法性偈>『茶毘・薦度作法』義湘大師

5-275

眞性甚深極微妙　眞性은 매우 깊고 微妙해서
不守自性隨緣成　自性을 지키지 않으며 因緣따라 일어난다.
　　　　　　　　<法性偈>『茶毘・薦度作法』義湘大師

5-276

佛身普遍十方[33]中　佛身은 十方中에 가득하고
三世[34]如來一切同　三世 如來는 一切가 같아라.

　　　　　　　　佛身普遍十方中 三世如來一切同 廣大願雲恒不盡

---

33) 十方 : 사방(四方)과, 사방의 사이인 사우(四隅), 그리고 상하(上下)를 아울러 이르는 말.
34) 三世 : 아버지와 아들과 손자의 세 대(代)를 말하기도 하나 여기서는 태평세·승평세·난세를 말함.

汪洋覺海妙難窮 『茶毘・薦度作法』

5-277

修仁蘊德龍神[35]喜　仁을 닦고 德 쌓으니 龍神이 기뻐하고
念佛看經業障[36]消　念佛하고 經을 보니 業障이 消滅되네.
　　　　　修仁蘊德龍神喜 念佛看經業障消 如是聖賢來接引
　　　　　庭前高步上金橋 『茶毘・薦度作法』

5-278

千江有水千江月　千江에 물이 있으니 千江에 달이 뜨고
萬里無雲萬里天　萬里에 구름 없으니 萬里가 하늘이로다.
　　　　　報化非眞了妄緣 法身淸淨廣無邊 千江有水千江月
　　　　　萬里無雲萬里天 『茶毘・薦度作法』

5-279

法身[37]遍滿百億界　法身이 百億界에 두루 充滿하시고
普放金色照人天[38]　널리 金色을 발하여 人天을 비추네.
應物現形潭底月　사물따라 모습을 드러내니 못 속의 달이라
體圓正座寶蓮臺[39]　본체는 원만하여 연화좌에 앉아 있네.
　　　　　『茶毘・薦度作法』

---

35) 龍神 : 용 가운데의 임금. 용궁을 다스리며, 구름을 일으키고 비를 내려 중생의 번뇌를 식힌다고 한다.
36) 業障 : 불도의 수행과 선행을 막는 세 가지 장애 중 하나.
37) 法身 : 불신, 부처의 본성.
38) 人天 : 인간계와 천상계, 인간과 천인.
39) 寶蓮臺 : '연화좌'를 아름답게 이르는 말.

5-280

生也一片浮雲起　生은 한 조각 뜬구름이 일어남이요
死也一片浮雲滅　죽음은 한 조각 뜬구름이 사라짐이라.
浮雲自體本無實　浮雲 自體가 本來 實이 없으니
生死去來亦如然　生死去來가 또한 이와 같다네.
　　　　　　　生從何處來 死向何處去 生也一片浮雲起 死也一
　　　　　　　片浮雲滅 浮雲自體本無實 生死去來亦如然 獨有
　　　　　　　一物常獨露 湛然不隨於生死『茶毘・薦度作法』

5-281

生來一塵淸風起　태어날 땐 맑은 바람 일어나더니
滅去淨潭月影沈　滅할 때는 달그림자 연못에 뜨네.
一片香煙隨手起　향연기 손길 따라 일어나는데
箇中消息幾人知　이 속에 부처眞理 얼마나 알까?
　　　　　　　<呑虛스님輓>『祖師禪에로의 길』

5-282

慈光照處蓮花出　自愛로움 있는 곳 蓮花가 피고
慧眼觀時地獄空　慧眼으로 본다면 地獄도 없네.
又況大悲神呪力　慈悲롭고 神通한 呪文의 힘도
衆生成佛刹那40)中　衆生들을 刹那間에 成佛케 하네.
　　　　　　　『茶毘・薦度作法』

5-283

體遍河沙41)澄妙身　恒河沙에 두루하나 妙身은 맑고

---

40) 刹那 : 순간 아주 짧은 시간. 어떤 일이나 현상이 이루어지는 바로 그때.
41) 恒河沙 : 恒河砂. 갠지스 강의 모래라는 뜻으로, 무수히 많은 수량을 비유

應緣能屈又能伸　自由롭게 因緣따라 오고갔다네.
面門出入無蹤跡　世上門을 出入하나 蹤迹 없으니
隨聖隨凡作主人　凡人이나 聖人 모두 主人이로다.
　　　　　　　　　<性悟比丘尼輓>『祖師禪에로의 길』

5-284
人生如幻又如夢　人生이 허깨비요 功業 역시 꿈결같아
生來正業歸眞佛　正道 지켜 살면서 佛菩薩께 歸依했지.
收拾煙霞歸去後　그대가 煙霞거둬 되돌아 간 뒤에는
雲捲靑天秋月明　구름 걷힌 푸른 하늘 가을달이 밝았구나.
　　　　　　　　　<惺堂居士靈前에>『祖師禪에로의 길』

5-285
諸靈限盡致身亡　모든 神靈 다하여 몸이 없으니
石火光陰夢一場　電光石火 같은 歲月 한바탕 春夢.
三魂渺渺歸何處　三魂은 아득하여 어디로 오나
七魄茫茫去遠鄕　七魄은 아득하게 떠나간다네.
　　　　　　　　　『茶毘・薦度作法』

5-286
生來一塵淸風起　삶이란 淸風에 一塵이 일고
滅去澄潭月影沈　죽음이란 맑은 물에 月影이 잠김.
收拾煙霞歸去後　바람처럼 그대가 떠난 뒤에도
一片香煙滿虛空　한 줄기 香내음 虛空에 가득.
　　　　　　　　　<呑虛스님輓>『祖師禪에로의 길』

───────────────
적으로 이르는 말.

5-287
見身無實是佛身　실체 없는 몸을 알면 이것이 佛身
了心幻如是佛心　幻影같은 마음 알면 이것이 佛心
了得身心本性空　몸과 마음 空함을 體得한다면
斯人與佛何殊別　佛菩薩과 무엇이 다르겠는가?
　　　　　　　　<曉峰大宗師輓詞>『曉峰法語集』監察院長 尹月下

5-288
生來死去無蹤跡　태어나고 죽어감에 자취 없으니
不知何處是本人　어느 것이 本人인지 알지 못하네.
一念未形前薦得　한 생각 일기 前을 떠올려 보면
奇言妙句盡爲塵　奇異한 말 妙한 글귀 모두 한 티끌.
　　　　　　　　<講師性能스님輓>『祖師禪에로의 길』

5-289
一從違背本心王　한결같이 本心을 저버리고서
幾入三途歷四生　三途에서 死生을 거쳐 왔던가?
今日滌除煩惱染　오늘은 더럽혀진 煩惱를 씻고
隨緣依舊自還鄕　因緣따라 故鄕으로 돌아왔다네.
　　　　　　　　『茶毘・薦度作法』

5-290
若人欲識佛境界　부처님의 境界를 알고자 하면
當淨其意如虛空　그 마음을 虛空처럼 맑게 하고서
遠離妄想及諸趣　妄想과 모든 惡業 멀리 여의면
令心所向皆無碍　마음이 향하는 곳 걸림 없으리.

『茶毘・薦度作法』

5-291
四大各離如夢中　四大가 흩어짐은 꿈속과 같고
六塵心識本來空　六塵과 心識은 空虛하도다.
欲識佛祖回光處　佛祖師가 回光함을 알려하는데
日落西山月出東　西山에 해지고 동산에 달뜨네.
『茶毘・薦度作法』

5-292
千尺絲綸直下垂　천 길의 낚시줄을 드리웠는데
一波纔動萬波隨　波濤에 온갖 물결 따라 이누나.
夜靜水寒魚不食　고요한 밤 물고기 물지도 않아
滿船空載月明歸　배에 가득 달빛 싣고 돌아온다네.
『茶毘・薦度作法』

VI. 追悼關聯聖句[42]

6-001

主爲我之光明 乃我之救主 我尙懼誰耶 主爲我生命之保障 我尙畏誰耶

여호와는 나의 빛이요 나의 구원이시니 내가 누구를 두려워하리요, 여호와는 내 생명의 능력이시니 내가 누구를 무서워하리요. (시27:1)

6-002

我雖過死陰之幽谷 亦不懼遭害 因主常在我側 主有杖有竿 足以安慰

내가 사망의 음침한 골짜기로 다닐지라도 해를 두려워하지 않을 것은 주께서 나와 함께 하심이라. 주의 지팡이와 막대기가 나를 안위하시나이다. (시23:4)

6-003

主救我 (마14:30) 接我靈 (행7:59) 矜憐 我罪人 (눅18:13)

주여 나를 구원하소서. (마14:30) 내 영혼을 받으시옵소서. (행7:59) 불쌍히 여기소서. 나는 죄인이로소이다. (눅18:13)

6-004

凡勞苦負重者 當就我 我將賜爾以安

수고하고 무거운 짐 진 자들아, 다 내게로 오라. 내가 너희를 쉬

---

[42] 『한국의 만장』 pp323-342, 월정 백승면, 한문성경 정리.

게 하리라. (마11:28)

6-005

耶蘇曰 復活者 我生命者 亦我信我者 雖死必生 凡生而信我者 永不死 爾信此否

예수께서 가라사대, 나는 부활이요 생명이니, 나를 믿는 자는 죽어도 살겠고, 무릇 살아서 나를 믿는 자는 영원히 죽지 아니하리니 이것을 네가 믿느냐. (요11:26-26)

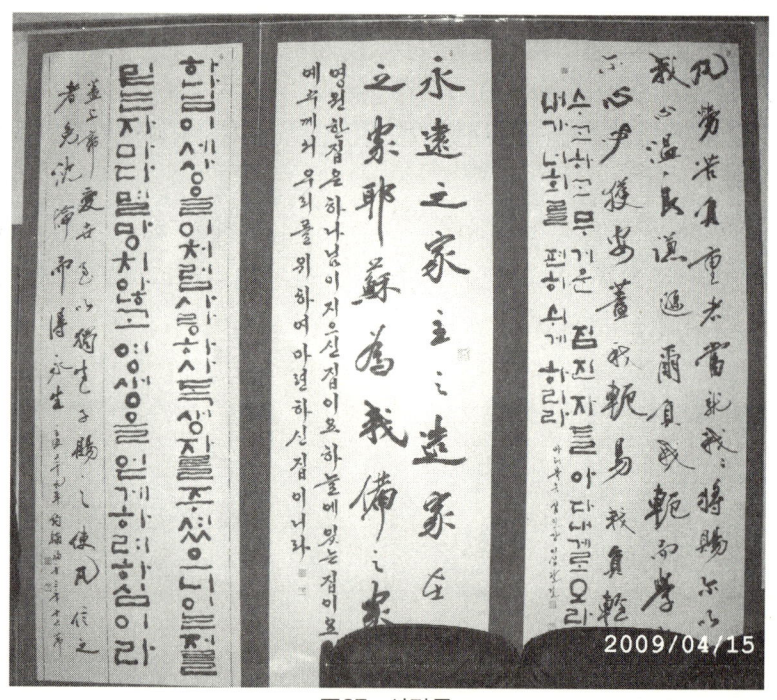

圖67. 성경구

상장례에 사용되는 성경구를 써서 장례식장에 걸어놓은 장면이다. 이 역시 큰 의미가 있을 것이다. 〔글씨 / 사진〕 야석 조원복

6-006

我遇患難時 主藏我在主之帷幔中 將我藏在主幕之隱密處 使我高立於山巖之上

여호와께서 환난의 날에 나를 그 초막 속에 비밀히 지켜주시고 그 장막 은밀한 곳에 나를 숨기시며 바위 위에 높이 두시리로다. (시27:5)

6-007

爾當收膽仰望主 主必堅固爾心 爾當仰望主

너는 여호와를 기다릴지어다. 강하고 담대하며 여호와를 기다릴지어다. (시27:14)

6-008

主護庇我 保佑我脫離急難 使我四面得救 因而歡呼細拉

주는 나의 은신처이오니 환난에서 나를 보호하시고 구원의 노래로 나를 에우시리이다. (시32:7)

6-009

敬畏主仰望主恩者 主目眷顧之救其生命 脫於死亡 在饑荒時 保存其身

여호와는 그 경외하는 자 곧 그 인자하심을 바라는 자를 살피사 그들의 영혼을 사망에서 건지시며 그들이 굶주릴 때에 그들을 살리시는도다. (시33:18-19)

6-010

敬畏主之人 四圍有主之使者 列營拯救

여호와의 사자가 주를 경외하는 자를 둘러 진 치고 그들을 건

지시는도다. (시34:7)

6-011

心中悲傷者 主與之相近 心中痛悔者 主必拯救

여호와는 마음이 상한 자를 가까이 하시고 충심으로 통회하는 자를 구원하시는도다. (시34:18)

6-012

上帝護庇我儕 賜力於我儕 當患難時 極顯救濟

하나님은 우리의 피난처시오 힘이시니 환난 중에 만날 큰 도움이시라. (시46:1)

6-013

因上帝永遠爲我儕之上帝 必引導我儕 至於死時

이 하나님은 영영히 우리 하나님이시니 우리를 죽을 때까지 인도하시리로다. (시48:14)

6-014

爾在還難時禱告我 我必救爾 爾當尊奉我

환난 날에 나를 부르라. 내가 너를 건지리니 네가 나를 영화롭게 하리로다. (시50:15)

6-015

(從主之仁者) 按主之恩惠 矜恤我 以主大憐憫 塗抹我之愆尤(시51:1)

주의 인자를 따라 내게 은혜를 베푸시며, 주의 많은 긍휼을 따라 내 죄악을 지워주소서. (시51:1)

6-016

爾將所當之任託賴主 主必撫養爾 永不使善人動搖

네 짐을 여호와께 맡기라, 그가 너를 붙드시고 의인의 요동함을 영원히 허락하지 아니하시로다. (시55:22)

6-017

主歟 我信求助 我信之不足(막9:24)

주여 나의 부족한 믿음을 도와주소서. (막9:24)

6-018

我心困憊 從地極呼籲 求主引我登我所莫能及之高巖(시61:2)

내 마음이 약해 질 때에 땅 끝에서부터 주께 부르짖으오리니 나보다 높은 바위에 나를 인도하소서. (시61:2)

6-019

當日日讚美主 我儕若負重擔 主卽拯救我

날마다 우리 짐을 지시는 주 곧 우리의 구원이신 하나님을 찬송할지로다. (시68:19)

6-020

細拉上帝乃解救我儕之上帝 主萬有之上帝 救我儕得免於死亡

하나님은 우리에게 구원의 하나님이시라. 사망에서 벗어남은 주 여호와로 말미암거니와 (시68:20)

6-021

求主作我避難之磐 得想㤣以藏身 主降旨救我 因主爲我之高山

爲我之保障

주는 내가 항상 피하여 숨을 바위가 되소서. 주께서 나를 구원하라 명령하셨으니 이는 주께서 나의 반석이시오, 나의 요새이심이니이다. (시71:3)

6-022

主必賜訓以引導我 後必接我入影耀

주의 교훈으로 나를 인도하시고 후에는 영광으로 나를 영접하시리니 (시73:24)

6-023

主之外 在天我何所歸向 在地我無所愛慕

하늘에서는 주 외에 누가 내게 있으리요, 땅에서는 주 밖에 내가 사모할 이 없나이다. (시73:25)

6-024

惟主所喜愛者 主必使之安然寢寐(시127:2)

그의 사랑하는 자에게 잠을 주시는도다. (시127:2)

6-025

主上帝照我如日 護我如盾 主必賜以恩寵尊榮 行動正直者 凡百嘉物 主無不賞賜

여호와 하나님은 해요 방패시라. 여호와께서 은혜와 영화를 주시며 정직하게 행하는 자에게 좋은 것을 아끼지 아니하실 것임이니이다. (시84:11)

6-026

蒙主督責 復蒙主訓以律法者 斯人乃爲有福

여호와여 주로부터 징벌을 받으며 주의 법으로 교훈하심을 받는 자가 복이 있나니 (시94:12)

6-027

我心當讚美 我臟腑當讚美主名 我心當讚美主 勿忘主一切恩惠

내 영혼아 여호와를 송축하라. 내속에 있는 것들아, 다 그 성호를 송축하며 그 모든 은택을 잊지 말지어다. (시103:1-2)

6-028

主赦免我一切罪愆 醫治我一切疾病 救贖我命 免於阬坎 以恩寵慈愛爲冠冕加於我首

저가 네 모든 죄악을 사하시며, 네 모든 병 고치시며, 네 생명을 파멸에서 구속하시고, 인자와 긍휼로 관을 씌우시며 (시103:3-4)

6-029

敬畏主者 主憐恤之 如父之憐恤其子 因主知我之性情 念我不過塵土

아비가 자식을 긍휼히 여김 같이 여호와께서는 자기를 경외하는 자를 긍휼히 여기시나니, 이는 그가 우리의 체질을 아시며 우리가 단지 먼지일 뿐임을 기억하심이로다. (시103:13-14)

6-030

世人之歲月如草 其生發如野地之花 一經風吹 便歸無有 其原處亦不復識之

인생은 그날이 풀과 같으며 그 영화가 들의 꽃과 같도다. 그것은 바람이 지나가면 없어지나니 그 있던 자리도 다시 알지 못하거니와, (시103:15-16)

6-031

敬畏主 恪守主約 思以遵行主法度者 主必永遠向其施恩 向其子孫永行公義

여호와의 인자하심은 자기를 경외하는 자에게 영원부터 영원까지 이르며, 그의 의는 자손의 자손에게 이르리니, 곧 그의 언약을 지키고 그의 법도를 기억하여 행하는 자에게로다. (시 103:17-18)

6-032

仰賴主 勝如倚恃世人 仰賴主 勝如倚恃侯伯

여호와께 피하는 것이 사람을 신뢰함보다 나으며 여호와께 피하는 것이 고간들을 신뢰하는 것보다 낫도다. (시118:8-9)

6-033

依賴主之人 猶如郇山總不動搖 永遠穩立

여호와를 의뢰하는 자는 시온산이 요동치 아니하고 영원히 있음 같도다. (시125:1)

6-034

流壘播種者 必歡躍收成 攜穀種以播者 哭泣而往迨負禾束而歸 必然歡欣

눈물을 흘리며 씨를 뿌리는 자는 기쁨으로 거두리로다. 울며 씨를 뿌리러 나가는 자는 정녕 기쁨으로 그 단을 가지고 돌아오리로다. (시126:5-6)

6-035

世人有如虛幻 其年壽如影易逝

사람은 헛것 같고 그의 날은 지나가는 그림자 같으니이다.(시 144:4)

6-036

皓首如華冕 行善道者 方可得之

백발은 영화의 면류관이라, 의로운 길에서 얻으리라. (잠16:31)

6-037

無人能主生氣 使生氣永留 無權可施於死日 此戰場無人得免 人之强暴亦難救人解脫

생기를 주장하여 생기로 머무르게 할 사람도 없고, 죽는 날을 주장할 자도 없고, 전쟁할 때에 모면할 자도 없으며, 악이 행악자를 건져낼 수도 없느니라. (전8:8)

6-038

直至爾老 我仍若是 至爾髮白 我猶保抱 我已若是行 必保抱 必提攜 必拯救

너희가 노년이 이르기까지 내가 그리하겠고, 백발이 되기까지 내가 너희를 품을 것이라. 내가 지었은 즉 안을 것이요, 품을 것이요, 구하여 내리라. (이사야46:4)

6-039

耶蘇基督 自昔至今 以至永遠 乃不改變

예수 그리스도는 어제나 오늘이나 영원토록 동일하시니라. (히13:8)

6-040

但明日究竟如何 爾不知也 爾之生命如何 乃如雲霧暫現 頃刻卽不見矣

내일 일을 너희가 알지 못하는도다. 너희 생명이 무엇이뇨, 너희는 잠간 보이다가 없어지는 안개니라. (약4:14)

6-041

我知此我屬地之幕 屋旣壞則有上帝所造 非人手所造之屋 永遠在天

만일 땅에 있는 우리의 장막집이 무너지면 하나님께서 지으신 집 곧 손으로 지은 것이 아니요 하늘에 있는 영원한 집이 우리에게 있는 줄 아나니 (고후5:1)

6-042

父乎 我以我靈 託爾手

아버지 내 영혼을 아버지 손에 부탁하나이다. (눅23:46)

6-043

主今可依主所言 釋僕安然逝世 因我目已覩主之拯救

주재여 이제는 말씀하신대로 종을 평안히 놓아주시는 도다. 내 눈이 주의 구원하심을 보았나이다. (눅2:29,30)

6-044

耶蘇基督之血 滌除我之諸罪

예수의 피가 모든 죄에서 우리를 깨끗하게 하시며, (요일1:7)

6-045

我心溫良謙遜 爾負我軛而學我則 爾心必獲安 蓋我軛易我負輕也

나는 마음이 온유하고 겸손하니, 나의 멍에를 메고 내게 배우라. 그리하면 너희마음이 쉼을 얻으리니, 이는 내 멍에는 쉽고 내 짐은 가벼움이라. (마11:29-30)

6-046

乃謂耶蘇曰 主臨爾國時 求記憶我

이르되 예수여 당신의 나라에 임하실 때에 나를 생각하소서 하니, (눅23:42)

6-047

耶蘇曰 我誠告爾 今日爾必同我在巴拉底瑣

예수께서 이르시되 내가 진실로 네게 이르노니 오늘 네가 나와 함께 낙원에 있으리라 하시니라. (눅23:43)

6-048

蓋上帝愛世 至以獨生子賜之 使凡信之者 免沈淪而得永生

하나님이 세상을 이처럼 사랑하사 독생자를 주셨으니, 이는 저를 믿는 자마다 멸망치 않고 영생을 얻게 하심이라. (요3:16)

6-049

爾曹心勿憂 當信上帝 亦當信我

너희는 마음에 근심하지 말라. 하나님을 믿으니 또 나를 믿으라. (요14:1)

6-050

我父家多第宅 否則我必告爾 我往爲爾備居處

내 아버지 집에 거할 곳이 많도다. 그렇지 않으면 너희에게 일렀으리라. 내가 너희를 위하여 처소를 예비하면 (요14:2)

6-051
我旣往爲爾備居處必復來接爾歸我 我所在使爾亦在
내가 다시 와서 너희를 내게로 영접하여 나 있는 곳에 너희도 있게 하리라. (요14:3)

6-052
我卽途也 眞理也 生命也 非由我無人能就父
내가 곧 길이요, 진리요, 생명이니, 나로 말미암지 않고는 아버지께로 올 자가 없느니라. (요14:6)

6-053
我不遺爾爲孤 我必復來就爾
내가 너희를 고아와 같이 버려두지 아니하고 너희에게로 오리라. (요14:18)

6-054
尙有片時 而世不復見我 惟爾曹見我 因我生 爾亦必生
조금 있으면 세상은 다시 나를 보지 못할 터이로되 너희는 나를 보리니, 이는 내가 살았고 너희도 살았음이라. (요14:19)

6-055
彼日 爾必知我在父內 爾在我內 我在爾內
그날에는 내가 아버지 안에 너희가 내안에 내가 너희안에 있는 것을 너희가 알리라. (요14:20)

6-056
聞我誡而守之者卽愛我 愛我者 必見愛於我父 我亦愛之且將顯

己於彼

나의 계명을 가지고 지키는 자라야 나를 사랑하는 자니, 나를 사랑하는 자는 아버지께 사랑을 받을 것이요, 나도 그를 사랑하여 그에게 나를 나타내리라. (요14:21)

6-057

我遺爾以安 乃以我之安 賜爾 我所賜爾者 非若世之所賜 爾心勿憂勿懼

평안을 너희에게 끼치노니 곧 나의 평안을 너희에게 주노라. 내가 너희에게 주는 것은 세상이 주는 것 같지 아니하니라. 너희는 마음에 근심도 말고 두려워하지도 말라. (요14:27)

6-058

爾曹已聞我告爾云我將往而復來就爾 爾若愛我則我言歸父 爾必爲此喜 因父大於我也

내가 갔다가 너희에게로 온다하는 말을 너희가 들었나니, 나를 사랑하였더면 나의아버지께로 감을 기뻐하였으리라. 아버지는 나보다 크심이니라. (요14:28)

6-059

因爾以治萬民之權賜子 使子以永生賜爾所子 子之人

아버지께서 아들에게 주신 모든 사람에게 영생을 주게 하시려고 만민을 다스리는 권세를 아들에게 주셨음이로소이다. (요17:2)

6-060

夫永生者 無他 卽知爾爲獨一眞上帝且知耶蘇基督爾所遣者

영생은 곧 유일하신 참 하나님과 그의 보내신 자 예수 그리스

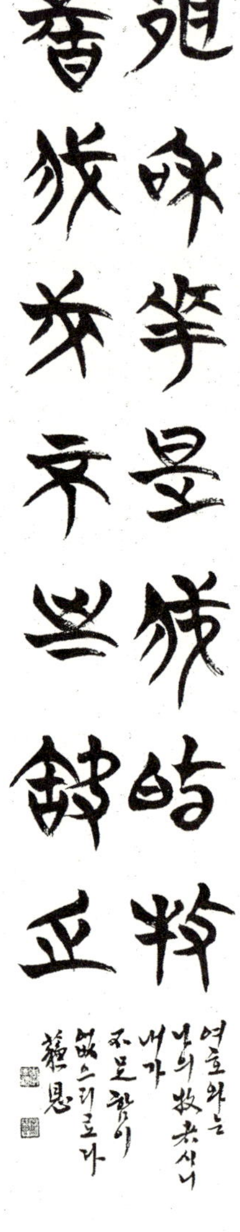

圖68. 성경 시편구
〔글씨〕 소은 이남례

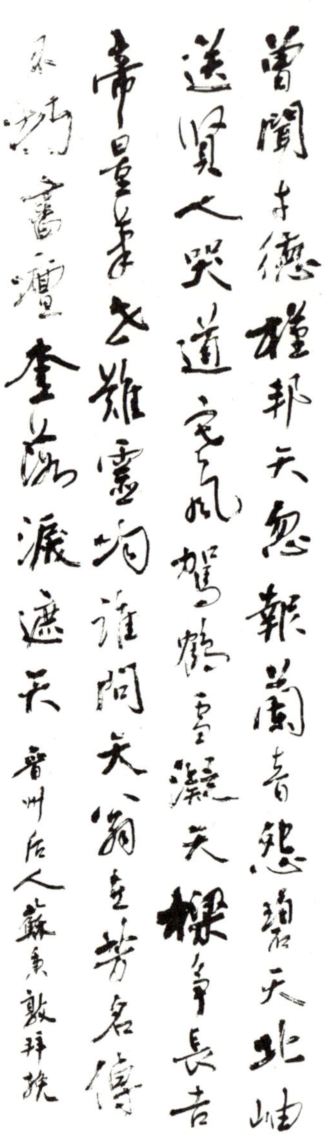

圖69. 7-512
〔글씨〕 도곡 홍우기

도를 아는 것이니이다. (요17:3)

6-061

我生乃爲基督 死則獲益 若我在世 固可增我之功果 然究當何擇 我不知也

내게 사는 것이 그리스도니 죽는 것도 유익함이니라. 그러나 만일 육신으로 사는 이것이 내 일의 열매일진대 무엇을 택해야 할는지 나는 알지 못하노라. (빌1:21-22)

6-062

我際兩難之間 願逝世而與基督同在 是爲愈美 但我在世 更爲切要 爲爾之故也

내가 그 둘 사이에 끼었으니 차라리 세상을 떠나서 그리스도와 함께 있는 것이 훨씬 더 좋은 일이라. 그렇게 하고 싶으나 내가 육신으로 있는 것이 너희를 위하여 더 유익하리라. (빌1:23-24)

6-063

我國在天 望我主耶蘇基督 由彼而降彼

우리의 시민권은 하늘에 있는지라 거기로부터 구원하는 자 곧 주 예수 그리스도를 기다리노니, (빌3:20)

6-064

必以其服萬物於己之大力 化我卑賤之身 得如其榮光之身

그는 만물을 자기에게 복종하실 수 있는 자의 역사로 우리의 낮은 몸을 자기 영광의 몸의 형체와 같이 변하게 하시니라. (빌3:21)

6-065

我儕無所携而出世 亦無所携而去世 明矣

우리가 세상에 아무 것도 가지고 온 것이 없으매 또한 아무것도 가지고 가지 못하리니, (딤전6:7)

6-066

然上帝所築之基 仍爲鞏固 有印誌云 主識屬己者 又云呼基督名者 當遠不義之事

그러나 하나님의 견고한 터는 섰으니 인침이 있어 일렀으되, 주께서 자기 백성을 아신다 하며 또 주의이름을 부르는 자마다 불의에서 떠날지어다 하였느니라. (딤후2:19)

6-067

其名必永存 其名必長留 如日長久 萬人必因之得福 諸國必稱之有福

그의 이름이 영구함이여, 그의 이름이 해와 같이 장구하리로다. 사람들이 그로 말미암아 복을 받으리니, 모든 민족이 다 그를 복되다 하리로다. (시72:17)

6-068

主庇祐我 如高山 如保障 使我獲救

여호와는 나의 반석이시오, 나의 요새시오, 나를 건지시는 자시오, (삼하22:2)

6-069

上帝如磐爲我所倚 庇我如盾 助我獲勝 衛我如鞏固之城 如避難之所 乃救我者 援我脫於兇暴

나의 하나님이시오, 나의 피할 바위시오, 나의 방패시오, 나의 구원의 뿔이시오, 나의 높은 망대시오, 나의 피란처시오, 나의 구원자시라. 나를 흉악에서 구원하셨도다. (삼하22:3)

6-070

主施救恩 護我如盾 應允我 使我爲大
주께서 또 주의 구원의 방패를 내게 주시며, 주의 온유함이 나를 크게 하셨나이다. (삼하22:36)

6-071

恃主永蒙拯救 不羞恥不慙愧 永世靡曁
여호와께 구원을 입어 영원한 구원을 얻으리니, 영세에 부끄러움을 당하거나 욕을 받지 아니하리로다. (사45:17)

6-072

我暫震怒 俄頃向爾掩面 後必永施恩惠 以矜恤爾 此乃救贖 爾之主所言
내가 넘치는 진노로 내 얼굴을 네게서 잠시 가렸으나 영원한 자비로 너를 긍휼히 여기리라. 네 구속자 여호와께서 말씀하셨느니라. (사54:8)

6-073

永生之上帝 爲爾護庇 恒於下土 以臂扶持 逐敵於爾前 命爾曰 當行殲滅
영원하신 하나님이 너의 처소가 되시니 그의 영원하신 팔이 네 아래 있도다. 그가 네 앞에서 대적을 쫓으시며 멸하라 하시도다. (신33:27)

6-074

耶蘇基督 自昔至今 以至永遠 乃不改變

예수 그리스도는 어제나 오늘이나 영원토록 동일하시니라.(히 13:8)

6-075

主上帝如是云 我將以一石 置於郇爲基 乃已試之石 寶貴之屋隅石 堪爲鞏固之基 凡信之者 必不急切

주 여호와께서 이같이 이르시되 보라 내가 한 돌을 시온에 두어 기초로 삼았노니, 곧 시험한 돌이요 귀하고 견고한 기초 들이라 그것을 믿는 이는 다급하게 되지 않으리라.(사28:16)

6-076

此靈與我心 同證我儕爲上帝之子

성령이 친히 우리 영으로 더불어 우리가 하나님의 자녀인 것을 증거하시나니,(롬8:16)

6-077

毋畏葸 我必祐爾 勿膽怯 我乃爾之上帝 必堅强爾 我必以施救之右手 扶持爾

두려워 말라. 내가 너와 함께 함이라 놀라지 말라. 나는 네 하나님이 됨이라. 내가 너를 굳세게 하리라. 참으로 너를 도와주리라. 참으로 나의 의로운 오른손으로 너를 붙들리라.(사41:10)

6-078

我儕惟仰望主 求主施恩於我 每朝施展臂力 以祐斯民 我儕遭患難之時 惟主拯救

여호와여 우리에게 은혜를 베푸소서. 우리가 주를 앙망하오니 주는 아침마다 우리의 팔이 되시며 환난 때에 우리의 구원이 되소서.(사33:2)

6-079

主如牧人 牧養羊群 以臂集羔羊 抱於懷中 導乳哺之牝羊
그는 목자같이 양 떼를 먹이시며 어린 양을 그 팔로 모아 품에 안으시며 젖먹이는 암컷들을 온순히 인도하시리로다. (사40:11)

6-080

主曰 慰藉爾者 惟我 惟我 爾爲誰 竟懼必死之人 畏彼似草萊之世人
이르시되 너희를 위로하는 자는 나 곧 나이니라. 너는 어떠한 자이기에 죽을 사람을 두려워하며 풀같이 될 사람의 아들을 두려워하느냐. (사51:12)

6-081

有聲曰 爾當宣告 曰 我當何所宣告 曰 凡有血氣者如草 其榮如田野之花
말하는 자의 소리여 이르되 외치라 대답하되 내가 무엇이라 외치리이까 하니, 이르되 모든 육체는 풀이요 그의 모든 아름다움은 들의 꽃과 같으니 (사40:6)

6-082

草枯花彫 因主之氣吹噓其上 斯民誠如草矣
풀은 마르고 꽃은 시듦은 여호와의 기운이 그 위에 붊이라. 이 백성은 실로 풀이로다. (사40:7)

6-083

草枯花彫 惟我上帝之言 永存不朽

풀은 마르고 꽃은 시드나 우리 하나님의 말씀은 영영히 서리라 하라. (사40:8)

6-084

主之名如鞏固之臺 善人速登 得蒙覆庇

여호와의 이름은 견고한 망대라 의인은 그리로 달려가서 안전함을 얻느니라. (잠18:10)

6-085

勿自誇明日之事 蓋今日遇何事 爾尙不知

너는 내일 일을 자랑하지 말라. 하루 동안에 무슨 일이 날는지 네가 알 수 없음이니라. (잠27:1)

6-086

爾當知惟主爾之上帝爲上帝 爲可信之上帝 愛主守其誡者 主爲之踐約施恩 至於千代

그런즉 너는 알라 오직 네 하나님 여호와는 하나님이시오 신실하신 하나님이시라. 그를 사랑하고 그 계명을 지키는 자에게는 천대까지 그 언약을 이행하시며 인애를 베푸시되 (신7:9)

6-087

爾經水中 我護爾 爾涉江河 水不沖沒 爾行火中 必不被燒 烈焰不焚爾

네가 물 가운데로 지날 때에 내가 너와 함께 할 것이라. 강을 건널 때에 물이 너를 침몰하지 못할 것이며 네가 불 가운데로

지날 때에 타지도 아니할 것이요, 불꽃이 너를 사르지도 못하리니 (사43:2)

6-088

曰 我裸身出母胎 亦裸身歸土 賜之者主 取之者亦主 當頌美主之名

가로되 내가 모태에서 적신이 나왔사온 즉, 또한 적신이 그리로 돌아가올지찌라. 주신자도 여호와시오 취하신 자도 여호와시오니 여호와의 이름이 찬송을 받으실찌니이다 하고 (욥1:21)

6-089

彼目流淚 上帝盡拭之不復有死亡 亦不復有悲愛 號泣疾痛 蓋前事已逝矣

모든 눈물이 그 눈에서 씻기시매, 다시 사망이 없고 애통하는 것이나 곡하는 것이나 아픈 것이 다시 있지 아니하리니, 처음 것들이 다 지나갔음이러라. (계21:4)

6-090

主爲至善 在患難之日 若鞏固之城 凡賴主者 蒙主眷顧

여호와는 선하시며 환난 날에 산성이시라. 그는 자기에게 의뢰하는 자들을 아시느니라. (나1:7)

6-091

哀慟者福矣 因其將受慰也

애통하는 자는 복이 있나니 저희가 위로를 받을 것임이요. (마5:4)

6-092

永遠之家 主之造家 在天之家 耶蘇爲我備之家

영원한 집은 하나님이 지으신 집이요, 하늘에 있는 집이요, 예수님이 우리를 위하여 마련하신 집입니다.

6-093

凡我所愛者 我必責之懲之 故當奮勉悔改

무릇 내가 사랑하는 자를 책망하여 징계하노니, 그러므로 네가 열심을 내라 회개하라. (계3:19)

6-094

上帝隨己意賜之以體 賜各類之種 各得其體

하나님이 그 뜻대로 저에게 형체를 주시되 각 종자에게 그 형체를 주시느니라. (고전15:38)

6-095

耶蘇呼之來曰 容孩提就我勿禁 蓋有上帝國者 正如是人也

예수께서 그 어린 아이들을 불러 가까이 하시고 이르시되 어린 아이들이 내게 오는 것을 용납하고 금하지 말라. 하나님의 나라가 이런 자의 것이니라. (눅18:16)

6-096

凡見子而信之者 得永生而於末日我復活之 此乃遣我者之意

내 아버지의 뜻은 아들을 보고 믿는 자마다 영생을 얻는 이것이니 마지막 날에 내가 이를 다시 살리리라 하시니라. (요6:40)

6-097

爾必安然歸祖 享大壽終而葬
너는 장수하다가 평안히 조상에게로 돌아가 장사될 것이요. (창 15:15)

6-098

我旣往爲爾備居處 必復來接爾歸我 我所在 使爾亦在
가서 너희를 위하여 처소를 예비하면 내가 다시 와서 너희를 내게로 영접하여 나 있는 곳에 너희도 있게 하리라. (요14:3)

6-099

如是爾今憂 我復將見爾 爾心則樂 且爾之樂 無人能奪之
지금은 너희가 근심하나 내가 다시 너희를 보리니 너희 마음이 기쁠 것이요, 너희 기쁨을 빼앗을 자가 없느니라. (요16:22)

6-100

我以此告爾 爲使爾因我而安 在世爾必遇患難 然爾毋懼 我已勝世矣
이것을 너희에게 이름은 너희로 내 안에서 평안을 누리게 하려 함이라. 세상에서는 너희가 환난을 당하나 담대하라. 내가 세상을 이기었노라 하시니라. (요16:33)

6-101

不第此也 亦以患難爲樂 因知患亂生忍耐 忍耐生練達 練達生希望
다만 이뿐 아니라 우리가 환난 중에도 즐거워하나니, 이는 환난은 인내를, 인내는 연단을, 연단은 소망을 이루는 줄 앎이로다.

(롬5:3-4)

6-102

希望不致羞愧 蓋上帝之愛 以所賜我之聖靈 灌注我心
소망이 부끄럽게 아니함은 우리에게 주신 성령으로 말미암아 하나님의 사랑이 우리 마음에 부은 바 됨이니 (롬5:5)

6-103

驥爲子則爲嗣卽上帝之嗣 與基督同爲嗣 我儕若與之同苦 亦必與之同榮
자녀이면 또한 후사 곧 하나님의 후사요 그리스도와 함께한 후사니, 우리가 그와 함께 영광을 받기 위하여 고난도 함께 받아야 될 것이니라. (롬8:17)

6-104

我思今時之苦 若較將顯於我中之榮 不足爲意也
생각건대 현재의 고난은 장차 우리에게 나타날 영광과 족히 비교할 수 없도다. (롬8:18)

6-105

蓋我深知 或死或生或天使 或執政者 或有能者 或今時之事 或將來之事
내가 확신하노니, 사망이나 생명이나 천사들이나 권세자들이나 현재일이나 장래일이나 능력이나 (롬8:38)

6-106

或高或卑 或他受造之物 皆不能間我於上帝之愛

높음이나 깊음이나 다른 아무 피조물이라도, 우리를 우리 주 그리스도 예수 안에 있는 하나님의 사랑에서 끊을 수 없으리라. (롬8:39)

6-107

愚人哉 爾所種者 若不先死則不能生

어리석은 자여, 너의 뿌리는 씨가 죽지 않으면 살아나지 못하겠고, (고전15:36)

6-108

且爾所種者 非將來之體 所種者 或麥或他穀 惟粒而已

또 너의 뿌리는 것은 장래 형체를 뿌리는 것이 아니요, 다만 밀이나 다른 것의 알갱이 뿐이로되 (고전15:37)

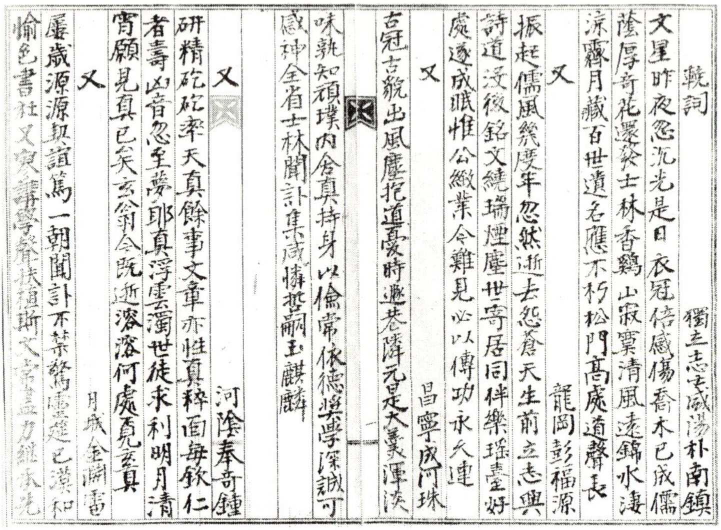

圖70. 현민 만사

조선 중기에는 만장을 부장하였으나, 후기에는 태우는 풍습으로 바뀌었던 것 같다. 또한 만사가 들어오면 이와 같이 정리를 해서 추모시집으로 간행도 하고 자신이 생전에 지어 보낸 만사들을 자신의 문집에 실어 후세에 전하기도 하였다. 위의 글은 충남 공주의 유학자 현민 이종선선생의 장례기간에 들어온 만장을 책으로 엮은 것인데, 이는 그중에 첫 장이다. 지혜로운 제자나 현명한 아들을 둔 분들은 돌아가셨어도 행복하겠다는 생각이 든다.

〔제공〕설봉 이동우

Ⅶ. 作故書藝家 및 漢學者 挽章

　여기에 소개하는 만사는 근래에 지어졌던 작고 서예인과 한학자들의 한문만사이다. 조선시대에 쓰인 만사보다 분명 친근감이 있지만 한문에 익숙하지 않은 세대에게는 역시 어려울 것이다. 수집하는 과정에 모인 만사가 매우 많았지만 몇몇 사람에게 편중할 수가 없었고 대중에게 잘 알려지지 않은 사람의 글을 상당량 싣는 것도 부담스러워 극히 일부만을 실었다. 많이 알려진 분도 20수를 넘지 않도록 하였다. 일부 만사는 훌륭한 번역이 있었으나 전체적인 일관성을 위하여 필자가 개역했으니, 혹 번역이나 개역하는 과정에서 원작자의 의도를 벗어나지나 않았는지 모르겠다. 안타까운 점은, 生前에 筆名을 드날리던 분들의 挽詞가 제대로 관리되지 않았거나, 변화된 풍속으로 인해 만사 없이 떠나신 분들이 많았으므로 여기에 싣지 못한 것이다.

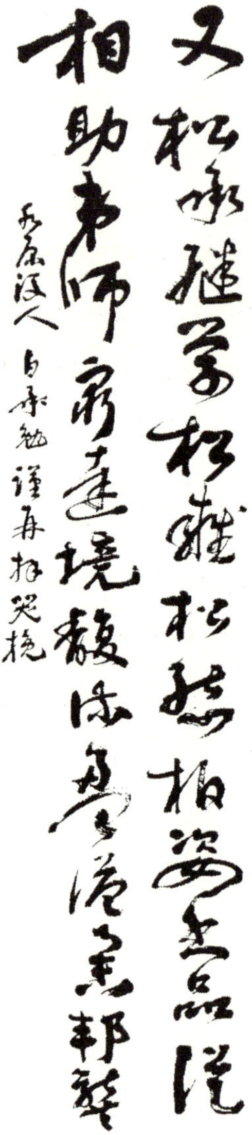

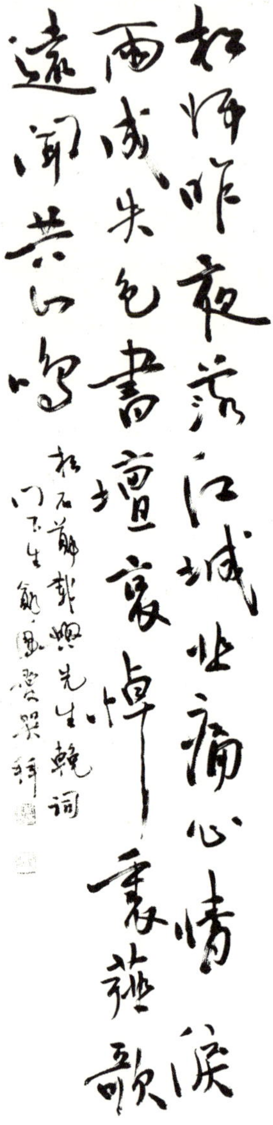

圖84. 7-805
〔글씨〕취송 정봉애

圖83. 7-803
〔글씨〕월정 백승면

1. 素菴 玄中和

7-101. 追慕素菴先生 - 邊啓千
漢拏山色月　한라산에는 달이 비추고
瀛海水聲秋　제주바다 가을날 물결소리.
淸範歸何處　맑던 인품 어디로 돌아갔는지
徘徊淚自流　서성이매 눈물이 절로 흐르네.

7-102. 哭挽素菴先生 - 吳文福
吾師崛起漢拏前　우리 스승 한라산에 태어나셔서
書法名聲海外傳　서법 명성 해외까지 전해졌다네.
字形奇怪典型合　字體는 기이하나 典型에 맞고
筆勢縱橫毫脈連　필세는 종횡으로 書脈 이었네.
精硏魏晉43)多垂後　魏晉筆法 갈고 닦아 후학에게 보였고
專究羲顔44)獨闡先　王顔書體 전공하여 先賢을 밝혔네.
樑折山頹天地寂　들보와 산 무너지니 天地가 고요한데
門生失路淚成川　길을 잃은 門生 눈물 시내를 이루더라.

7-103. 又哭挽素菴先生 - 吳文福
書仙忽去山房寂　書仙 홀연 떠나시어 山房이 적적하니
驚訃報來悲痛情　부고가 다다르매 비통한 맘 솟구치네.

---

43) 魏晉: 위진남북조시대의 위나라와 진나라. 북위의 해서 동진의 왕희지를 중심으로 한 행초서.
44) 羲顔: 중국의 명필로 왕희지와 안진경을 지칭함.

如淚雨霏難臨訣　눈물처럼 비내림에 영결하기 어려워
　　坐歎未奠一杯誠　앉아서 一杯精誠 못 올림을 탄식하네.

7-104. 哀悼素菴 - 金載植
　　專心勞苦畢功成　專心으로 힘써서 공을 이뤘고
　　卓出奇才活氣生　뛰어난 재주라 활기가 사네.
　　天下揮毫能獨步　천하에 揮毫는 독보적이고
　　崇高神筆永名聲　숭고한 神筆이라 영원한 명성.
　　忽然逝去是聞得　홀연히 서거하신 소식을 듣고
　　驚愕悲傷追慕情　놀라고 悲痛해 추모하는 맘.
　　歸命那何人力攔　歸命을 人力으로 어찌 막을까?
　　千秋安靜祝精誠　千年歲月 平安하길 祝願합니다.

7-105. 素菴先生挽章 - 徐正淇
　　潭翁今日上飛空　潭翁 오늘 하늘로 떠나가시니
　　脫俗揮毫不復蒙　脫俗한 휘호를 다시 못 보네.
　　筆似妙乎龍鳳勢　神妙한 붓끝은 龍鳳의 형세
　　髥如美也聖仙風　아름다운 수염은 神仙의 풍모.
　　文香渡海三邦振　바다건넌 글 향기 삼국에 떨쳤고
　　道氣超山一世崇　산보다 높은 道氣 一世에 높네.
　　素墨文人師影慕　素墨會 문인들이 스승 眞影 사모함은
　　生前遺德永無窮　생전에 끼친 덕 무궁하기 때문이리.

7-106. 挽素菴先生 -李相學
　　文星⁴⁵⁾昨夜墜瀛洲⁴⁶⁾　文星이 지난 밤 제주에 떨어지니

---
45) 文星 : 문곡성, 전설 가운데 과거나 문학을 관할하는 성수, 저명한 문인.

電聽高人上玉樓⁴⁷⁾　高人이 玉樓에 올랐음을 알려왔네.
脫俗形如仙子鶴　脫俗한 형상은 학과 같은 신선 같고
忘機心似海翁鷗　세상 잊은 마음은 白鷗같은 海翁이라.
帆房不朽千秋在　帆房은 천년 세월 쇠하지 않고
筆帖成珍萬古留　筆帖은 보배되어 만고에 남네.
路邈天寒違壙訣　길은 멀고 날씨 추워 葬地에 못가고서
回思平昔淚空流　지난 일만 생각하며 눈물 흘리네.

圖73. 소암 추모시집　[제공] 한천 양상철

---

46) 瀛洲: 중국의 진시황과 한 무제가 불사약(不死藥)을 구하러 사신을 보냈다는 가상의 선경(仙境). 여기서는 제주도.
47) 玉樓: 화려하고 아름다운 누각(樓閣).

2. 剛菴 宋成鏞

7-201. 挽

獨保韓冠倭亂中　倭政중에도 홀로 우리 의관을 지켰으니
屹然志氣有誰同　우뚝한 그 志氣를 어느 누가 함께 할까?
沛城此日暮雲起　오늘도 전주성엔 저녁구름 이는데
不見少微恨淚濛　캄캄한 세상에서 슬피 눈물 흘린다네.
　　　　居昌愼思範謹輓

7-202. 挽

九十康寧惟剛翁　구십에도 강녕함은 오직 강암 뿐이요
近神鐵畫[48]擅吾東　神通한 鐵劃은 나를 사로잡았네.
賢父作之肖子述　賢父가 만들고 닮은 자손 기술하니
庶乎周室規模同　주왕실과 그 모습이 거의 같구나.
　　　　居昌愼思範謹輓

7-203. 挽

屈指相長五十年　敎學相長 생각하니 벌써 오십년
湖山萬里一心連　湖山萬里 일심으로 이어졌다네.
綱倫泯滅如今日　오늘 같이 人倫이 무너졌는데
胡乃超然從謫仙[49]　어찌하여 걱정없이 신선을 따라갔죠?

---

48) 鐵畫 : 鐵劃. 글씨의 힘찬 획.
49) 謫仙 : 인간 세계에 쫓겨 내려온 선인, 이백이나 소식 같은 뛰어난 시인에 대한 미칭. 예전에, 어지러운 속세를 떠나서 사는 사람을 비유적으로 이르던 말.

居昌愼思範謹輓

7-204. 謹挽 剛菴宋先生

林窓高臥保天眞　숲속에 높이 누워 天眞을 보전하고
神筆50)生平手澤新　神筆의 한평생 손때가 새롭구나.
一哭凶音千古遠　곡소리에 그대는 千古에 멀어지고
百呼無答日何沉　불러도 答 없는데 해는 어찌 지는가?
　　戊寅十二月二十八日平山申亨澈哭挽

7-205. 挽

晉漢雅文　晉나라와 漢나라의 단아한 글에
臨川之筆　臨川의 필적처럼 뛰어났었지.
毫端星鳳　붓끝에선 별과 봉황이 느껴지고
書名遺史　書名은 역사에 길이 남으리.
　　奉呈于剛菴先生靈前慕軒曺秉哲

7-206. 剛菴宋先生 謹挽

豊沛城51)中一代雄　전주시에 한 시대의 영웅이 있어
儒巾儒服善持躬　儒巾쓰고 儒服입어 자신을 지켜왔네.
毫端已盡精神力　붓 끝에 정신력을 다 쏟아냈고
畵裡誰知造化工　書畵속의 造化工을 누가 알겠나?
寸髻將傳華島脉　상투에 華島의 맥을 전했고
雙眉克負裕爺風　두 눈썹에 裕齋 풍모 간직했다네.
林鷦敢附溟鵬翼　뱁새가 감히 붕새의 날개에 붙어

---

50) 神筆: 뛰어나게 잘 쓴 글씨.
51) 豊沛城: 제왕의 고향. 전주시.

憶昔陪從上海東　海東에서 모셨음을 추억한다네.
　　　門下生光州李孝甲哭輓

7-207. 輓詞

早能三絶52)古今窺　일찍이 三絶로 古今을 꿰뚫었고
法創眞工老益奇　法古創新 참 공부 늙어 더욱 奇異했네.
我石齋中多士出　我石齋서 많은 선비 배출했음에
剛菴館下萬人悲　剛菴館에 萬人 모여 슬퍼한다네.
摩挲惠墨長歎息　惠墨을 만지면서 길게 탄식하다가
緬憶深情更潸洏　깊은 정이 생각나 다시 눈물 흘리네.
問爾麒麟峯上月　麒麟峯에 뜬 달에 물어본다오.
哀哉夜夜照誰楣　슬프게 밤마다 뉘집 문을 비추냐고.
　　　忠州朴洙燮再拜哭挽

7-208. 輓詞

矍鑠大年萬福宜　오랜 세월 공부함에 萬福받음 마땅하고
右軍筆力世爭雄　王羲之 筆力으로 雌雄을 다투었네.
秋風敍舊剛菴館　찬바람 부는 剛菴館에 옛일을 서술하니
雪月嗟仁蒿里詞53)　雪月같은 挽詞로 어진 이를 슬퍼하네.
海濶鯤鵬54)看逸翮　넓은 바다 鯤鵬처럼 飄逸함을 보았고
歲寒松柏55)保貞姿　歲寒의 松柏처럼 곧은 자태 지켰더라.

---

52) 三絶: 세 가지 뛰어난 기예, 기예에 뛰어난 세 사람. 문장 글씨 그림이 뛰어난 사람.
53) 蒿里詞: 挽詞. 輓歌.
54) 鯤鵬: 『장자』의 「소요유편」에 나오는 상상 속의 동물로 '곤'이라는 큰 물고기와 '붕'이라는 큰 새를 아울러 이르는 말.
55) 歲寒松柏: 어떤 역경 속에서도 절개를 굽히지 않는 의지가 굳은 사람.

正終了得人間事　생애를 마치며 人間事를 깨달으니
餘慶長垂式穀兒　남은 慶事 後孫에게 길이 전하네.
　　月城李鐘洛謹挽

7-209. 謹次剛菴宋先生輓
吾道模楷有此翁　우리 도의 모범이신 강암선생님
超然凡百出群中　超然함은 뭇사람들 가운데 出衆했지.
操身不失名家範　操身하여 名家의 範節 잃지 않았고
秉彝守貞啓後生　떳떳한 道를 지켜 後生을 啓導했네.
　　宜寧後生南大熙再拜哭挽

7-210. 謹次剛菴宋先生輓
自我剛翁歸去後　우리 스승 剛翁께서 돌아가신 후
摧頹吾黨益凋時　꺾여진 우리 유림 더욱 시드네.
九原渺邈終難見　황천길 멀고멀어 끝내 뵐 수 없으니
倒地儒風振起誰　무너진 儒風은 어느 누가 일으킬까?
　　宜寧後生南大熙再拜哭挽

7-211. 輓剛菴宋成鏞先生
槿域鴻儒高貴名　근역의 큰 선비 고귀한 이름
剛翁逝去萬邦驚　剛翁의 逝去에 萬邦이 놀라네.
一生行跡傳千代　일생의 行跡은 千代에 전하고
罔極心中揚旆旌　罔極한 마음은 깃발에 흩날리네.
　　全州喪家　後學延日後人鄭充洛輓哭

圖74. 강암 송성용

강암 송성용 선생의 생전휘호모습이다. 일제 강점기는 물론이고 돌아가실 때까지 우리 의관과 상투를 지키셨던 분이다. 詩書畵는 물론 漢學에 이르기까지 지극한 경지에 이르셨기에 지금도 한국서단에는 선생을 흠모하는 후학들이 많다. 〔사진〕후암 김진돈

3. 靑溪 任昌淳

7-301. 挽 - 龍田 金喆熙

公身火葬洒餘灰　공의 몸 화장하고 남은 재를 뿌렸네.
底事遺言若是哉　어찌하여 유언을 이와 같이 하셨나?
太息人間無淨土[56]　오래 쉬는 사람은 淨土가 없으리니
飛昇天上倚仙臺　천상에 올라가 仙臺에서 사시겠지.
專門金石[57]誰同語　금석을 전공하니 그 누구와 말을 할까?
妙曲峨洋獨自裁　미묘한 峨洋曲을 혼자서 연주하리.
記否舊遊觀水伴　예전에 觀水會서 놀던 일을 기억하나?
春花淚濺夕陽杯　봄꽃은 석양비친 술잔에 떨어지네.

7-302. 挽 - 卷宇 洪贊裕

懷人老境渴思梅　老境을 생각하면 매화가 떠오르고
夏木陰陰黃鳥來　여름 나무 그늘에는 꾀꼬리 날아드네.
盡日嚶嚶求友急　진종일 앵앵하며 급히 친구 찾으니
晚風切切向誰催　저녁바람 절절한데 누굴 향해 재촉하나?
厄會屠維間一月　액이 모인 己卯년 한 달 사이에
偏驚觀水報三哀　세 가지 슬픈 소식 觀水會를 놀래키네.
誄詞欲作不成句　추도의 글 쓰려하나 글귀를 못 이루고
遙望靑天念念灰　푸른 하늘 쳐다보니 잿빛에 잠겼더라.

---

[56] 淨土: 아미타불 및 그가 나타날 정토의 존재를 믿고, 그 정토에 가는 것을 이상으로 삼는 불교의 한 종파. 정토, 오염되지 않아 깨끗한 곳.
[57] 金石: 金石文. 쇠로 만든 종이나 돌로 만든 비석 따위에 새겨진 글자.

7-303. 挽　　- 靑谷 尹吉重
　　學說多奇超俗世　속세를 벗어난 듯 학문이 기이했고
　　淨論銳利短長裁　장단을 재단한 듯 淨論이 예리했네.
　　考證徹頭金石透　考證은 철저하여 金石을 밝히 알고
　　書風瀟洒柳孫來　書風은 말쑥하여 柳孫에게 전해지네.
　　鶴體鍊丹58)長壽術　鶴體와 鍊丹으로 長壽하는 秘術있고
　　藏書獻院後昆開　藏書는 獻納하여 후손위해 길 열었네.
　　肉身虛相任焚火　虛相인 육신은 火葬에 맡겼지만
　　特立乾坤不敢哀　乾坤에 우뚝하니 감히 슬퍼 못하네.

7-304. 挽　　- 東湖 金麟煥
　　靑翁一夜向泉臺　청명선생 하룻밤에 황천으로 향했으니
　　芝谷春花爲孰開　芝谷의 봄꽃은 누구 위해 필 것인가?
　　勝地樓亭留筆蹟　명승지 樓亭에는 필적이 남았고
　　文壇書籍署名裁　문단의 서적에도 이름이 올랐더라.
　　北岳烟深同鶴語　안개 깊은 北岳에서 학들과 얘기하고
　　東江水碧伴鷗回　물 푸른 東江에서 갈매기와 짝을 하네.
　　三十年來觀水集　삼십년간 觀水會에 모이고 만났지만
　　到今追憶覺心灰　이제야 추억하며 슬픔에 젖는구나.

7-305. 挽　- 一平 趙南權
　　吾韓又失一奇才　우리 한국 한 분의 奇才를 잃었으니
　　白紙相傳永訣哀　白紙에 전한다네 永訣의 슬픔을.
　　堅志究文姓巨擘59)　굳은 뜻에 탐구한 글 거장이 되었고

---

58) 丹: 붉은 빛 흙. 주사(朱砂). 진사(辰砂). 도교(道敎)에서 주사(朱砂)로 불사약을 만들려고 한 데서 영약(靈藥) 또는 선도(仙道)의 뜻으로 씀.

遠圖瞻學辨多財　고원한 학문은 多財와는 분별되네.
　　淸名此世千秋史　이 세상 천추사에 맑은 이름 전하겠고
　　白骨靑山數掬灰　白骨은 청산에 몇 줌의 재가 됐네.
　　豪氣逸情無復覩　豪氣와 飄逸한 정 다시 볼 수 없지만
　　屋樑落月意難裁　처마에 지는 달은 그 뜻을 모르리라.

7-306. 挽　　- 省軒 朴海春
　　孟春雅會共吟杯　초봄에 모임에서 함께 술을 마셨지만
　　宿約探花永訣來　꽃을 보잔 예전 약속 영결로 다가오네.
　　物外超然君子器　物外에 超然함은 군자의 그릇이요
　　淸高坦率大夫材　맑고 높은 人品은 대장부의 材木이라.
　　棟樑60)育養先扶植　棟樑을 육성하려 먼저 나무 심었고
　　桃李薰陶61)早厚培　桃李를 기르며 두텁게 북을 줬지.
　　鶴骨和聲雖已逝　鶴骨과의 和音은 이미 떠나갔지만
　　名傳萬世泰東62)開　이름을 만세에 전할 泰東을 열었더라.

7-307. 挽　　- 近堂 吳在錫
　　公誕湖西八斗才　西湖에 태어난 재주가 비범한 분
　　詩書道義是由來　詩書와 道義는 이로부터 시작됐네.
　　探求金石傳眞筆　金石을 탐구하여 眞筆을 전했고
　　講論古今養俊材　古今을 강론하여 俊才를 육성했다.

---

59) 巨擘: 어떤 분야에서 그 기능이나 능력이 남달리 뛰어난 사람.
60) 棟樑: 棟梁. 수행 중에 시주로 얻으려고 돌아다니다, 한 나라나 집안을 떠받들어 이끌어 갈 젊은이를 비유적으로 이르는 말.
61) 薰陶: 흙을 다져 질그릇을 굽고 만든다는 뜻으로, 사람의 품성이나 도덕 따위를 잘 가르치고 길러서 좋은 쪽으로 나아가게 함을 이르는 말.
62) 泰東: '동양(東洋)'을 예스럽게 이르는 말.

獎學財團新設立　장학재단 새로이 설립했으니
斯文敎理已成培　사문의 敎理는 힘을 더욱 얻었네.
一宵忽報雲鄕去　하룻밤에 雲鄕으로 떠났다는 소식
芝谷靑山一掬灰　芝谷靑山 한줌의 재가 되었네.

7-308. 挽　- 中觀　崔權興

今日哭聲何處來　오늘의 哭聲은 어디에서 들리는가?
楊州深谷學堂開　楊州의 깊은 골 학당에서 전해오네.
奎星63)失色昏天地　奎星이 빛을 잃어 천지가 어두운데
訓迪投鞭切痛哀　敎鞭을 던지니 애절하고 슬프구나.
獨步集成金石學　금석학을 집성함은 독보적이고
諸生精養古文培　학생들 古文 익힐 환경 만드니
嗚呼觀水不勝戀　오호라 觀水會員 너무도 그리워져
默念焚香酒一杯　묵념하고 향 사루며 술 한 잔 권한다네.

7-309. 挽　- 敬菴　朴容圭

去月拜翁謂不衰　지난달 선생 뵙고 정정하다 말했는데
俄然孰識永無回　갑자기 누가 알랴 돌아오지 못함을.
志深藝藪聲名遠　志藝가 깊어서 명성이 멀리 퍼졌고
樂在培英後學開　英材育成 좋아하니 후학 위해 길 열었네.
壯歲優遊黃卷室　젊어서는 책을 보며 여유롭게 놀았고
晩途高臥白雲臺　늘어서는 백운대에 높이 누웠네.
經殘敎弛公仙化　가르침은 해이한데 그대마저 떠났으니
百感侵來未易裁　모든 감회 몰려와도 판단을 못하겠네.

---

63) **奎星**: 이십팔수(二十八宿)의 열다섯째 별자리의 별. 문운(文運)을 담당하는 별로서, 이 별이 밝으면 천하가 태평하다고 한다.

7-310. 挽　　- 地山 張在釪
　　天生叔季我翁才　천생의 막내아우 우리 옹은 재주 있어
　　正爲斯林後學開　바로 儒林 위해서 後學에게 길 열었네.
　　泰古院中弦誦動　泰古院 안에서는 음악 독송 들려오고
　　聽流軒下水光回　聽流軒 아래에는 水光이 아름답네.
　　彼蒼次第文星晦　저 하늘 차례로 文星이 어두우니
　　吾道何時復運來　우리 道 어느 때에 다시 돌아오려나?
　　堪歎寰區耆德盡　이 세상에 덕 있는 이 사라짐을 슬퍼하며
　　空山長對痛難裁　空山을 바라보며 길게 통곡 한다네.

7-311. 挽　　- 淸溪 趙冕熙
　　仙去何時鶴表回　신선으로 떠났으니 학이 되어 돌아오나
　　前途摘植不能開　前途는 확실하나 열어볼 수 없구나.
　　淵源道德由天性　도덕의 연원은 天性으로 말미암고
　　究兀文章出衆才　뛰어난 문장이니 출중한 재주로다.
　　早歲聰明成大器　일찍이 총명하여 큰 그릇이 되었고
　　平生事業養英材　평생의 사업으로 영재를 길렀더라.
　　從今詩社陪誰樂　지금부터 詩會는 누구와 즐길까?
　　芝谷煙霞空作堆　지곡에는 부질없이 煙霞만 몰려있네.

7-312. 挽　　- 葛亭 權宰興
　　春遊會約貴軒開　봄에는 그대 집에 놀자고 약속터니
　　豈料松溪永訣盃　松溪의 잔 永訣임을 어떻게 알았으랴.
　　超俗世人名得傑　世人을 초월하니 俊傑이라 불렸고
　　先時文事續居魁　先時에 文事를 으뜸으로 전승했지.
　　在生熟講儒門治　생전에는 儒家學問 충분하게 익혔고

臨卒旋從佛氏灰　임종 때는 다르게 佛家처럼 화장했네.
芝谷幽香誰有繼　지곡의 幽香은 어느 누가 이을까?
殘花啼鳥水聲哀　떨어진 꽃 우는 새 물소리도 슬프구나.

7-313. 挽　- 柏村 權奇甲
工深素履道心開　깊은 功德 맑은 行實 道心을 열었으니
金玉盈堂一代才　金玉이 집안 가득 일대의 재인이라.
自遠高朋傾意氣　高朋을 멀리하고 意氣에 집중하니
仰淸多士感風雷　흠모하던 많은 선비 風雷에 감동하네.
口碑[64]載德邦家頌　口碑에 덕이 실려 나라가 칭송하고
手澤傳香卷軸裁　손때에 향기 전해 卷軸에 남겼더라.
芝谷今來虛丈席　지곡에는 이제부터 丈席이 비었으니
難堪涕淚望蓬萊　蓬萊향해 흐른 눈물 어떻게 감당하랴.

7-314. 靑溟居士千古　- 地上友 眞城 李家源
瑰董奇書　훌륭하고 오묘하며 기이한 책들
緗帙紛盈　담황색 서고에 다양하게 넘쳐나고
殘碑法帖　남은 비문 좋은 법첩엔
翳古香鬱鬱　옛 향기가 가득히 서려있구나.
泰東講座　태동고전 강좌에는
英髦雲集　영재가 운집하였고
芝谷書堂　지곡서당에는
發靑條之森森　푸른 가지 무성해졌네.

7-315. 謹輓 靑溟大兄靈前

---

64) 口碑: 글에 의하지 않고 예부터 말로 전해 내려옴.

觀善齋遊共學中　觀善齋에 놀면서 함께 배웠으니
泰東事業淵源同　泰東의 사업은 그 연원이 같구나.
芝堂惟誦絳帷誼　芝谷에선 오로지 絳帷誼를 읊었고
水洞猶存白鹿風　水洞에는 오히려 白鹿風이 남았구나.
形入仙垍名不朽　선경에 들었으니 이름이 영원하고
神通講樹道無窮　신통한 강좌에는 도가 무궁하여라.
遺音相思一言蔽　遺音을 생각하여 한마디로 다하노니
是日山樑悲我衷　오늘은 山樑도 내 衷情을 슬퍼하네.
　　濟州同門生高漸良拜

7-316. 又

泰東學脈冠吾東　泰東의 학맥이 槿域에 덮었음은
爲匡斯文桑海65)中　桑海中에 이 학문을 바로잡기 위함이라
處世經綸幾歲月　處世의 經綸이 몇 년 세월이었던가?
晩年事業自淸風　만년의 사업은 저절로 淸風이네.
山河無主長歎息　山河에는 주인 없어 길게 歎息하는데
門弟有誰能紹空　門下生은 누가 있어 빈자리를 이을까?
碩博彬彬66)先後輩　석박사 彬彬하여 선후배가 되었으니
繼承遺蹟與天終　遺蹟의 繼承은 영원히 이어지리.
　　濟州同門生高漸良拜

7-317. 輓靑溟先生

文章德業有名聲　文章과 德業에 名聲이 있기에

---

65) **桑海** : 뽕나무밭이 변하여 푸른 바다가 된다는 뜻으로, 세상일의 변천이 심함을 비유적으로 이르는 말.
66) **彬彬** : 文質彬彬. 외양의 아름다움과 내면의 미가 서로 잘 어울린 모양.

圖75. 7-402
〔글씨〕소은 이남례

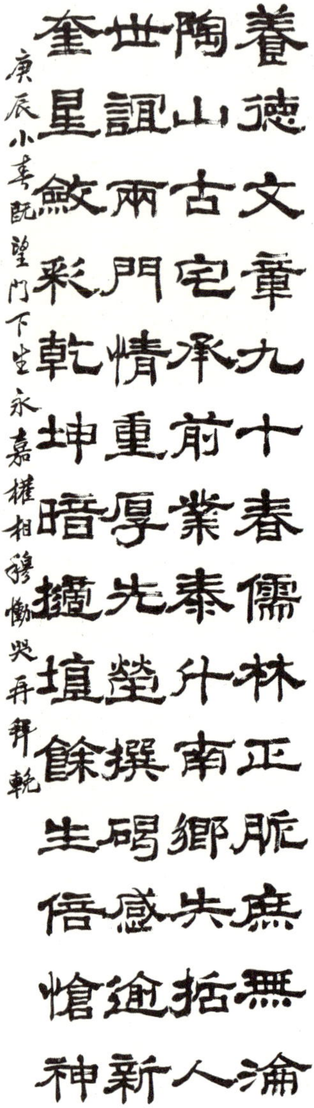

圖76. 7-404
〔글씨〕소은 이남례

忍向道山辭漢城　서울을 떠나서 道山으로 향했다네.
一世風流今已矣　일세의 풍류가 지금 이미 끝났으니
泉臺冥莫不堪情　어두운 저승길에 슬픈 마음 어쩌나.
　　己卯暮春慶州李春熙

7-318. 任靑溟先生靈前

醫無仁術藥無工　치료도 마땅찮고 고칠 약도 없었지
欲問冥司奈此終　어찌 이리 떠났냐고 冥司에게 묻고 싶네.
今古藏書將國寶　고금의 藏書는 나라의 보물 되고
朝霄聞道與誰同　아침에 도를 들음 누구와 함께하나?
世人休說林泉好　세상사람 林泉이 좋다 말하지 마소
吾輩共悲師席空　우리 모두 스승자리 비었음을 슬퍼하네.
宇內知音名下士　세상에선 親舊로 下士라 했으나
先稱其德後稱功　먼저 德을 칭송했고 다음 功을 칭송했네.
　　門下生高三休謹輓

7-319. 哭靑溟任先生逝去

平生一志自安居　평생을 한 뜻으로 스스로 安居했고
世路艱難不變初　世路가 험난하나 변하지 않았다네.
獨步硏深金石學　금석학을 연구함은 독보적인 경지요
多能藝出草行書　행초로 쓰신 것은 예술적인 수준이라.
芝蘭秀砌承家法　芝蘭과 秀砌에는 家法이 이어지고
桃李盈門作國譽　桃李는 집에 가득 國譽가 되었다네.
詩會復期花下拜　꽃 아래서 만나자는 詩會中의 다음 期約
一朝天古奈歸虛　하루아침 천고일로 허무하게 되었구나.
　　侍生豊壤趙南權再拜謹輓

7-320. 輓靑溟任昌淳先生   - 聞雲 裵永昶

聞公仙化我心驚	그대가 떠나감에 내 마음은 두렵고
世事虛妄片夢輕	세상사 허망함이 한 조각 꿈결 같네.
獨學七書施敎誨	七書를 獨學하여 가르침을 베풀었고
多情三樂育英傾	삼락을 좋아하여 영재를 교육했지.
泰東所外春風暖	泰東學堂 밖으로 봄바람 따뜻한데
芝谷堂前夜月明	芝谷書堂 앞에는 夜月이 밝네.
肖子門人能繼述	賢子와 문인들 찬술이 이어지니
天城萬里海天晴	天城萬里 바다하늘 맑았으리라.

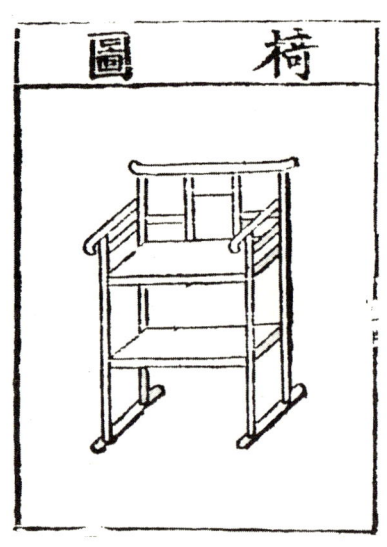

圖77. 의도(椅圖)

요즘에는 제상 위에 신주를 놓고 있지만, 전통적으로는 이러한 교의에 신주를 올려놓는다. 신은 이 의자에 앉아서 제사음식을 흠향하는 것이다.

4. 淵民 李家源

7-401. 輓淵民先生

後生陶山老　陶山선생 보다는 늦게 났지만
吐情67)皆華章68)　心情을 드러내면 모두가 詩文이라.
終身斯文志　종신토록 이 글에 뜻을 두었으니
嗚呼盍景仰　오호라! 어찌 존경하지 않을 손가?
　　　庚辰十月望日侍敎生京山李相弼再拜哭挽淵民先生靈几之下

7-402. 挽

德學文章鮮世隆　德學과 文章이 조선에서 뛰어남은
吾家前後繼繩繩　우리 집안 前後로 면면히 이어졌네.
圭章美質同山岳　奎章의 美的 바탕 山岳과 같고
屹立規模類氣凝　우뚝 선 規範에는 기운이 모였구나.
年到九旬惟不倦　九旬에 이르러도 게으르지 않았고
心通萬理若無能　모든 理致 통했지만 無能한 者 같았지.
餘生從此何求筆　餘生은 이로부터 무엇을 써야할까?
淚向斜陽落葉層　눈물은 저문해 낙엽위로 떨어지네.
　　　族弟源琫痛哭再拜挽

7-403. 挽

北岳輝星落漢城　北岳에 빛나던 별 漢城에 떨어졌고

---

67) 吐情 : 심정이나 사정을 솔직하게 말함.
68) 華章 : 아름다운 시문.

京鄕門黨惜哀情　京鄕各地 門黨에선 애석한 심정이라.
外侵首府[69]鍊螢雪　서울 外侵 당했을 땐 螢雪의 功 단련했고
光復港都盡育英　광복한 뒤 도시에선 인재육성 힘썼었지.
經典敎程延世住　경전을 가르치며 연세대에 머물렀고
講論學說永存名　강론하던 學說은 그 이름 영원해라.
如流歲月九旬望　바삐 흐른 세월 속 九旬을 바라볼 때
傳聞訃音暗淚盈　訃音이 들려오니 눈에 눈물 가득하네.
　　　月城孫萬鎬拜挽

7-404. 淵民李先生靈前

養德文章九十春　덕을 기른 文章으로 구십년 되었지만
儒林正脈庶無淪　유림의 바른 맥이 침체되지 않았더라.
陶山古宅承前業　도산서원 古宅에서 前業을 계승했고
泰斗[70]南鄕失哲人　泰斗인 南鄕에선 哲人을 잃었지.
世誼[71]兩門情重厚　世誼의 兩門에는 그 정이 두터웠고
先塋撰碣感逾新　先塋 碑碣 지으니 감회가 새롭구나.
奎星斂彩乾坤暗　奎星이 빛을 거둬 乾坤이 어두운데
摘埴餘生倍愴神　餘生을 끝마치니 더더욱 슬퍼지네.
　　　庚辰小春旣望門下生永嘉權相穆慟哭再拜輓

7-405. 輓

淵民博士世人言　연민박사 세상에서 말들 하는데
文藝明鑑比瑞暾　文藝가 밝은 것이 아침 해와 같다고.

---

69) 首府: 한 나라의 중앙 정부가 있는 도시.
70) 泰斗: 泰山과 北斗七星.
71) 世誼: 대대로 사귀어온 정의.

泰斗書香餘活氣　泰斗의 글씨향기 活氣가 가득하고
紫雲雨變慰靈魂　紫雲은 비가 되어 靈魂을 위로 하네.
生前仁德四隣設　生前에 어진 덕을 사방에 베풀더니
死後名聲萬歲存　死後에 높은 名聲 萬歲에 남았더라.
門下千章冥福禱　문하의 많은 제자 冥福을 祈願하며
輓詞高掛念師恩　輓詞를 높이 걸고 스승은혜 생각하네.
　　後學文化后人柳東烈

7-406. 哭淵民李家源兄 十一月蘭社韻
淵翁才學寔超群　淵翁의 재주 학식 무리에서 뛰어나
季世猶能玉石分　末世에도 玉石을 구분할 수 있었네.
已把文名輝一國　이미 文名으로 한 나라를 빛냈고
更將筆力掃千軍72)　다시금 筆力으로 千軍을 쓸어내네.
　　李佑成

7-407. 哭淵民李家源兄 十一月蘭社韻
明倫巷冷積秋葉　명륜동 싸늘해져 가을 낙엽 쌓이고
溫惠山空歸暮雲　溫惠山도 텅 비어 저녁구름 돌아가네.
他日麗韓文抄補　다른 날 麗韓文抄 보완하게 된다면
曹河卞鄭更添君73)　曹河卞鄭에다 그대까지 더하리라.
　　李佑成(民族文化推進會會長)

---

72) 杜詩筆陣獨掃千人軍.
73) 金澤榮이 그 제자들과 함께 『麗韓十家文抄』를 엮었다. 내가 장차 文抄를 보완하게 되면 曹兢燮 河謙鎭 卞榮晩 鄭寅普 4君子를 그 뒤에 보태 넣으려 했는데, 이제 또한 李家源 형을 넣으려 한다.

7-408. 又輓

淸稟士威稱頌言	맑은 성품 선비위엄 여러 말로 기리더니
死生有命忽收暾	死生의 命이 있어 홀연 밝음 거두셨네.
誨思財贈現今蔭	가르치고 財贈함은 현시대의 음덕이요
揚世著篇千古恩	드높은 저술들은 千古의 은혜로다.
敎化仁風香萬界	敎化의 어진 風度 萬界의 香氣이며
感人指導效師門	감동 주는 가르침은 師門의 표상이라.
浮雲流水無休處	뜬 구름과 흐르는 물 쉴 곳이 없어도
業蹟先儒培養根	업적 쌓인 先儒에 뿌리를 배양했네.

　　　　後學金寧後人金完鍾

7-409. 輓

巨星遂落愕無言	큰 별이 떨어지니 놀라서 말이 없고
當代碩儒似出暾	當代의 큰 선비로 아침 해와 같았는데
豪俊威儀何會見	호탕하신 위엄은 언제 만나 뵐는지?
斯文業績憶遺恩	유학 업적 남긴 은혜 잊지 않고 기억하리.

　　　　後學文化後人柳樟煥

7-410. 輓

當世大儒終熄言	이 시대 大儒가 끝내 말씀 거두시니
淵民逝去蔽新暾	연민 박사 서거는 아침 해를 가림이라.
稀功學德傳承耀	위대한 學德은 후인들이 이어 빛내리니
淨土安眠不忘恩	極樂淨土 永眠하소 은혜 잊지 않으리다.

　　　　後學文化柳在植

7-411. 輓
淵翁遽逝接悲言　연민박사 갑작스런 他界悲報 듣고 보니
儒家巨星湮晦暾　儒家의 큰 별이 빛을 잃고 떨어졌네.
淸白崇文生一念　淸白하고 崇文하는 一念으로 사셨으니
大成學問後人恩　크게 이룬 학문은 후인들의 은혜되리.
　　　　後學迎日後人鄭文孝

7-412. 輓
淵民先士耀金言　淵民先士 남기신 금쪽같은 말씀들
朝海太陽然燦暾　아침바다 태양처럼 찬연하게 빛이 나네.
藝學素心成泰斗　藝術 學問 평소의 뜻 泰山北斗 되시니
世人龜鑑久深思　세상사람 마음에 오래도록 남겠구나.
　　　　後學寧越後人嚴奎星

7-413. 輓
淵民博士敎金言　연민박사 가르치신 훌륭한 말씀들
有志儒生素習暾　뜻있는 선비들이 매일같이 익혔는데
瞻仰師君歸上界　존경하는 선생께서 天上으로 가시니
昏迷後學淚師恩　혼미한 후학들은 師恩에 눈물짓네.
　　　　後學咸從後人魚浩秀

7-414. 輓
博士功名歷史言　연민 박사 功名은 歷史에서 말하고
道心仁達德如暾　道心이 어질어서 덕이 해와 같구려.
後人悼惜冥途禱　후인들이 슬퍼하며 冥福을 비옵나니
極樂往生享聖恩　極樂往生 하시어 聖恩을 누리소서.

　　　　後學杞溪後人兪炳利

7-415. 輓
　悲報窓前暫失言　창 앞에 슬픈 소식 잠시 말을 잊으니
　東天雲霧蔽朝暾　東天의 안개구름 아침 해를 가렸다네.
　詩華筆趣斯門長　아름다운 시와 글씨 斯門에 뛰어나고
　文博彝儀士數元　문학박사 거동은 선비중의 으뜸일세.
　鶴去松林昏暮重　학이 떠난 솔숲은 어둡게 저무는데
　魂留祭典燭香繁　넋이 머문 제전에는 香燭이 번잡해라.
　輓章十里寒風路　만장은 십리 길 찬바람에 날리는데
　哀悼行間倍感恩　哀悼하는 行間에서 恩惠 곱절 느끼누나.
　　　　後學文化後人柳暎烈

7-416. 輓
　文章師道訓金言　文章과 師道를 金言으로 가르치다
　嬰疾忽然諱失暾　병에 걸려 홀연히 밝은 빛을 잃으셨네.
　星隕中宵垂蔭贈　中天에 별은 져도 음덕을 베풀고
　珠沈大海誨懷恩　大海에 구슬 잠겨도 은혜를 생각하네.
　芳名遺訓千孫繼　芳名과 가르침은 千孫까지 이어지고
　勝德仁風萬世尊　좋은 덕과 어진 風度 만세까지 높아라.
　呼哭臨寵波弔客　呼哭하는 葬地는 弔客의 물결인데
　陪從多歲拜終樽　여러 해 모셨음에 절하고 잔 올리네.
　　　　後學金寧後人金完鍾

7-417. 輓
　風塵如鶴世稱言　풍진 속에 학과 같다 세상사람 稱誦터니

學藝孤高曉日暾　학문 예술 孤高함이 새벽햇빛 같더이다.
忽逝淵民群下淚　淵民博士 떠나시니 뭇 사람들 슬퍼하며
遺志承襲報鴻恩　遺志를 이어받아 큰 은혜에 보답하리.
　　後學淸道後人金胄植

7-418. 輓

巨星光減訃傳言　큰 별빛 사라지고 訃音이 전해지니
灑雨哀心又翳暾　하늘은 비를 뿌려 해 가리고 슬퍼하네.
艱世聖儒恒著誨　어려울 때 큰 선비로 가르침을 주셨고
後生悠永訓遺恩　후생에겐 오랫동안 교훈을 남기셨네.
　　後學淸道後人金水植

7-419. 輓

聳士悲報忽失言　큰 선비의 슬픈 소식 할 말이 없구나
後徒學業似東暾　후학들의 학업에는 뜨는 해와 같았지.
是年再謁幾承敎　금년에 다시 뵙고 가르침을 받았으니
傳授詩書置萬恩　전해주신 詩書는 큰 恩惠로 남았더라.
　　後學晉州後人柳文冀

7-420. 輓

名聲蔓衍現無言　명성은 만연하나 지금은 말이 없고
太博淵民恒似暾　큰 박사 연민선생 솟는 해를 닮았네.
泰斗生前悲不拜　泰山北斗 생전에 뵙지 못함 슬프지만
功勳後世永懷恩　공적은 후세에도 영원히 기억되리.
　　後學金海後人金柱用

5. 農山 鄭充洛

7-501. 輓農山鄭充洛先生

扇風至百目前文　부채이야기 百回를 목전에 두고
羽化[74]登天彼白雲　신선되어 백운타고 올라 가셨네.
書藝評論千代業　서예평론 千代의 업적이리니
先生學訓必邀勳　선생 學訓 받아야할 功勳입니다.
　　　野松 安秉漢 鞠躬

7-502. 拜挽農山鄭充洛先生

先生駕鶴忽登天　선생이 학 타고 하늘에 오르시니
應是從遊四皓仙[75]　마땅히 四皓의 신선들과 從遊하리.
世出詩篇餘舊蹟　세상에 낸 시들은 舊蹟으로 남았고
躬行書刻證前緣　몸소 행한 書藝 篆刻 前緣이 증명하리.
儒林失色哀歎續　선비들은 失色하여 슬픈 탄성 이어지고
眷率傷神涕淚連　가족들은 傷神하여 눈물이 이어지네.
偉業欲知無盡測　偉業을 알려 해도 측량할 수 없지만
農山遺稿燦然傳　農山先生 遺稿에서 찬란히 전하리라.
　　　心眼齋 章石 徐明澤 謹挽

---

74) 羽化 : 사람이 몸에 날개가 돋아 신선이 되어 하늘로 올라간다는 말.
75) 四皓 : 호(皓)는 희다는 뜻으로, 중국 진시황(秦始皇) 때 난리를 피하여 산서성(陝西省) 상산(商山)에 들어가서 숨은 네 사람의 선비를 이르는 말. 동원공(東園公), 기리계(綺里季), 하황공(夏黃公), 각리 선생(角里先生)을 말하는데 모두 눈썹과 수염이 흰 노인이어서 이렇게 불렀다.

7-503. 弔鄭充洛逝去

蒼天之意正難知　창천의 깊은 뜻을 진정 알기 어렵도다
曾謂此翁百歲期　일찍이 이 사람 백세를 기약했네.
祝我新刊如昨日　나의 신간 축하함이 엊그제와 같은데
短墳何處隱眞姿　작은 무덤 어느 곳에 그대 자취 감췄는가?

　　原州李孝甲哭輓

7-504. 挽農山鄭充洛先生

樞星落早海東驚　樞星이 떨어지니 해동이 놀라고
地慟天悲水亦鳴　천지가 慟哭하며 물도 따라 우는구나.
別淚騷人衣袖濕　시인의 이별눈물 옷소매를 적시니
哀心墨客輓詞呈　묵객의 슬픔마음 만사로 드러나네.
玉章萬首賦詩遺　주옥같은 문장으로 만수 시부 남기시니
竹冊千年奉世廣　竹冊을 千年동안 世人들이 받들리라.
書界功勳無限鑑　書藝界의 功勳은 끝없는 거울이니
往生極樂享光榮　極樂往生하시어 光榮을 누리소서.

　　杞溪後人　兪炳利　再拜

7-505. 拜挽農山鄭充洛先生

雅會農翁數朔前　農山先生 몇 달 전 雅會에서 뵈었는데
忽驚夢外訃音傳　뜻밖으로 전해진 부음에 놀랐더라.
文章過歲憐多感　문장으로 세월 보내 많은 감정 좋으나
筆致無期慟絶緣　筆致에 期約 없어 인연 끊김 애통해라.
握手逢場談笑款　악수하며 만남에 담소가 다정하고
含情別夕夜魂牽　정이 넘쳐 헤어져도 꿈속에서 이끌리네.

儀容[76]自此雖不見　儀容을 이제부터 볼 수 없다 생각하니
落木空山泣淚漣　落木 空山에 눈물이 이어지네.
　　　利川人 徐東亨 拜挽

7-506. 鞔農山鄭充洛先生

苦海風霜六七年　苦海의 風霜 인생 육십 칠년에
忽然化作帝鄕仙[77]　하늘나라 神仙으로 홀연 떠났네.
多年翰墨名聲出　多年間 翰墨에서 名聲이 있었고
早歲詩書志趣全　이른 해 詩書는 志趣가 온전했네.
離蹟蕭條雲古洞　떠난 자취 쓸쓸한데 옛 마을엔 구름 뿐
餘情怊悵月空筵　남은 정 서글픈데 빈자리엔 달뿐이라.
誰知國際江山越　누가 알리 國際協會 선생이 강산 떠나
但異幽明永訣邊　지금은 幽明 달라 永訣하는 자리임을.
　　　槿叡 金柳延. 拜挽

7-507. 鞔農山鄭充洛先生

忽去鴻儒[78]仙界遠　갑자기 큰 선비 선계 멀리 떠나가니
人人痛惜別明賢　사람마다 애석하게 明賢과 이별하네.
才疎未足銘淸德　서툰 재주 맑은 덕 새기지는 못하나
淚寫哀章祈福緣　눈물로 만장 쓰며 명복만을 빈다네.
　　　南陽后人洪愚基謹再拜哭輓

---

76) 儀容: 행동하는 태도나 몸가짐. 또는 차린 모습.
77) 帝鄕仙: 帝鄕은 황제가 있는 나라의 서울이니 帝鄕仙이란 天帝가 있는 곳의 신선을 뜻함.
78) 鴻儒: 학문과 덕행이 높이 이름난 유학자.

7-508. 農山老師輓

忽然振動手機云　홀연히 울리는 핸드폰에는
高士農山訃告文　鄭農山 高士님의 부고문이라.
百代光陰如過客　백대를 살아도 나그네 같고
一生富貴摠浮雲　일생의 부귀 모두 뜬구름일세.
天悲地歎深淺吐　天悲地歎을 深淺으로 토하고
海哭山鳴遠近聞　海哭山鳴이 遠近에 들려오네.
無息不閑多墨跡　쉼없이 많은 묵적을 남겼으니
長春彼岸願欣欣　아름다운 피안엔 기쁨만 있길…
　　韶史　蔡舜鴻　哭拜

7-509. 輓農山鄭充洛先生

雅士晴朝豈異生　선생께서 어느 날 이 세상을 떠났다는
忽聞悲報愕然驚　갑작스런 비보에 한동안 말 잃었지요.
筆壇不絶哀憐色　서단에선 슬픈 기색 끊어지지 아니하고
古宅長流痛哭聲　상가에는 쉼 없이 통곡소리 들리는데.
多作吟文遺竹帛　다작의 시서화는 역사에 남아있고
評論書畵立功名　평론의 필서는 공적의 이름 남겼네.
商山四皓79)惟同伴　상산의 신선과 반드시 짝을 이루어
天道靈魂懇願亨　천상에서 영면하시길 간절히 빕니다.
　　東萊後人　鄭鳳愛　哭拜

7-510. 挽農山鄭充洛先生 詞伯

後生先死是非祥　뒤에 낳고 먼저 죽음 상서로움 아니지만

---

79) **商山四皓** : 호는 희다는 뜻으로, 중국 진시황 때 난리를 피하여 산시 성 상산에 들어가서 숨은 네 사람의 선비.

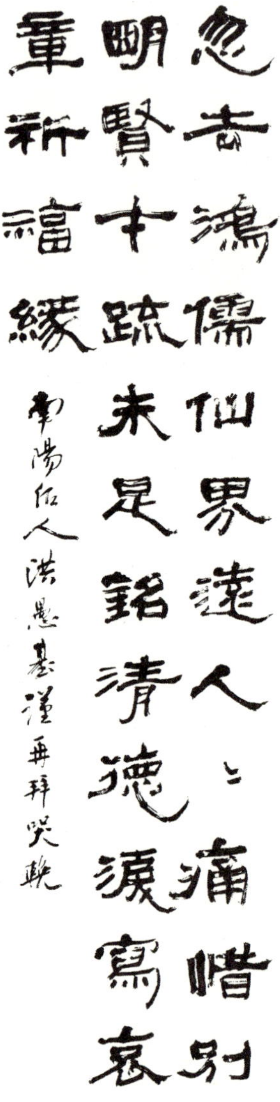

圖78. 7-507
〔글씨〕 도곡 홍우기

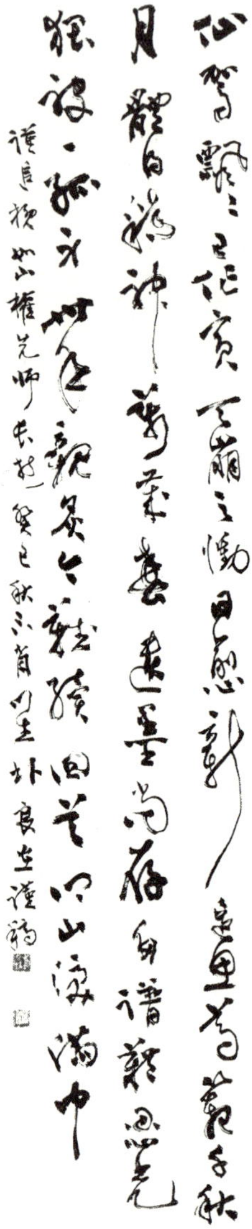

圖79. 7-804
〔글씨〕 운학 박양재

地落奎星失美光　규성이 떨어져 아름다운 빛을 잃었네.
振世文章從李杜　문장은 李杜따라 세상에 떨쳤고
驚人達辯效蘇張　달변은 소진 장의 사람들 경탄하네.
書評利劍幾年述　칼날 같은 서평은 몇 년간 기술했고
畵寫佳容何處裝　그림의 佳容은 어디에서 꾸미려나.
勸我逢時同學道　나 만나면 학문의 길 같이하자 권했는데
喪廳影對慽無量　상청에서 사진 보니 슬픈 마음 끝이 없네.
　　　昌寧后人 曺校煥 哭挽

7-511. 鞔農山鄭充洛先生

訃音夢也眞　부고를 받으니 꿈인지 생시인지
今看化仙人　오늘 보니 신선이 되어가셨네.
翰墨評論正　서예에 평론은 바르게 했고
詩書著作新　시서에 저서들은 새로웠다네.
北邙[80]何去急　북망산은 어찌 그리 급하게 갔나?
敎阮哭聲頻　학당엔 곡소리 빈번하더라.
諧謔無誰對　해학은 상대할 이 아무도 없어
輓歌淚落巾　만가에 눈물이 흘러내린다.
　　　東甫 閔泳甫 謹挽

7-512. 挽農山鄭充洛先生 詞伯

曾聞才德槿邦天　일찍이 才德을 槿域에서 들었는데
忽報蘭音怨碧天　홀연히 부음 듣고 하늘을 원망하오.
北岫送賢人哭道　北邙으로 전송하며 사람들 곡하는데

---

80) 北邙 : 北邙山. 사람이 죽어서 묻히는 곳을 이르는 말.

寒風駕鶴雪凝天　찬바람 눈발 속에 학을 타고 승천했지.
樑爭長吉帝量筆　李賀와 상량문 다툼에 상제는 망설이고
世歎靈均誰問天　屈原과 세상 탄식 누가 하늘에 물을 건가?
翁在芳名傳不朽　선생의 방명이 불후에 전해지니
書壇奎落淚遮天　서단 규성 떨어짐에 눈물만 어린다오.

　　晉州人　蘇秉敦　拜挽

7-513. 輓農山鄭充洛先生靈前

鴻聲尤凄落星園　鴻聲은 처연하고 별도 떨어지더니
今旦旼悲訃報傳　금일 아침 하늘마저 부음을 전하누나.
後學淚哀成大海　후학의 슬픈 눈물 큰 바다를 이루고
藝林絶哭覆東天　예림의 절통한 곡 동쪽하늘 덮었네.
詩文意境千秋法　시문의 경지는 천추의 법이 되고
書畵精知萬歲權　서화의 정신은 만세토록 權名하리.
影對感懷無盡痛　영정 앞에 감회로 통탄이 그지없어
永生祈願允便眠　영생을 기원하니 편히 영면하시길.

　　門徒　羅州后人　金壯峴　哭挽

7-514. 弔 農山靈前

嗚呼惜哉　아아 애석 하도다.
農山之喪　농산의 초상이여!
初聞凶報　처음 부고를 듣고
淚霑衣裳　눈물이 옷을 적시네.
賢妻哀哭　어진 아내는 슬피 울다가
身毁心傷　몸도 상하고 마음도 상했네.
孤子泣血　자식들은 피눈물로 울고 있으니

昊天無疆　하늘도 끝이 없구나.
薤歌81)悲曲　상여소리 슬픈 곡조에
弔客斷腸　조객들은 애간장 끊어지고
奠遣輀頭　마지막 제사 상여머리에
誄文飄揚　만장만 펄럭이네.
催蘭幽谷　난이 꺾인 그윽한 골짜기에
花卉失香　꽃들도 향기를 잃고
埋玉靑山　옥을 묻은 청산에는
皓月沈光　밝은 달도 빛이 가렸네.
壯圖中折　좋은 계획 중단되어
百事俱亡　많은 일이 함께 망했도다.
楮生毛穎　종이와 붓은
舊齋深藏　옛 서재에 깊이 감춰지고
書街詩壇　서가와 시단에는
流傳詞章　그 문장들이 유행하고 있도다.
夭壽在天　요절과 장수는 하늘에 있고
盛衰無常　성함과 쇠함은 일상에는 없네.
老吾與君　나 늙은이와 그대는
嶺湖異鄕　영남과 호서로 고향이 다르지만
斯文同道　학문에는 길이 같아 가르치고
敎學相長　배움을 서로 도와왔네.
春風秋月　봄바람 가을 달밤에는
一詠一觴　시도 같이하고 술도 같이 했건만
醉醒同樂　취하나 깨나 즐거움 같이하며

---

81) 薤歌 : 薤露歌. 상여가 나갈 때 부르는 노래.

齒毛相忘　나이를 서로 잊었네.
嗚呼惜哉　아아 애석 하도다
農山之喪　농산의 초상이여!
丘墳綠草　무덤의 푸른 풀
年年蕪荒　해마다 거칠게 자라고
碑銘苔蘚　비석의 이끼는
日日漸張　날마다 점점 늘어가겠네.
臨訣焚香　결별에 임하여 향을 피워도
安慰無方　위안할 방법은 없고
寂寞黃昏　적막한 황혼에
拭淚辭場　눈물 닦으며 상가를 떠난다.
　　　漆原人尹義遠謹弔

7-515. 弔農山學兄
翰墨重緣半百年　翰墨으로 맺은 인연 반백년인데
忽然捐世永安眠　홀연히 세상 버려 영원히 잠들었네.
斯文同道隨肩後　斯文에 道가 같아 어깨 뒤를 따랐는데
彼岸化仙哭輀前　저세상 신선되니 상여 앞에 우노라.
　　　損弟眞城后人李崇浩再拜哭輓

7-516. 又弔農山學兄
霜風忽起庭蘭摧　서릿바람 홀연 일어 뜰의 난초 꺾였으니
秀葉佳香不復回　빼어난 잎 좋은 향기 돌아오지 않겠네.
朱筆當年分黑白　주필로 당년에는 흑백을 나눴으나
碑銘流歲結塵苔　비명에는 세월 따라 이끼 먼지 맺히겠네.
繁華苦海俗思訣　번화한 고해에서 속된 생각 떨쳐내니

寂寞靑山幽宅開　적막한 청산에 유택이 열렸더라.
天上往生何奈急　천상에 往生함이 어찌 그리 급하셨소
輀頭哭輓獻情杯　상여머리 울며 잡고 情杯를 올립니다.
　　損弟眞城后人李崇浩再拜哭輓

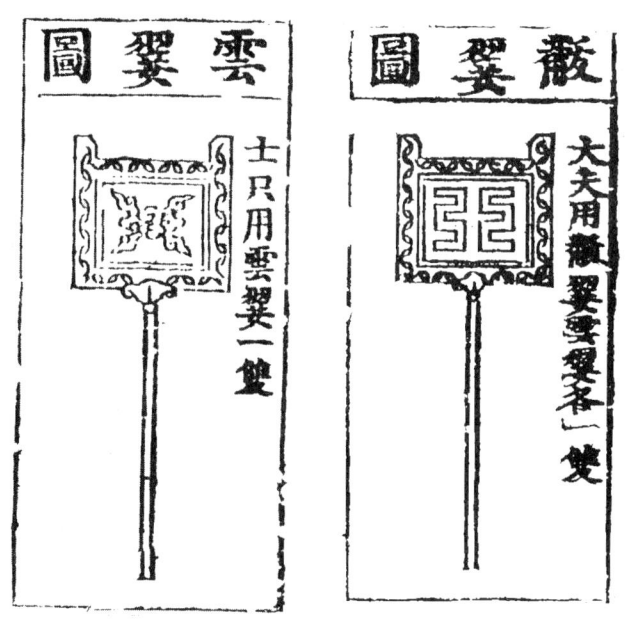

圖80. 운삽과 불삽

선비의 상에는 운삽(雲翣) 한 쌍만을 사용하고, 대부의 상에는 운삽(雲翣)과 불삽(黻翣)을 함께 한 쌍씩 사용한다. 불삽은 아삽(亞翣)이라고도 한다. 지금은 상여로 운구하지 않으니 소용이 없는 물건이다.

6. 玄民 李鍾宣

7-601. 挽 - 獨立志士 咸陽 朴南鎭

文星昨夜忽沈光　지난밤 文星이 빛을 잃더니
是日衣冠倍感傷　오늘은 衣冠이 더욱 슬퍼라.
喬木已成儒蔭厚　큰 나무가 되어서 儒蔭이 두터웠고
奇花還發士林香　기이한 꽃 다시 피어 士林이 향기로웠지.
鷄山寂寞淸風遠　溪山은 寂寞하고 맑은 바람 멀어지며
錦水凄凉霽月藏　錦江은 처량하고 밝은 달빛 감춰졌네.
百世遺名應不朽　백세에 이름 남겨 잊혀지지 않으리라
松門高處道聲長　松門의 높은 곳에 道聲도 영원하리.

7-602. 挽 - 龍岡 彭福源

振起儒風幾度年　儒風을 일으킨 게 몇 년이런가
忽然逝去怨蒼天　홀연히 떠나심에 푸른 하늘 원망하네.
生前立志興詩道　생전에 뜻을 세워 詩道를 일으키나
歿後銘文繞瑞煙　돌아가니 銘文에는 瑞氣만이 감쌌구나.
塵世寄居同伴樂　속세에 寄居하며 모두 함께 즐겼는데
瑤臺82)好處遂成眠　瑤臺의 좋은 곳에 영면을 하는구나.
惟公緻業今難見　오직 공의 치적을 지금 보지 못하나
必以傳功永久連　그대 공을 전함은 반드시 영원하리.

---

82) 瑤臺: 훌륭한 궁전.

7-603. 挽 - 咸平 李建正

文星忽墜此江山　文星이 홀연히 이 강산에 떨어지니
一去雲鄕不復還　雲鄕으로 떠나서 다시 오지 않는다네.
卓節仰瞻爲世表　높은 절개 우러러 世表로 삼았으니
永眠何處更相顔　어느 곳에 영면하든 다시 얼굴 봅시다.

7-604. 挽 - 安東 權五威

昨夜奎星落九天[83]　어젯밤 奎星이 九天으로 떨어지니
謫仙去後又今年　적선이 떠난 후에 또 금년이 되었구나.
平生學業功名遠　평생의 학업에 功名 멀리 퍼졌고
永化仁聲道德全　仁聲으로 변화하여 道德이 온전했네.
薤曲多悲賓客集　상여소리 슬픈데 빈객들이 모이고
姻親盡禮主人賢　姻親 예를 다하며 주인은 현명하네.
音容寂寞靑山暮　音容이 적막하고 청산은 저문데
淚送精靈錦水邊　금강에서 눈물로 정령을 전송하오.

7-605. 挽 - 沃川 陸根學

萬劫風霜度幾年　만겁의 풍상으로 몇 년을 지냈는가?
訃音忽聞意凄然　부음이 들리니 마음이 쓸쓸해라.
斯文振作功勞大　이 문단에 떨쳤으니 공로가 크고
祖業傳承德望全　조업을 전승하니 덕망이 온전하네.
禮義遵行開後學　예의를 지켜서 후학위해 길 열었고
詩書切琢慕先賢　시서를 공부하여 선현을 崇慕했네.
生前懿範誰能續　생전에 의범을 어느 누가 이어갈까?

---

83) 九天 : 하늘의 가장 높은 곳.

告訣薤歌慟泣連　이별 고한 상여소리 눈물이 이어지네.

7-606. 挽　- 唐城 洪奕基
何乃仁天召此翁　어찌하여 仁天에서 이 늙은이 불렀던가?
必焉上界主文[84]空　반드시 上界에 主文이 비었으리.
豈徒世業箕裘[85]守　어찌 다만 세세토록 가업만을 지켰던가?
揚正扶倫亦著功　정의 인륜 扶揚하고 또한 공이 높은데….

7-607. 挽　- 昌寧 成百曉
湖色熊津午月天　湖水의 色 웅진에 달은 떴지만
奎星一夜忽沈然　규성이 하룻밤에 빛을 잃었네.
衣冠古制先王法　의관은 예전 법식 선왕의 법 따랐고
詩禮嘉謨後學傳　詩禮의 아름다움 후학에게 전했다네.
浩氣洋洋眞傑士　浩氣가 양양하니 진정한 준걸이요
文章混混亦儒仙　문장이 혼혼하니 이 또한 儒仙이라.
如公淸福於今最　공과 같은 淸福은 지금에 最高리니
孝子慈孫繼述全　효자와 손자들이 온전하게 계승하리.

7-608. 挽　- 永川 李鎭煥
先生昨夜忽蒼天　선생이 어젯밤에 창천으로 돌아가니
遠近士林爭哭先　원근의 사림들이 다투어 곡을 한다.
薤露凄凉哀永訣　상여소리 처량함에 영결이 슬퍼지고
斯道茫茫淚如泉　이 도가 아득함에 눈물이 샘물 같네.

---

84) 主文: 조선 시대, 홍문관과 예문관의 으뜸 벼슬.
85) 箕裘: 가업(家業)을 이어받는 일.

7-609. 挽 - 務安 朴明韓
儒林砥柱錦湖東　유림을 금호의 동쪽에서 지탱하니
學海名聲孰與同　學海의 명성은 어느 누가 같으랴?
觀化一朝神莫測　하루아침 별세함에 神意를 알 수 없고
絣幪永撤恨無窮　장막을 거뒀으니 영결의 한 무궁해라.

7-610. 挽 - 孫壻 延安 李香培
詩禮傳家孰能先　詩禮를 傳家함에 어느 누가 우선일까?
平生耕讀思歸全　평생을 경독하며 돌아갈 생각하네.
每看亂倫揚義幟　어지러운 인륜 보며 義幟를 드날렸고
幾吐孤懷叶雅絃　외로운 맘 토로하며 雅絃을 맞추었나.
學徒受惠多尊敬　학도는 은혜입어 존경함이 많아졌고
鄕民慕德共稱賢　향민은 덕을 흠모 모두 현인 칭송했네.
嗚呼無復覩儀表　오호라 다시는 의범을 볼 수 없어
天地茫茫淚潛然　천지가 아득함에 눈물이 흐른다오.

7-611. 挽 - 淸州 李忠九
詩禮古家喪碩人　詩禮지킨 古家에는 碩人을 잃었고
士林從此席無珍　士林에는 이로부터 진귀한 이 없겠구나.
徵招天帝應多助　天帝가 불렀으니 도움 많이 받겠고
文運必昌邦運新　文運이 昌盛함에 나라 운이 새로우리.

7-612. 挽 - 妹壻 昌原 黃三益
山河鍾毓有玄翁　산하가 길러내어 현옹이 있으니
德業文章莫與崇　덕업 문장 더불어 높을 사람 없구나.
每幸開蒙專有恃　다행히 계몽되어 믿음만이 있었지만

今焉已矣痛無窮　지금은 끝났으니 비통함이 무궁해라.

7-613. 挽 - 大田靑年儒道會
文物先天獨保身　문물은 선천하여 홀로 몸을 보전했고
昏衢秉燭不逡巡　어둔 거리 불을 밝혀 물러나지 않았네.
儒門山斗今頹落　유문의 태산북두 이제 무너졌으니
前路茫茫總厚塵　앞길은 두터운 먼지에 아득하여라.

7-614. 挽 - 公州靑年儒道會
文憲先生有肖孫　문헌선생에게는 현명한 孫이 있어
扶倫明道赤旗翻　도 밝히고 인륜 세워 붉은 기를 펄럭였네.
屹如山斗多年仰　우뚝함이 태산북두 여러 해 추앙했지만
忽棄後生昭日昏　홀연 후생 버리시니 밝던 해도 어두워라.

7-615. 挽 - 永川 李權鎬
草翁肖裔有吾公　초옹의 어진 후예 우리 공이 있으니
氣節文章擅海東　의기 절개 문장은 해동을 점유했네.
從此士林無所主　이로부터 사림에는 주인이 없으리니
茫茫何處發迷蒙　아득한 어디에서 몽매함을 깨우치나.

7-616. 挽 - 京山 李相弼
草翁正學繼承人　초옹의 바른 학문 계승한 사람
文物先天最後人　문물을 선천함은 최후인이라.
耕讀生涯範鄕國　耕讀하는 생애는 나라의 모범
猗蘭遽萎贖無人　좋은 사람 떠남을 대신 못하네.

7-617. 挽 - 公州鄕校儒林一同
　　振起儒風八十年　유가풍속 진작하기 팔십년인데
　　今朝羽化玉京仙　오늘 아침 승천하여 옥경신선 되었더라.
　　校宮遺績憑誰問　교궁의 유적은 누구에게 물을까
　　拜哭靈筵益悵然　빈소에서 절하니 마음 더욱 슬퍼져.

7-618. 挽 - 金海 金鍾龜
　　昨夜文星墜海東　어젯밤 문성이 해동으로 떨어지니
　　蓬萊仙駕載吾公　봉래의 신선수레 우리 공을 태웠구나.
　　倫綱扶植多勞苦　인륜을 세움에 많은 勞苦 있으리니
　　永錫令孫積德功　영원히 자손위해 공덕을 쌓음이라.

7-619. 玄民李鍾宣先生輓詞 - 龍門書院儒生一同再拜
　　文憲遺風數百年　문헌선생 유풍이 수백 년이니
　　醒爺肯老繼相傳　깨우친 사람들이 서로 이어 전했지.
　　文章氣節玄民又　문장이 氣節함은 현민 역시 그랬고
　　于祖有光勞且賢　선조에겐 光名 있어 힘쓰고 현명했네.

7. 嘉隱 尹濟鳳

7-701. 挽

忽聞鶴駕[86]已登天　학가가 등천함을 홀연히 듣고 보니
必伴商山四皓仙　商山四皓 신선들과 반드시 짝 했으리.
珠玉文章餘舊蹟　주옥같은 문장은 옛 자취로 남겨두고
明堂幽宅作新緣　天下明堂 幽宅에다 새 인연을 지으셨네.
爲先善行生前業　우선해온 善行은 생전의 업적이요
敎子嘉言逝後傳　가르쳤던 嘉言들은 사후에도 전하리라.
遮日丹旌飄拂裏　해를 가린 붉은 銘旌 나부끼는 속에서
拜靈苫席淚漣漣　英靈에 배례하며 苫席에 눈물 쏟네.

　　　安東后人小軒金佑振

7-702. 挽

光陰倐忽水空流　光陰이 빨라서 물과 같이 흐르더니
公去居然歲已周　공께서 떠나신지 벌써 한 해 되었구려.
飽聞聲華開後學　聲華를 들려주어 後學위해 길 열었고
宣揚懿德繼先修　훌륭한 덕 宣揚하여 先修를 계승했네.
平交令胤情深洽　平交의 令胤은 정이 깊어 흡족하고
士友窩翁意篤遒　士友인 窩翁과도 마음이 도타웠지.
最恨靈前曾未拜　영전에 일찍이 弔拜못한 한 때문에
哀詞欲作涕難收　哀詞를 지으려하나 눈물 먼저 흐른다.

---

86) 鶴駕: 예전에, 왕세자가 대궐 밖에 나가는 일이나 왕세자가 타는 수레를 이르던 말.

順興后人錦雲安商燮

7-703. 挽

華門令德一朝零　좋은 家門 令德君子 하루아침 떠나가
鶴駕飄然伴列星　학을 타고 飄然하게 列星과 짝하였지.
遵禮高風仁義着　예 지키는 높은 풍속 仁義가 정착했고
爲先至孝姓名馨　지극 孝誠 우선하니 姓名이 향기롭네.
永聲嗚咽弔公逝　긴소리로 오열하며 공의 서거 弔喪하니
日色慘悲行轝停　햇빛도 슬퍼함에 가던 喪輿 멈춰 섰다.
世業簪纓唯胤續　世業인 벼슬은 공의 자손 이어가니
諸生哭拜慰尊靈　제생들 哭拜하며 尊靈을 위로하네.

晉州后人浩亭河永燮

7-704. 挽

忽聞公逝我終驚　공의 서거 듣고서 우리 모두 놀랬다네.
萬事人間一夢輕　人間의 모든 일이 꿈결같이 가볍구려.
只信晩年專享福　만년에는 오로지 복만을 누리시다
遽然今日遠催行　갑자기 금일에 먼 길을 재촉하네.
衣冠畢集爭來弔　많은 선비 모여들어 다투어 조상하고
親戚相離莫挽情　친척들도 이별하며 잡아끌지 못한다오.
地下應無心所憾　지하에선 서운한 맘 응당히 없으리라
能敎肖子繼家聲　어진 아들 잘 가르쳐 가문명성 이어가니.

南平后人兩白堂文相鎬

7-705. 挽

諱音驚愕忽昇天　갑자기 승천하신 소리 듣고 놀랐는데

棄世忘愁必化仙　수심 잊고 세상 버려 신선이 되셨구나.
五福[87]俱存塵土寄　진토에 의지하여 오복을 갖추었고
七情[88]解脫涅槃緣　열반의 인연으로 칠정해탈 하시었네.
孝忠寶樹前庭滿　충효하는 자손들은 뜰 앞에 가득하고
文翰箕裘後代傳　문한이은 家業은 후대에 전하리라.
薤露歌聞荒漠路　거칠은 황천길에 상여소리 들리는데
尊影拜送淚流漣　존영을 배송하니 눈물만이 흐르누나.
　　　高敞后人耽靜吳鎭泰

7-706. 挽

白雲嘉里出賢人　白雲山河 가산리에 어진 분이 나왔으니
幸賴堂窩別有因　회당 명와 의지함은 특별한 인연이라.
四勿[89]修身遊學藝　四勿箴言 修身하며 學藝에 노닐었고
三餘[90]讀卷樂淸貧　三餘에는 책을 읽어 安貧樂道 즐겼다네.
靑氈舊業[91]皆由德　선조들의 遺業들은 모두 德을 말미암고
處世公明摠至仁　處世는 公明하여 모두 仁이 至極했소.
偉彥和顔今不見　위대하신 화한 顔色 이제보지 못하오니
攀輴子姓淚沾巾　상여잡은 자손들은 눈물에 수건 젖네.

---

87) 五福 : 유교에서 말하는 다섯 가지의 복. 곧 수(壽), 부(富), 강녕(康寧), 유호덕(攸好德), 고종명(考終命)을 아울러 이르는 말이다. 유호덕과 고종명 대신 귀(貴)와 자손중다(子孫衆多)를 꼽기도 한다.
88) 七情 : 사람의 일곱 가지 감정. 기쁨, 노여움, 슬픔, 즐거움, 사랑, 미움, 욕심, 또는 기쁨, 노여움, 근심, 생각, 슬픔, 놀람, 두려움을 이른다.
89) 四勿 : 네 가지의 하지 말아야 하는 것. 공자(孔子)가 안회(顔回)에게 가르친 것으로, '예가 아니면 보지 말며, 듣지 말며, 말하지 말며, 움직이지 말라'네 가지의 가르침을 말한다.
90) 三餘 : 讀書三餘. 책을 읽기에 알맞은 세 가지 넉넉한 때.
91) 靑氈舊業 : 대대로 전하여 오는 오래된 세업을 이르는 말.

東萊后人晩霞鄭淳光

7-707. 挽

　　東邦曾時有賢人　　東邦에는 일찍부터 어진이가 있었는데
　　何事悤悤絕世人　　무슨 일로 그리 바삐 世上사람 끊었나?
　　萬里蒼天長逝客　　만리되는 蒼天으로 영영 가신 손님이오
　　千年碧海未歸人　　천만년 碧海에 돌아오지 못할 사람.
　　應期永歲無窮壽　　永歲토록 無窮하게 살아가자 期約터니
　　遽作今朝不返人　　오늘 아침 갑자기 오지 못할 사람 됐네.
　　此去誰能皆引挽　　이렇게 가시니 누가 능히 붙들겠소
　　儒林恨少似公人　　儒林들은 公같은 분 적어짐을 한하노라.
　　　晉州后人香谷蘇憲永

7-708. 挽

　　于天受命是歸天　　하늘에서 명을 받고 하늘로 돌아가니
　　忽報奎星落九天　　奎星이 九天에서 떨어짐을 알려온다.
　　曾日能成三族址　　일찍부터 삼족의 터 이룰 수 있었지만
　　今朝胡向一魂天　　오늘 아침 하나의 혼 하늘로 향했구나.
　　勸農勸讀稱端士　　勸農하고 勸讀하니 단아한 선비였고
　　行孝行仁感昊天　　효 행하고 인 행하니 하늘이 감동했네.
　　弊俗當年燈燭失　　폐속으로 당년에 등촉을 잃었으나
　　登仙駕鶴永眠天　　학을 타고 등선하여 하늘에서 영면하리.
　　　晉州后人玄岩蘇秉敦

7-709. 挽

　　嘉翁淸品稟於天　　가은공의 맑은 성품 하늘에서 부여받아

養性怡神去鶴仙	養性하고 怡神하여 仙鶴으로 떠났구나.
慧眼文章名出世	慧眼으로 지은 문장 명성이 뛰어났고
潤身仁德壽因緣	仁德으로 潤身하니 長壽로 이어졌네.
率先善行生時業	率先하여 善行함은 생시에 업적이요
教子箴言死後傳	가르치던 箴言들은 사후에도 전하리라.
寂寞靑山斜日掛	적막한 청산에는 해가 비껴 걸렸는데
靈前慟哭涕漣漣	영전에 통곡하니 눈물만 흐르누나.

開城后人錦坡高柄德

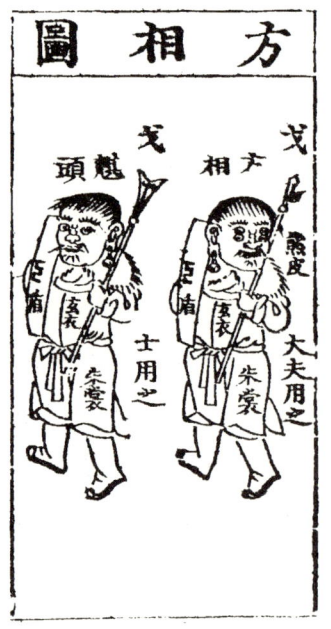

기두(魁頭)는 눈이 둘로 선비의 상에 사용하고, 방상(方相)은 눈이 넷으로 대부(大夫)의 상에 사용하였다. 붉은 치마에 검은 저고리를 입고 창과 방패를 들었다. 이는 상여 앞에서 잡귀를 물리쳐 망자의 저승길을 깨끗이 닦아주는 역할을 한다. 방상은 인형으로 대치하기도 한다.

圖81. 魁頭와 方相

8. 其他 挽章

7-801. 挽盧武鉉前大統領
疎脫風姿自有眞　소탈하신 모습에 진실함이 드러났고
天生聖主救貧民　天生의 聖主로 貧民을 救恤했네.
嗚呼世運誰能止　오호라 世運을 어느 누가 멈추랴
垂淚空霑峰下塵　부질없는 눈물만이 봉하마을 적시네.
　　　南陽后人洪愚基謹再拜挽

7-802. 戀慕又松先生 - 月汀 白承勉
文義淸鄕瑞氣雍　文義라 맑은 동네 瑞氣가 화하여
天與善筆傑儒從　하늘이 명필 내려 뛰어난 선비 따랐네.
格才均合一生指　인격 재주 고루 갖춤 일생 指標 삼으시다
忽入仙庭萬衆聾　홀연히 仙庭에 드니 萬人이 슬퍼하네.

7-803. 戀慕又松先生 - 月汀 白承勉
又松承繼學松雍　우송선생 선친을 이어 잘 이루셔서
松態柏姿書品從　송백과 같은 자태의 서품을 좇았네.
相助弟師窮達境　스승 제자 서로 도와 達境을 窮究하니
馥流盈溢擧邦聾　향기 가득 흘러넘쳐 온 나라가 받들었네.

7-804. 如山權甲石先生挽章
仙駕飄飄已作賓　仙駕가 떠나며 九原의 객 되셨으니
天崩之慟日愈新　하늘이 무너지는 고통이 새로워라.

追思尊範千秋月　존엄하신 모습은 천추의 달과 같고
體得精神萬歲春　체득하신 정신은 만세의 봄과 같네.
遺墨尙存多譜籍　遺墨이 남아있어 많은 譜籍 되었고
忍光猥被一孤身　이 몸까지 이람되이 그 은광을 받았다오.
卅年親炙今難續　삼십년 가르침을 지금 잇기 어려워
回首鄕山淚滿巾　鄕山을 바라보며 눈물 가득 흘린다네.
　　　　不肖門生朴良在謹稿

7-805. 松石鄭載興先生輓詞　- 翠松 鄭鳳愛
松師昨夜落江城　송석선생 어젯밤 세상을 떠나시니
悲痛心情淚雨成　비통한 심정은 비가 되어 내리네.
失色書壇哀悼裏　애도하는 속에서 서단은 빛을 잃고
薤歌遠聞共山鳴　상여소리 들려오고 산도 같이 우는구나.

7-806. 挽月汀鄭周相先生
夜落文星露下秋　이슬내린 가을 밤 文星이 떨어지니
月汀業蹟盡難收　월정선생 업적을 거두기 어려워라.
英材愛育生前赫　英材를 길러냄은 생전에 뛰어났고
書法刊行死後休　書法書籍 刊行은 사후에나 쉬었지.
楓葉蕭蕭千里岳　단풍잎 쓸쓸히 千山에 떨어지고
商風92)颯颯八垠州　가을바람 쓸쓸히 八垠 고을 불어대니
子孫弔客皆悲憾　자손과 조객들 모두가 슬퍼하고
槿域山河淚溢洲　槿域의 山河에는 눈물이 넘쳐나네.
　　　延州后人 昔坡 玄壽根 謹哭再拜輓

---

92) **商風**: 가을철에 부는 상쾌하고 선선한 바람.

7-807. 挽月汀鄭周相先生

月翁訃報掩漣前　월정선생 부음에 눈물이 앞을 가려
白晝忽然如塊天　한 낮이나 홀연히 하늘이 캄캄해라.
槿域書壇功績夥　근역의 서단에 공적이 많았고
蘭亭筆會石交綿　난정필회 金石같은 교류가 이어졌지.
揮毫技法生涯業　휘호하는 기법은 생애의 업적이요
遺墨殊珍後世傳　유묵은 진귀하여 후세에 전해지네.
勝地故山長樂殿　명승지 고향산이 장락전이니
祈禱冥福永安眠　冥福에 安眠을 기도한다네.
　　壬辰十月卄日 慶州後人崔載閏再拜

7-808. 挽月汀鄭周相先生

著述明書法　책을 쓰고 글을 지어 書法 밝혔고
淸行啓後賢　맑은 행실 후세 현인 啓導했다네.
平生任重意　平生에 중한 뜻 맡아 힘씀은
不息蓋棺前　별세하기 전까지 쉬지 않았네.
　　南陽后人洪愚基謹拜哭挽

7-809. 挽雨亭琴基豊先生

積德從徒盛　德을 쌓아 따르는 무리 많았고
書文槿域優　글과 글씨 槿域에 뛰어났었지.
學宮留訓範　學校에는 가르침이 늘 남아있고
華屋照銀句　華屋에 걸린 글씨 빛났었건만
世事如泡夢　세상만사 물거품 꿈속과 같고
人生似幻浮　인생은 허깨비나 뜬구름 같네.

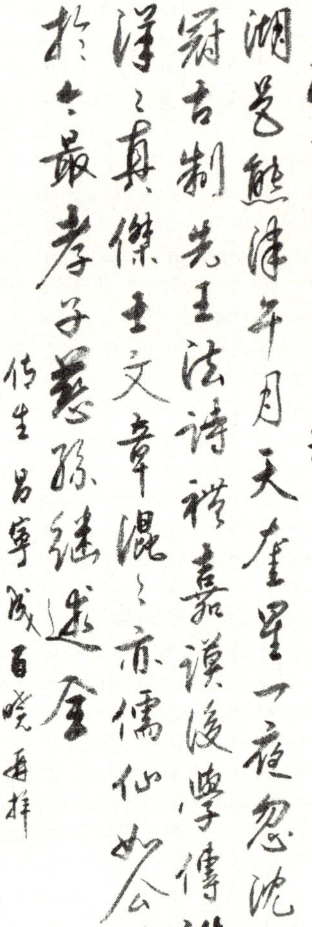

挽 玄民 李鍾宣 先生

湖老熊津半月天奎星一夜忽沈然衣
冠古制先王法詩禮嘉謨後學傳浩氣
洋々眞傑士文章混々亦儒仙如今淸福
於人最孝子藝孫繼述金

佇生昌寧成百曉再拜

水原後人白永勉謹再拜哭挽

文羲淸鄕瑞氣雍天與善筆傑儒宗
格才均合一生指忽入仙庭萬衆襲

圖82. 7-607
〔글씨〕 설봉 이동우

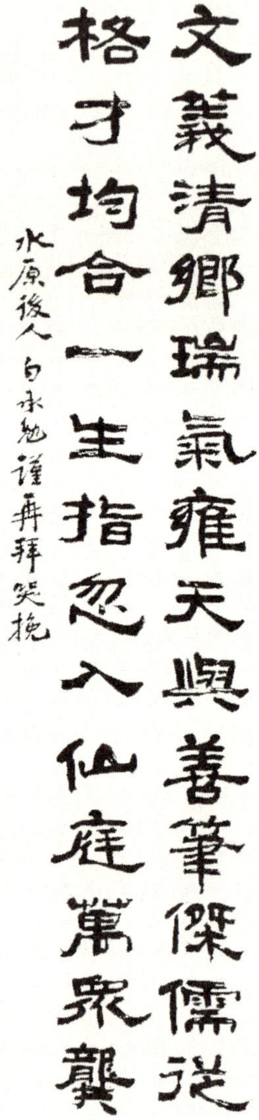

圖83. 7-802
〔글씨〕 월정 백승면

子孫餘慶續　자손들이 餘慶을 이어가리라
　　不用淚長流　사람들아 길이 눈물 흘리지 마소.
　　　　南陽后人洪愚基謹拜哭挽

7-810. 挽
　　我生君去此何事　나는 살고 그대 가니 이것이 웬일인가
　　薤露聲聲不勝悲　상여소리 소리마다 너무 슬퍼라.
　　已矣形影永相隔　그대 모습 떠나고 영원히 이별하니
　　淚灑秋風月滿枝　秋風에 눈물짓는데 가지위에 달이 밝네.

7-811. 挽93)
　　終鮮此生兄弟宜　마침내 이 삶에 형제가 없어지니
　　那堪痛割至情悲　어떻게 큰 슬픔에 이 고통을 감당하랴?
　　靈床寂寞人琴古　적막한 영전에 人과 琴은 옛것 되고
　　荒砌凄凉荊棣萎　처량한 섬돌에 산 앵두 시들었네.
　　朋友怊悵來執紼　벗들은 슬퍼하며 상여줄을 붙들고
　　兒孫號哭去攀輛　자손들은 통곡하며 상여를 보내누나.
　　儀容杳漠幽冥隔　유명이 갈렸으니 모습도 아득하고
　　痛哭秋原日夕時　가을 언덕 통곡소리 저녁 해가 기운다.

7-812. 挽
　　八八年光逝水同　팔십 팔년 세월도 유수처럼 흘렀고
　　溢門子姓94)幷期功　자손들도 번창하여 공업을 기약했네.
　　而今虛老修身士　수신하는 선비가 헛되게 늙었으나

---
93) 7-811~7-817까지는 **韓重洙**, 『**冠婚喪祭禮大典**』, pp194-205에서 발췌. 재해석.
94) **子姓**: 여러 代가 지난 뒤의 자손.

於世皆稱好命翁　세상에선 好命翁을 모두가 칭송하네.
百里漬綿愁落日　백리라 길이 멀이 해 저물까 근심하고
一鄕執紼淚春風　마을에선 줄을 잡고 봄바람에 눈물짓네.
早從甥館95)深知德　내가 일찍 사위 되어 그 덕을 잘 알기에
詩不能言意無窮　詩로는 말 못하고 마음만 무궁하네.

7-813. 挽
君死兒不知　그대가 떠났으나 아이는 모를 테고
兒啼君不知　아이가 울어도 그대 역시 모르리라.
不知都無事　서로 알지 못함은 모두에게 다행이지
知之尤切悲　이를 알면 슬픈 마음 더더욱 절절하리.

7-814. 挽
文星昨夜忽沈光　어젯밤 文星이 광채를 잃었으니
是日衣冠倍感傷　오늘 衣冠은 몇 배나 슬펐으리.
憶昔諸生隨杖屨　예전에 모든 學徒 선생님을 따랐고
至今後學仰門墻96)　지금껏 後學들은 우리 門下 우러렀지.
絳紗帳裏春風暖　붉은 비단 帳幕안엔 봄바람이 따뜻한데
白玉樓前夜月凉　白玉樓 앞에는 夜月이 처량해라.
百世遺名應不朽　百世後도 이름남아 쇠하지 않고
靑山高處水流長　靑山의 높은 곳 흐르는 물 長遠하리.

7-815. 挽
才學當時獨擅君　才學은 당시에 獨步的인 경지이니

---
95) 甥館 : 데릴사위의 거처, 데릴사위가 사는 집.
96) 門墻 : 대문과 연결된 벽·담장, 사문, 권세 있고 지위 높은 사람의 문하.

耳鳴宇內如雷聞　세상에 전한 名聲 우레와 같았더라.
詞源聳出三湘水　글의 근원 솟아남이 三湘의 물과 같고
筆陣縱橫萬甲軍　글씨는 자유로워 정예병과 같았었지.
桑梓97)故鄕悲父老　고향에선 늙으신 부모님이 슬퍼하고
松杉邱壟哭儒文　큰 소나무 묘지에는 벗들이 곡을 하네.
可憐地下郞官署　가련해라 地下郞의 官署에는
西日沈沈鎖暮雲　서산에 해지고 저녁 구름 어둡겠지.

7-816. 挽
五十年光逝水同　오십년 세월이 유수같이 빠르니
風流儒雅孰如公　高雅한 風貌는 누가 공과 같을 지?
詩樓寂寞江山古　詩樓가 적막하고 강산은 묵었으며
酒戶凄凉宇宙空　술집이 쓸쓸하니 宇宙가 텅 비었네.
暫寄人間爲逆旅　잠시 인간계에 旅館처럼 머물고는
好歸天上作仙翁　天上으로 돌아가서 神仙이 되었으리.
郢斧98)已廢牙琴斷　들어줄 이 없어서 伯牙처럼 줄 끊으니
萬事悠悠一夢中　萬事도 아득하게 一場春夢 되었구나.

7-817. 挽
生從何處去何方　어디에서 왔다가 어디로 가는 건지
萬事悠悠夢一場　萬事가 아득하니 한바탕 꿈이로다.
數曲薤歌人已遠　몇 곡의 상여소리 사람은 멀어지고
賓朋執紼弔斜陽　賓客들 줄잡으며 斜陽에 조상하네.

---

97) 桑梓: 고향이나 고향의 늙은 부모를 지칭한다.
98) 郢斧: 郢正 斧正. 詩文을 다른 사람에게 보여주어 바로잡는 것.

7-818. 李世濟 挽

天迄李公還上天	하늘이 보낸 이공 다시 소천하시니
詩文普及三千里	시문을 삼천리에 두루 퍼졌네.
地下修仁歸俊士	지하에서 인을 닦고 俊士로 돌아오니
最憐顔色何由見	가련한 안색은 어찌하여 드러나나?
詞壇從此正蕭然	시단은 이로부터 참으로 쓸쓸해라
壽考方當六五年	享年이 바야흐로 65인데
人間講學失才賢	인간의 講學에는 어진 인재 잃었기에
悵望靈床涕淚連	靈床을 바라보며 슬픈 눈물 흘린다네.

　　　情弟黃鎭坤

7-819. 李世濟 挽

識公除我有誰人	그대를 알사람 나를 빼면 누구일까?
柳下臨津傾與酒	버들아래 臨津에서 술잔을 기울였지.
江湖履歷疑仙迹	강호의 자취는 신선 행적 같은데
翰院徒今無主管	翰院에는 다만 지금 주관할 이 없구나.
文墨淸交四十春	文墨으로 맑은 交分 사십년 맺었었고
風邊冽舘宿同茵	바람부는 강가 집에 잠자고 함께 했지.
耕讀生涯是葛民	耕讀하며 사는 사람 葛民이지만
鄕天寂寞晦星晨	鄕天은 적막한데 새벽별이 어두워라.

　　　小弟黃在炫

7-820. 李世濟 挽

交驩文酒幾經年	글과 술을 나누며 즐겼던 게 몇 년인가?
草木蕭蕭含愴感	草木도 쓸쓸하게 슬픔을 머금었네.

東都漢院今無主　東都의 漢院에는 지금 주인 없지만
詩道復興垂業績　詩道는 復興하여 業績이 드러났네.
那料君先獨上天　어찌하여 그대 먼저 上天으로 떠났는가?
山川默默帶愁烟　山川은 묵묵히 근심안개 드리웠네.
明活佳城永作眠　밝은 곳 무덤에서 영원히 잠드니
江湖多士讚詞連　江湖의 많은 선비 칭송의 글 이어지네.
　　翠谷崔萬龍

7-821. 李世濟 挽

我院壬申悲運年　우리 모임 임신년엔 悲運의 해로다
失香大地千朋淚　大地에는 향기 잃고 千朋이 눈물이라.
詩道精神東都宿　詩道의 精神은 東都에서 머물고
冥途何處竟無信　冥途는 어디인지 믿을 수가 없구나.
奎星忽落斷腸天　奎星이 떨어져 애간장을 끊나니
埋玉明堂一日烟　明堂에 玉 묻는데 하루 종일 안개라.
禮儀氣魄活山眠　禮儀와 氣魄에 活山도 잠이 들고
偉績芳名三界連　큰 업적과 芳名은 三界에 이어지리.
　　翠亭朴貞信

7-822. 芝隱 李錫臨 挽

人生自古雖云空　인생은 自古로 空虛하다 했지만
那意李公憲去空　어찌하여 李公마저 虛無하게 떠나나?
莫恨此行挽不得　이번 행차 잡지 못함 한하지 말라
吾應他日亦歸空　우리도 他日에 공허한 곳 돌아가리.
　　碧芭崔鍾憲謹挽

7-823. 芝隱 李錫臨 挽

身健溫情八耋年	튼튼한 몸 따뜻한 맘 八旬을 사셨는데
芝翁何事絶因緣	芝翁은 어찌하여 인연을 끊었는가?
騷壇曾日詩千首	詩壇에는 일찍이 천수 詩를 남겨놓고
寒屋窮年誦百篇	寒屋과 窮年에도 百篇을 읊었다네.
別恨悠悠垂自淚	이별의 한 아득하니 눈물이 흐르고
感懷渺渺望中天	감회가 끝이 없어 하늘만 쳐다보네.
以今故國回春色	지금부터 故國에는 봄빛이 돌아오나
寂寞黃泉永有眠	寂寞한 黃泉에서 영원히 잠들리라.

　　　族孫李東種謹呈

7-824. 晚圃 徐敬源 挽章

九萬天長不見前	구만리 長天은 앞을 볼 수 없는데
一朝那作遽無邊	하루아침 어찌 급히 먼 곳으로 떠났는가?
旌旗洞口紛紛雪	눈 내리는 洞口에 弔旗가 휘날리니
愁淚江頭渺渺烟	안개가 자욱한 江頭에서 눈물 흘리네.
高潔威儀風凜烈	바람은 매서운데 威容은 高潔하여
盡誠功績月團圓	달 밝은 밤에도 정성 다해 공 쌓았네.
幽明從此相分路	幽明은 이로부터 서로 길이 나뉘지니
空使餘生意悵然	부질없는 餘生에 마음은 쓸쓸해라.

　　　金海金玄銖謹挽

7-825. 晚圃 徐敬源 挽

君在家西我在東	그대는 집 서쪽에 나는 동쪽에 살면서
間間相面志相同	간간히 보았지만 뜻이 서로 같았더라.

閒居洞裏忘憂士　동리에서 한거하며 근심을 잊었고
敎育門中習積風　문중에서 교육하며 풍속을 익혔네.
云說壽而多辱迓　오래오래 산다면 욕이 많다 말하나
可憐歸則更難逢　돌아가면 또 만나기 어려우니 애석해라.
靑山獨去誰誰友　청산에 홀로 가니 누구와 벗하려나
不遠間仙下降童　잠시 신선 되었다가 아이로 내려오소.
　　黃日注哭挽

7-826. 晩圃 徐敬源 挽章

持身强健性惟眞　몸가짐이 强健하고 性品은 眞實하니
皆謂斯翁長壽人　모두가 이 늙은이 長壽한다 말했네.
同好琴書都棄了　좋아했던 琴書를 모두 다 버렸더니
嗚胡羽化㦪登仙　오호라 날개 돋아 神仙되어 올랐구려.
　　月城后人崔鍾憲謹挽

圖84. 설송스님 구행시 만장　　　　　　　〔사진〕 봉화 현불사

만장협서[99]

　만장협서는 만장을 쓴 사람이 자신의 예의를 표하는 哀辭句의 표현이다. 이것은 정해지거나 규격화된, 그래서 법이나 관습으로 굳어진 것은 없고 우리의 잔존하는 양속 중에서 취한 것이다. 만장의 방서〔협서〕에는 여타의 서예작품과는 다르게 간지나 절기를 쓰지 않는 것이 일반적인 관례로 통상 자신의 관향과 망자와의 관계를 쓰는 것이 일반적이다. 예를 들면 '晉州后人 蘇秉敦 再拜謹挽'이라고 썼다면, '晉州'는 貫鄕을 뜻하고 '后人'은 後가 아닌 后로 써야 한다. 後나 后가 모두 '뒤후'이지만, 后는 씨족의 계보를 의미하기에 고래로 后人으로 적어 왔다. '蘇秉敦'은 성명을 적은 것이고 '再拜謹挽'과 같은 것의 의미는 아래에 있는 설명을 참조하기 바란다. 또한 손아랫사람에게는 만장을 하지 않는 것이 일반적 관례이다. 그밖에 망자와 친구 간에는 '현암 소병돈 곡배'라고도 하고, 情弟○○○, 族孫○○○, 族弟○○○, 門生○○○, 門下生○○○, 侍生○○○, 知名弟○○○, 地上弟○○○, 同門○○○, 同門弟○○○ 등이 있다.

　다음은 만장 쓰는 사람의 이름 뒤에 붙이는 겸칭이다. 참고로 挽은 輓과 같이 쓰인다.

* 謹再拜哭挽: 만장의 최고 극존칭.
* 痛哭再拜謹挽: 극존칭.
* 再拜哭挽: 지극히 존경하는 관계. 스승, 사부, 친족대인 등.

---

99) 『한국의 만장』 pp.262-263, 현암 소병돈 정리.

* 再拜謹挽: 존경심 지극하나 '재배곡만'보다는 덜 한 처지.
* 慟哭再拜挽: 통곡 후 재배하고 조문이니 '통곡배만'보나 위의 사람. 慟=痛.
* 慟哭拜挽: '재배곡만'의 관계로 근접해서 모셨을 때.
* 痛哭謹輓: '재배근만'과 같음.
* 拜挽: 절하고 조문함 이니 마땅히 절을 해야 할 처지. 친구보다 높은 사람.
* 痛哭挽: 통곡하고 조문함. 선배나 동료의 친한 관계.
* 再拜挽: 재배하고 조문함. 경의를 표할만한 분.
* 哭拜輓: 곡하고 재배한 후 조문함. '재배만'보다 친한 관계.
* 哭挽: 친구를 기준하여 그 보다 높음.
* 謹挽: 보통의 친구. 여기서 친구란 망자와의 관계이다.
* 謹哭: 삼가 영전에 곡할 사이. 근친 이외, 바깥사돈.
* 拜: 만장 서사자보다 망자가 신분이나 지위가 높으나 특별관계 없을 때.
* 挽哭: 평교사이.
* 哭: 망자에게 만장할 만한 사이.
* 挽: 특별하진 않으나 만장을 쓸 때.
* 追挽: 장사 뒤 추후에 보내는 만장.
* 痛哭追輓: 상기 '통곡'의 추후 만장.
* 謹拜哭追輓: 상기 '근배곡만'의 추후 만장.
* 追哭: '곡' 참조.
* 追拜: '배' 참조.

圖版目錄

圖 1. 예서 만장   4
圖 2. 만장 휘호   5
圖 3. 만장 휘호   5
圖 4. 만장 휘호   6
圖 5. 만장 게시   6
圖 6. 만장 제작   7
圖 7. 묘엄스님 만장   7
圖 8. 강암 구행   8
圖 9. 성경 게시   8
圖 10. 혜암스님 만장   9
圖 11. 혜암스님 구행   9
圖 12. 설송스님 만장   10
圖 13. 추모 쪽지   10
圖 14. 현민 만장   11
圖 15. 간단한 만장   11
圖 16. 성오스님 다비   12
圖 17. 월정 묘소에서   12
圖 18. 장례 절차   20
圖 19. 읍례도와 차수도   38
圖 20. 배례도와 전배도   41
圖 21. 부의 봉투   42
圖 22. 2-064   44

圖 23. 2-086   44
圖 24. 2-002   56
圖 25. 2-013   56
圖 26. 만장 게시   60
圖 27. 2-138   68
圖 28. 2-170   68
圖 29. 2-203   78
圖 30. 2-250   78
圖 31. 명정과 공포   85
圖 32. 만장 게시   91
圖 33. 세월호 만장   98
圖 34. 3-050   100
圖 35. 3-026   100
圖 36. 발인도   108
圖 37. 4-301   110
圖 38. 4-386   110
圖 39. 4-349   124
圖 40. 2-282   134
圖 41. 4-013   134
圖 42. 장례식장의 만장   141
圖 43. 4-391   149
圖 44. 5-006   154

圖 45. 5-009	154	圖 65. 7-303	268
圖 46. 5-127	166	圖 66. 7-305	268
圖 47. 5-207	166	圖 67. 성경구	282
圖 48. 5-245	174	圖 68. 성경 시편구	294
圖 49. 노란 리본	182	圖 69. 7-512	294
圖 50. 5-208	190	圖 70. 현민 만사	306
圖 51. 5-217	190	圖 71. 7-803	308
圖 52. 유계암 구행	196	圖 72. 7-805	308
圖 53. 월정 만장	198	圖 73. 소암 추모시집	311
圖 54. 7-619	201	圖 74. 강암 송성용	316
圖 55. 7-105	210	圖 75. 7-402	324
圖 56. 5-281	210	圖 76. 7-404	324
圖 57. 5-286	222	圖 77. 의도	326
圖 58. 5-288	222	圖 78. 7-507	338
圖 59. 7-103	234	圖 79. 7-804	338
圖 60. 7-104	234	圖 80. 운삽과 불삽	343
圖 61. 7-201	250	圖 81. 기두와 방상	354
圖 62. 7-206	250	圖 82. 7-607	358
圖 63. 7-207	262	圖 83. 7-802	358
圖 64. 7-302	262	圖 84. 설송스님 만장	366

〈參考文獻〉

剛菴書藝學術財團,『剛菴宋成鏞行狀』, 美術文化院, 2009.
金寬峰,『新舊冠婚喪祭』, 泰西出版社, 1992.
金昌善,『쉽게 풀어쓴 상례와 제례』, 자유문고, 1999.
김길선,『최신장례지도사교본』, 도서출판 중문, 2006.
김득중·유송옥·황혜성,『우리의 전통예절』, 한국문화재보호협회, 1988.
『茶毘·薦度作法』, 情宇書籍, 2005.
申義澈,『常禮要覽』, 保景文化社, 1991.
『實用楹聯大觀』, 上海書畵出版社, 1993.
吳文福,『素菴先生追慕詩集』, 西歸浦素墨會.
이수영,『국역사례편람』, 이화문화출판사, 1992.
李哲寧,『喪祭禮의 精釋』, 효사랑, 2008.
林尹高明 著,『中文大辭典』, 中國文化大學出版部, 民國74.
전웅남,「상장례의 조문예절에 관한 연구」, 동국대학교, 2006.
정범진,『淵民學誌』9卷,「淵民李家源先生逝去哀悼企劃」, 2001.
情宇書籍,『茶毘·薦度作法』, 情宇書籍, 2005.
鄭泰守,『李世濟追悼詩集』, 韓國漢詩研究院, 譜文編輯社, 1993.
崔惠菴,『祖師禪에로의 길』, 宣文出版社, 1987.
鮑國雄,『萬有對聯寶鑑』, 綜合出版社, 民國80年.
『韓國文集叢刊』, 民族文化推進會.
韓國漢詩研究院『輓集』2004.
『漢語大詞典』, 漢語大詞典出版社, 1994.
韓重洙,『冠婚喪祭禮大典』, 明文堂, 1991.
洪愚基·朴鍾賢·徐明澤 編著,『韓國의 挽章』, 다운샘, 2009.

동화서학총서 ⑩
아름다운 이별 挽章

2014년 9월 11일 초판1쇄 인쇄
2014년 9월 18일 초판1쇄 발행

저 자 | 홍우기 · 박근모 · 우성영
발행인 | 김영환
발행처 | 도서출판 다운샘

138-857 서울특별시 송파구 중대로27길 1
전화 (02) 449-9172 팩스 (02) 431-4151
등록 제17-111호(1993.8.26)

ISBN 978-89-5817-302-1 94600
ISBN 978-89-5817-118-8 (세트)

값 22,000원